개 정 판

스피치와 프레젠테이션

개 정 판

스피치와 프레젠테이션

정미영 지음

책을 펴내며

2009년 이 책의 초판인 『스피치와 커뮤니케이션 : 이론과 실제』를 낼 당시에는 다양한 분야에서 전문화와 세분화가 이루어졌었다. 이후 대인관계의 모습들도 다양하고 폭넓게 변화되었으며, 커뮤니케이션 영역 중에서 특히 대인 커뮤니케이션의 중요성이 부각되었다. 그동안 자신의 의견이나 정보를 정확하게 전달하고 상대를 설득하는 커뮤니케이션 능력이 실력만큼이나 중요하게 여겨져 왔으며, 각 기업체의 CEO와 전문직종을 가진 직장인뿐만 아니라 일반인, 대학생, 초등학생, 중·고등학생까지 제대로 말하기에 대한 관심이 증가해왔다. 이에 많은 사람들이 자신감 있게 말하는 법, 세련되게 말하는 법을 배우고자 하였으며, 사회적으로도 공개 토론이 빠른 속도로 확산되었다. 이러한 변화들은 소통의 전문가로 활동하는 필자에게 반가운 소식임에 틀림없다.

경영학자 피터 드러커는 “자신이 알고 있는 경험과 노하우를 얼마만큼 쉽게 표현하고 전달할 수 있는지의 스피치 능력을 전문성에 포함시켜야 한다. 전달력과 설득력을 갖추지 못했다면 진정한 의미의 21세기 지식 노동자라고 보기 어렵다”고 하였다. 그만큼 모든 분야에서 스피치 능력이 중요하다는 것을 알 수 있겠다.

필자 역시 대학교에서의 전공수업과 산업체 재직자 교육, 취업을 앞둔 4학년 대학생들의 면접스피치 등 다양한 현장에서 만난 수많은 분들과의 소통을 통하여 "말을 제대로 잘하기"란, 그렇게 쉽지 않음을 절실히 느끼고 있다. 그래서 어떤 이들은 말을 제대로 잘하기 위하여 복잡한 길을 돌아오기도 하고, 때로는 넘어지기도 하며 중간에 포기하기도 한다. 하지만 "말 잘하는 길"은 분명 있다. 필자는 『스피치와 프레젠테이션』 이 책을 통하여 많은 이들에게 그 비법을 공유하고 싶다.

"커뮤니케이션"이란 과연 무엇일까? 상대방과 나와의 마음을 공유하는 '배려와 이해'라고 생각한다. 나만 생각하는 게 아니라 상대방을 이해하고 배려하여 결국은 따뜻한 마음을 공유한다는 것이다.

필자는 아나운서로 방송활동을 시작하면서 우리말에 대한 관심을 갖기 시작하였고 말의 직업을 천직으로 생각하게 되었다. 물론 처음부터 정확한 발음과 분명하고도 전달력 있는 스피치를 한 것은 아니다. 많은 시간과 노력의 결실이라고 생각한다. 처음에는 대학 교정 스피커에서 흘러나오는 아나운서 멘트를 들으면서 아나운서라는 직업의 매력에 끌렸었고, 지금은 그 말을 업으로 하면서 많은 이들에게 자신감 있는 스피치, 공적인 상황에 맞는 스피치, CEO로서 갖춰야 할 자리에서의 세련된 스피치, 면접을 대비한 예비 취업자들을 위한 면접 스피치, 그리고 사내 프레젠테이션을 할 직장인들의 스피치 등 올바른 우리말을 자신감 있게 전달하는 스피치 기법에 대하여 소통하고 있다.

그동안 "방송인이 되려면 어떻게 공부하면 될까요?", "정말 자신감 있게 말하고 싶은데 어떻게 하면 되나요?", "저는 너무 소심해서 말을 잘 못해요", "이 수업을 통해 자신감을 기르고 싶어요", "어떻게 하면 좋은 목소리를 낼 수 있나요?"라는 질문들과 소망들을 자주 들어왔다. 실제로 수업이나 산업체 재직자 교육, 강연장에서 말 때문에 고민을 하거나 주눅이 들어 있는 사람들을 많이 만나게 된다. 특히 지방에 사는 이들이 짧은 시간에 공식적인 상황에서의 세련된 말투를 익히기란 무척 어려운 일임엔 틀림없다. 하지만 필자는 강연장에서 만난 분들에게 필자가 갖고 있는 노하우로 코칭 후 몇 분 안에 바로 수정이 되는 것을 많이 지켜봐 왔으며, 청중들도 의아해하면서도 자신의 목소리를 듣고서 자신감이 생겨 말을 제대로 잘 할 수 있겠다는 반응을 보여주셨다. 물론 경제적인 여건이 뒷받침이 돼준다면 좋은 사설 학원이나 스피치 학원을 찾아가겠지만, 이 책을 통하여 좀 더 체계적으로 말을 잘 할 수 있도록 혼자서도 충분히 공부할 수 있다면 좋겠다는 생각을 한다.

필자는 23여 년 동안의 방송 및 MC 경험과 17여 년 동안 교육현장에서의 노하우, 그리고 언론학 박사로서 커뮤니케이션에 대한 연구의 열정을 가지고 이 책을 통하여 원활한 의사소통을 위한 방법의 지름길을 안내하고자 한다. 이번에 개정판으로 낸 책은 '스피치 커뮤니케이션'과 '프레젠테이션'의 전반적인 내용과 실제 활용할 수 있는 기법들을 모아 총 11장으로 구성하였다.

1장부터 6장까지의 Part 1은 스피치 커뮤니케이션 개론으로 스피치 커뮤니케이션을 이해하는 데 기초가 되는 내용으로 개관하였으며, 7장과 8장은 Part 2로 프레젠테이션에 대한 전반적인 이해로 구성하였다. 끝으로 Part 3는 스피치와 프레젠테이션을 적용할 수 있도록 9장부터 11장까지 구성하여 효과적인 스피치 전략에 대한 정보 및 설득 스피치, 그리고 토론과 토의 스피치에 대한 내용들로 나누어 설명하였다.

나의 좌우명은 "나는 할 수 있다"이다.

누구나 꿈을 가지고 그 꿈을 머릿속에 그리면 자신이 그린 그림처럼 언젠가는 반드시 꼭 이루어진다고 믿는다.

스피치! 과연 무엇일까?

그것은 우리가 살아가는 이 세상에 꼭 필요한 "아름다운 마음"이라고 생각한다. 그 아름다운 마음인 우리말의 아름다움에 한번 빠져 보는 것은 어떨까? 독자 여러분도 자신감 있는 도전을 해 보시길 바란다. 여러분의 인생뿐만 아니라 여러분 주위의 많은 이들에게도 긍정적인 스피치의 힘을 전파하는 능력을 가지기를 바라며 이 책을 통해 여러분의 날개를 활짝 펴기를 기대한다.

끝으로 필자가 학자로서 성장할 수 있도록 지도해 주시는 영원한 스승 경희대학교 한균태 부총장님, 교육자로서 큰 버팀목이 되어 주시는 동명대학교 안수근 부총장님, 사랑과 격려, 기도로 든든한 울타리가 돼 주시는 친정 부모님과 시부모님, 영원한 매니저인 언니를 비롯한 가족들, 마지막으로 나의 동반자 윤성준 원장님, 그리고 이 책이 출간될 수 있도록 도움을 준 한국학술정보(주) 관계자 여러분께 진심으로 고마움을 전한다.

2015년 6월 어느 멋진 날 연구실에서

저자 정미영

차례

PART 3 스피치와 프레젠테이션의 적용

1

스피치 커뮤니케이션 개론

1장 스피치의 이해

1. 스피치란 무엇인가?

인간을 언어적 동물이라고 정의하듯이 우리는 말을 떼어놓고 생각하는 것은 불가능하다. 인간이 눈부신 문명을 발전시킬 수 있었던 것도 말을 할 수 있는 능력에 있다고 해도 과언이 아닐 것이다.

우리는 다양한 사람들을 만나고 다양한 매체를 통해 많은 양의 정보를 얻고 누군가와 끊임없는 커뮤니케이션을 하고 있다. 말의 가장 중요한 기능이 바로 의사소통인데, 인간이 사용하는 의사소통 방법 중 가장 보편적으로 사용하는 수단이 바로 말이다. 사람들은 말을 이용하여 자기의 생각이나 견해를 이야기하고 정보를 주고받고 감정이나 느낌을 표현한다.

영어 사전에 의하면 스피치(Speech)는 '말, 언어'라는 뜻과 '청중을 상대로 하는 이야기, 연설' 내지 '말하는 능력'이라고 풀이하고 있다. 즉, 스피치는 일방적인 의사표시가 아닌 상대를 설득하는 의사소통으로서 기분을 살리고 기운을 북돋우는 에너지이다. 인간관계 전문가 제임스 F. 벤더 박사가 미국의 컵 리더들을 대상으로 조사한 결과, "리더가 갖추어야 할 제1 조건은 스피치"라고 말했다.

화력(話力), 즉 말을 잘하는 능력은 어떻게 나오는 것일까? 화법(話法)은 말을 잘 하는 이론이고 화술(話術)은 말을 잘 하는 기술이다. 이 두 가지 화법과 화술을 겸비했을 때 비로소 실력이 나오지 않을까. 스피치도 마찬가지이다. 특히 많은 대중을 상대로 말하는 경우에는 일대일 대화와는 다른 특별한 법칙과 기술을 요구한다.

1) 스피치의 기본원칙

스피치의 기본원칙은 천천히, 크게, 또박또박, 자연스럽게 말하는 것이다. 이것은 모든 말하기의 기본원칙임을 기억해야 한다.

(1) 천천히 말한다

스피커의 말이 너무 빠르면 아무리 좋은 내용이라도 청중은 무슨 말인지 이해할 수 없다. 불안감이 증가하면 말의 속도가 더 빨라진다. 빠른 속도로 말하게 되면 내용의 정확한 전달은 말할 것도 없고 청중에게 좋은 인상을 줄 수 없게 된다. 보통 청중이 듣기 알맞은 속도는 1분간에 200자 원고지 1.3~1.5장 정도가 좋다.(띄어쓰기와 줄바꾸기를 제대로 한 상태)

(2) 크게 말한다

연단에 서게 되면 대부분 평소의 자기 목소리보다 작아지는 경우가 많다. 따라서 큰소리로 연습하는 것이 필요하다. 또 큰소리 연습만이 감정표현을 잘 할 수 있고, 나아가 작은 소리도 똑똑하게 표현하는 지름길이기 때문이다. 청중들이 편안한 자세로 들을 수 있도록 음성의 크기를 크게 하는 것이 좋다.

(3) 또박또박 말한다

전달하고자 하는 내용을 분면하면서도 효과적으로 강하게 전달하려면 또박또박 말해야 한다. 단어나 문장은 물론이고 낱말 한 문장과 단어, 조사나 내용을 잘 살펴 연결해서 말할 곳과 떼어서 말해야 할 곳을 잘 구분하는 것이 중요하다.

(4) 자연스럽게 대화하듯이 말한다

자연스러운 태도와 음성표현은 청중에게 친근감을 주어 일체감을 조성하며 스피커의 진실성을 엿보게 할 수 있다. 따라서 자연스럽게 대화하듯이 말하는 것은 모든 말하기에서 큰 효과를 얻을 수 있는 방법 중의 하나이다.

2) 스피치의 구성요소

(1) 화자

화자는 말하는 주체를 말한다. 따라서 화자는 항상 듣는 사람을 의식하면서 말하고 싶은 내용을 잘 전달하는 사람이 되어야 한다. 좋은 화자는 청자가 이해할 수 있는 방식으로 말을 하거나 청자가 듣고 싶어 하는 것을 말할 수 있는 방식으로 말하는 것이다.

(2) 청자

화자가 있으면 청자가 있다. 스피치는 청자와 직접 대면하거나 방송처럼 대면하고 있다고 하는 상태에서 이루어지기 때문에 청자에 대한 각별한 배려가 필요하다. 아무리 화자의 의도가 중요하고 그 내용이 훌륭하다고 할지라도 청자의 이해도와 그 수준에 대한 주의가 없으면 안 된다.

(3) 내용

화자는 청자가 마음에 기억될 만한 내용이나 주제를 말해야 한다. 이런 좋은 내용을 화자가 준비하기 위해서는 청자의 가슴에 남겨질 것이 무엇인지 잘 파악하고 배려하는 자세가 필요하다. 그리고 자신의 말한 내용이 진솔하고 거기에 전문성을 가질 수 있도록 연구하는 것도 필요하다.

3) 스피치의 형식

연단에 서기 전에 어떤 형식으로 말을 할 것인가를 정한 다음, 그 요령과 장단점을 파악하여 준비하면 큰 효과를 볼 수 있다. 준비하는 방법에 따라 다음 4가지로 정리할 수 있다.

(1) 즉흥 스피치

뜻밖의 요청을 받거나 청중의 한 사람으로서 전혀 준비 없이 말을 해야 할 경우가 생긴다. 이때는 긴 스피치를 할 필요가 없다. 즉, 2~3분간의 짧은 시간에 중요한 핵심만을 스피치 하는 것이 가장 중요하다. 평소에 생각하고 느꼈던 것을 있는 그대로 솔직하게 표현하는 것이 좋다.

따라서 즉흥 스피치를 잘 하려면 평소부터 스피치의 기초능력을 향상시키고 자신의 견해를 분명하게 종합해서 전달하는 능력을 길러두는 것이 필요하다.

(2) 낭독 스피치

낭독 스피치는 미리 원고를 준비해서 원고를 보면서 읽는 것을 말한다. 이때는 청중이 잘 알아듣도록 읽는 것이 중요하며, 음성 표현의 고저, 강약, 장·단음, 내용에 따른 감정표현 등 여러 변화를 주어 실감나도록 전달하는 것이 요령이다.

따라서 낭독 스피치는 묵독-음독-낭독의 3단계 과정을 거쳐 충분한 내용을 파악한 뒤, 정확한 발음과 감정이입을 통해 낭독을 하는 것이 좋다.

(3) 암송 스피치

말할 내용을 미리 외워서 암송하는 방법으로 웅변이나 동화 구연, 시낭송 발표대회가 있다. 암송 스피치는 내용 모두를 외워서 해야 하기 때문에 힘이 많이 든다. 따라서 줄줄 외우는 것보다 스피커 자신이 말의 뜻을 생각하면서 스피치 하는 것이 실수를 적게 하는 방법이다.

(4) 메모 스피치

메모 스피치는 내용의 요점만 간추려 메모하여 앞뒤에 말을 붙여서 스피치 하는 형식이다. 내용의 줄거리를 메모하는 것과 중요한 문구나 어구, 숫자, 통계, 결론 등만 메모해서 발표하는 경우도 있다.

즉석 스피치보다는 내용이 충실하며 논리가 비교적 정연하여 청중에게 진실성을 보여줄 수 있다. 또 암송 스피치와 같이 메모를 잊을 염려가 없기 때문에 메모 스피치 훈련을 평소에 많이 하는 것이 도움이 된다. 항상 평소의 생활 속에서도 중요한 내용이 있으면 기록해 두는 습관도 좋으며 스피치를 해야 할 경우에도 조금의 시간이 있으면 중요한 줄거리나 스피치 할 말을 몇 자 적어서 준비하면 더 자신감 있는 스피치를 할 수 있게 된다.

2. 스피치 커뮤니케이션

1) 스피치 커뮤니케이션 개념

communication의 어원 'communicare'의 의미가 "공유하다"인 것에서 보듯이 의사소통이란 일방적인 전달이 아니라 나눔의 과정이다. 즉, "이야기를 하는 것"이 아니라 "이야기를 나누는 것"이 바로 의사소통이라는 것이다.

오늘날은 스피치 커뮤니케이션의 시대이다. 스피치를 못하면 자신의 능력을 충분히 표현하기 어렵다. 이런 스피치 커뮤니케이션의 기본이 되는 개념은 과정, 상징, 이해, 나눔, 의미 등이다. 커뮤니케이션에 대한 정의는 어느 측면을 강조하는가에 따라 여러 가지로 정의 내릴 수 있지만 대체로 다음과 같이 간단히 정리할 수 있다. 즉, "스피치 커뮤니케이션"이란 "사람들 간에 상징을 통해 주고받는 정보의 의미를 이해하고 그 의미를 서로 나누는 과정"이다.

스피치 커뮤니케이션의 과정은 화자와 청중이 함께 공통된 의미를 만들어내는 상호과정으로 화자, 청중, 메시지, 채널, 잡음, 상황, 피드백의 7가지 요소로 구성되어 있다. 구성요소는 다음과 같이 정리할 수 있다.

2) 스피치 커뮤니케이션 과정의 7가지 구성요소

(1) 화자(speaker)

화자는 말이나 몸짓언어 등을 사용하여 구두 메시지를 전달하는 사람을 말한다. 대화는 항상 화자로부터 시작된다. 화자가 항상 중요하게 생각해야 할 것은 제공하는 정보가 좋은 정보인지 또는 전달력은 훌륭한지가 아니라 청중을 잘 이해시키고 있느냐이다.

따라서 화자는 스피치의 주제에 대해 조사하고 자료들을 조직하며 메시지를 전달하는 과정에서 반드시 청중의 분석이 필요하다.

(2) 청자(listener)

청자는 화자가 보낸 메시지를 수신하는 역할을 한다. 올바른 커뮤니케이션의 기준은 메시지가 화자에 의해 잘 전달되었느냐가 아니라 청자가 그 메시지를 정확하게 수신했는가이다. 화자가 아무리 유창하게 그리고 열정적으로 전달했다고 하더라도 청자가 메시지를 올바르게 해석하지 못했다면 기대했던 커뮤니케이션은 실패한 것이다.

따라서 청자는 화자의 말을 잘 들으려고 노력해야 하며 화자의 선입견을 가지거나 화자의 견해를 무시하지 않고 열린 마음으로 경청하는 자세를 가져야 한다.

(3) 메시지(message)

메시지란 화자가 청자에게 전달하고 싶은 자신의 생각이나 느낌을 표현한 것으로 언어적 또는 비언어적 상징으로 전달된다. 즉, 메시지로 표현되는 모든 것은 상징의 형태를 띠고 있다. 또 상징으로 처리된 메시지를 청중이 수신한 후에는 그 상징을 해석하는 과정을 거치는데 이 상징을 해석한다는 것은 곧 언어적 상징과 비언어적 상징이 의미하는 바를 알아내는 과정이다.

화자가 전달하고자 하는 내용을 상징으로 표현하는 과정을 인코딩(encoding)이라고 하고 청중이 그 상징을 통해서 전달된 내용을 해독하는 과정을 디코딩(decoding)이라고 한다.

메시지에는 단어와 같은 언어적 상징뿐만 아니라 목소리의 톤, 시선, 얼굴표정, 제스처, 자세, 용모 등의 비언어적 상징들도 포함된다. 비언어적 상징은 언어적 상징과 일치할 때 가장 이상적이다.

(4) 채널(channel)

채널은 메시지를 전달할 때 사용되는 매체와 수단을 말한다. 채널에는 대인간 커뮤니케이션 상황에서 전통적으로 사용되어 온 면대면 채널이 있는가 하면, 최근에는 인터넷 등을 활용한 컴퓨터 매개 채널이 있다. 매스커뮤니케이션 상황에서는 신문, 잡지, 책 등 인쇄 미디어가 라디오, 텔레비전 등이 전파를 통해 방송을 하기 전까지 인류 역사상 가장 많이 활용되어 온 채널이다.

하지만 21세기에 들어서 커뮤니케이션 기술의 발달로 매스미디어 환경이 급격히 변화하였고 방송과 통신 융합현상으로 다양한 새로운 형식의 혼성 미디어가 등장하였다. 따라서 메시지는 말로 표현된 낱말, 목소리, 제스처, 얼굴표정, 자세, 시각 자료뿐만 아니라 전화, 라디오, 텔레비전, 인터넷 등 다양한 채널을 통해 전달된다.

맥루한(McLuhan)이 '매체는 메시지다(The medium is the message)'라고 한 말은 매체가 단순히 메시지를 담은 그릇의 기능을 넘어서 그 그릇의 모양에 따라서 전달되는 내용도 달라질 수 있다는 것을 의미한다.

(5) 잡음(interference, noise)

잡음은 화자와 청중 간의 의사소통을 방해하는 요소를 말한다. 화자는 잡음에 대한 이해와 함께 그것에 잘 대처해야 스피치에 성공할 수 있다. 잡음의 종류에는 물리적 잡음, 심리적 잡음, 의미적 잡음 등 3가지가 있다.

물리적 잡음이란, 청중이 스피치에 주의를 집중하지 못하게 하는 외적인 요소를 말하는데, 예를 들어 스피치 중에 기침을 하거나 발표장에 늦게 들어오는 소리, 에어컨 소리 등이다. 이런 소리들은 스피치로부터 청중의 관심과 시선을 멀어지게 하는 소리이다.

반면 청중의 내부의식에 존재하는 방해요인은 심리적 잡음에 해당된다. 예를 들어 스피치를 할 때 청중이 공상을 하거나 졸음을 참지 못하는 행위 등 딴 생각을 하는 경우이다.

의미적 잡음은 화자가 사용한 낱말이 청중에게 다른 식으로 해석을 불러일으키게 하는 요인을 말한다. 예를 들어 같은 단어를 들어도 개인적 경험이나 자라온 환경, 신념, 가치관, 지적 수준, 관심사 등에 따라 의미를 다르게 해석할 수 있다.

(6) 상황(situation)

상황은 의사소통이 일어나는 시공간을 말한다. 즉, 대화는 항상 특정 상황에서 발생하기 때문에 상황에 따라서 화자의 말과 행동은 달라져야 한다. 상황의 변수로는 시간, 장소, 조명, 온도, 거리, 좌석 배치, 모임의 성격 등이다.

예를 들어 스피치를 할 때 하루 시간 중 언제 하느냐에 따라 청중의 태도는 달라질 수 있다. 오후 시간이면 청중들이 졸지 않도록 시각적인 자료를 활용하든지 청중의 참여를 유도하는 등의 여러 방법을 활용해야 한다. 따라서 상황의 변수에 따라 적절한 스피치를 할 수 있도록 충분히 준비해야 한다.

(7) 피드백(feedback)

피드백이란 청중이 화자에게 보내는 반응이다. 즉, 청자로부터 화자에게 전달되는 메시지(주로 비언어적)를 가리킨다. 청중은 질문을 하거나 코멘트를 하는 식으로 말로 반응으로 보일 수도 있고 고개를 끄덕이거나 인상을 쓰는 등과 같이 비언어적인 반응으로 보일 수 있다. 특히 화자는 청중의 요구에 맞추기 위해서는 특히 비언어적인 피드백을 유심히 관찰할 필요가 있다.

따라서 피드백은 청중이 집중해서 잘 듣고 있는지, 화자의 말을 이해하는지 등을 가늠할 수 있기 때문에 청중의 피드백에 세심한 신경을 써야 한다.

3. 스피치 커뮤니케이션 이론

스피치 커뮤니케이션의 이론적 배경은 서구의 수사학 이론으로 거슬러 올라간다. 수사학(수사법 혹은 화법)은 스피치 커뮤니케이션의 기법을 연구하는 분야인데 간단히 말하면, 말 잘하는 방법에 관한 것이다.

이 장에서는 고대에서 현대에 이르기까지 시대별로 구분하여 각 시대의 대표적인 학자를 중심으로 스피치 커뮤니케이션학의 이론적 배경을 토대로(김현, 1990; 박우수, 1992; 이한분, 2008 등) 재정리하여 살펴보고자 한다.

1) 고대 스피치 커뮤니케이션

서구 문명의 발상지인 지중해 연안의 고대 그리스에서는 대중 설득을 다루는 수사학 연구가 상당히 중시되었다. 당시 아테네 사회에서 성공하기 위해서는 법정에서 혹은 정치적인 문제가 벌어졌을 때, 사회적 문제가 발생했을 때 다른 사람에게 자신의 입장을 설명하여 확신을 줄 수 있는 능력이 절대적으로 필요하였다.

법적 소송이나 분쟁 상태에 있는 사람은 스스로 자신을 변론해야 했기 때문에 남을 설득하는 기술인 수사법을 효과적으로 활용할 줄 알아야 했던 것이다. 그래서 당시의 수사법은 타인의 설득에 초점이 맞추어져 있었다.

고대 그리스에서 '수사학'이라는 학문이 만들어지게 되었는데, 수사학(레토릭, rhetoric)은 그리스어 '레토리케(rhetorike)'와 '테크네(techne)'가 결합된 것으로, "잘 말하는 기술"이라고 볼 수 있다. 따라서 로마 시대에 로마인들이 수사의 이론보다는 실제적인 것을 더 중시하였기 때문에 웅변술이 더 강조되기도 하였다.

수사학이 학문적으로 이론적 체계를 가지고 과학적으로 다루어진 것은 특히 아리스토텔레스에 의해서였다. 그는 수사학이 논리학 못지않은 그 자체의 독자적인 지적 엄밀성을 지니고 있다고 증명하려고 함으로써 조직적이고 과학적인 학문으로서 수사학의 체계를 확립하였다.

아리스토텔레스부터 시작하여 고대 수사학의 발전과정을 다음과 같은 단계로 정리해 보겠다.

(1) 소크라테스 이전 기

고대 아테네에서 소크라테스의 영향은 상당히 컸다고 할 수 있다. 왜냐하면 소크라테스의 사상과 기법은 그의 제자인 플라톤에 영향을 미쳤고, 그 영향은 다시 플라톤의 제자인 아리스토텔레스로, 아리스토텔레스에서 다시 후학으로 연결되어 발전하였기 때문이다.

소크라테스는 수사학 연구의 기초를 제공하였는데, 그리스의 초기 작품을 보면 소크라테스 이전에도 이 분야에 대한 관심이 높았다는 것을 알 수 있다. 다음의 학자들은 소크라테스 이전의 여러 학자들이 수사학에 대한 관심이 많았음을 보여준다.

① 호머

호머의 작품인 『일리아드와 오디세이』는 기원전 약 800년경의 작품으로 그의 작품에서는 효과적인 수사법에 관한 여러 가지 사례를 볼 수 있다. 그의 작품에서 나오는 연설문은 청중에게 설득의 사례뿐만 아니라 후대에 전승될 문화적 자산으로서 중요한 자료적 가치가 있다는 평가를 받고 있다. 여기서 수사법은 싸움터에서 필요한 용병술만큼이나 그중요성이 강조되어 있다.

② 코렉스와 티시아스

고대 그리스에서는 설득 과목이 기본 교과과정으로 개설될 만큼 중요하게 여겼지만, 회의론자들도 있었다. 코렉스와 그의 제자였던 티시아스의 일화를 보면 예를 들어보면 다음과 같다.

기원전 470년경 코렉스는 “수사학은 문제가 아닌 확률의 문제를 다룬다”고 주장했다.

예를 들어, 얼음은 0℃ 이하에서 생긴다는 과학적 사실을 놓고 증명의 문제이기 때문에 말로는 논쟁하지 않을 것이다. 하지만 누가 누구를 정말 살해했는가와 같은 문제는 확률의 문제이므로 논쟁의 여지가 있다. 얼음의 형성 여부를 수사학으로 증명할 수는 없지만 어떤 사람이 유죄냐, 무죄냐에 대해서는 계속적인 논쟁으로 사람들을 설득시킬 수 있다.

따라서 설득의 주체는 확률의 문제, 우연의 문제, 논쟁거리 등이 해당된다는 것이다. 이러한 발견이 코렉스의 큰 공헌이었다.

③ 프로타고라스

수사학 기술은 기원전 4세기에 가장 번성하였다. 프로타고라스(기원전 481~411)는 "수사학의 아버지"라고 불릴 만큼 수사학에 큰 기여를 하였다. 즉, 가치판단의 중심에 인간을 위치시킨 유명한 구절인 "인간은 만물의 척도"라는 개념을 발견하였다.

법정 소송에서 유죄냐, 무죄냐를 결정하는 것도 배심원이라는 사람이고, 어떤 법을 만들 것인가를 결정하는 것도 입법부 의원들의 몫이며 시장에서 상품이나 서비스의 성공 여부를 결정짓는 것도 고객들이다. 즉, 수사학의 관심은 바로 인간이 어떻게 결정을 내리고 무엇이 그런 결정을 하게 만드는가에 있다고 본 것이다.

④ 고르기아스

고르기아스(기원전 438~375)는 고대 그리스의 뛰어난 수사학자로 수사학 기술에서 표현과 언어의 선택을 강조하였다. 그는 언어가 중요한 결과를 만들어낼 수 있는 반면에 속임수일 수도 있다고 경고했다. 즉, 사람들은 로고스(단어, the word)를 말하지만, 로고스는 물질도 아니고 실재하는 것도 아니다. 그러므로 실체와는 다른 무엇인 로고스 없이는 실재하는 것들을 말할 수도 없다. 따라서 고르기아스는 무엇인가를 알 수 있다고 해서 서로가 대화를 나눌 수 있는 것은 아니라고 생각했다. 즉, 외적 실재 자체는 로고스가 되지 않으며 로고스가 되지 않는다면 자신을 타자에게 드러낼 수 없게 된다는 점에서 언어 선택, 표현의 중요성을 강조하였다.

⑤ 소크라테스와 플라톤

소크라테스는 플라톤의 스승으로, 플라톤(기원전 428~348)의 저작인 '대화편'에서 소크라테스 이전 학자들은 진리를 가르친 게 아니라 진리의 외형만을 가르쳤다고 비판하였다. 즉, 플라톤은 수사학의 기술은 선을 악으로, 중요한 것을 그렇지 않은 것으로 유죄를 무죄로 만들 수 있는 하나의 속임수라고 간주하여 소크라테스 이전의 수사학자들은 기술이 아닌 허풍쟁이 기교만을 가르친 사람들이라고 비판한 것이다.

후기(대화편)에서 플라톤은 어떤 주장의 진위에 대해 주의 깊은 조사가 선행된다면 수사학도 어느 정도 유용성이 있다고 인정하면서 다소 완화된 입장을 보였다. 그는 또 청중의 심리상태를 알고, 청중을 만족시킬 수 있는 방법을 생각하는 것이 중요하다고 여기고, 진리에 기초를 둔 수사학은 이를 청중의 특성에 맞게 적용할 수 있을 때 수용할 수 있다고 인정하였다.

⑥ 아리스토텔레스

플라톤의 제자인 아리스토텔레스(기원전 384~322)는 수사학 기술에 훨씬 긍정적인 입장을 보인 학자이다. 수사학은 '속이는 기술'

이 아니라 다음과 같은 4가지의 중요한 가치를 가지고 있기 때문에 유용하다고 강조하였다.

첫째, 수사학은 각 주장에 동등한 기회를 제공한다. 둘째, 수사학은 삼단논법이나 플라톤의 변증법적 토론술을 배우지 않은 사람도 가르칠 수 있다. 셋째, 수사학은 서로 다른 입장을 주장하는 데 사용될 수 있는 기술이다. 넷째, 수사학은 언어를 통해 자신을 방어하는 데 유용하다. 따라서 언어를 통한 자기방어 기술은 오늘날은 물론 고대 아테네에서도 필수적이었다.

아리스토텔레스는 말에 의한 설득방법으로 다음의 3가지를 지적하였다.

첫째는 화자의 개인적 특성에 의한 설득, 둘째는 청중에게 특정한 인식의 틀을 심어주는 방법, 셋째는 명백한 증명을 통한 방법이다. 구체적으로 보면 우선 설득에서는 화자의 개인적인 특성이 중요하다. 왜냐하면 설득은 화자가 신뢰할만한 사람이라고 여겨질 때 이루어질 수 있게 때문이다. 예를 들어 착한 사람이라는 평가가 나오면 사람들은 그의 말을 더 신뢰할 수 있는 것이다. 아리스토텔레스는 "어떤 수사학자는, 화자의 개인적인 선행은 설득에 아무런 영향을 미치지 않는다고 하지만 이것은 맞지 않는다"고 생각하였다. 오히려 개인적 특성은 그가 가진 가장 효과적인 설득의 수단이 될 수 있다고 강조하였다. 화자가 어떻게 말을 하는가에 따라서 청중에게 깊은 인상을 심어줄 수도 있다. 그런 의미에서 화자는 수용자에게 지식이 많고(전문성), 신뢰가 가고(신뢰성), 다정한 사람(친근성)으로 다가가야 설득하기가 쉽다는 것이다.

아리스토텔레스에 따르면 설득은 공신력에 대한 평판인 에토스

(ethos, 인격)에 토대를 두며, 논리적인 논증기술인 로고스(logos, 논리)와 청자의 감정을 이끌어낼 수 있는 파토스(pathos, 감정)를 사용한다고 지적하였다.

또, 그는 청중의 특성을 연령 집단에 따라서 분석할 수 있다고 보았다. 예를 들어 욕구가 강한 젊은 층은 신뢰성이 높고, 편의보다는 명예를 중히 여기며, 야망이 있는 반면, 연령이 높아질수록 명예와 편의를 고수하려는 경향이 강하고 지나치게 자만하거나 비겁하지 않으며 매사에 경제성을 고려할 것이라는 식의 연령 집단별 특성을 고려하였다.

따라서 아리스토텔레스는 설득이란 논리적인 제시의 문제를 넘어서 청중의 감정을 자극하는 것이라고 청중의 요소를 강조하였다.

(2) 로마 수사학

로마인도 그리스인처럼 교육과 공중생활의 핵심으로 수사학을 강조하였는데 많은 로마의 수사학자들 중에서도 키케로(기원전 106~43)가 가장 유명하였다.

① 키케로

키케로는 플라톤, 아리스토텔레스, 이소크라테스의 수사학을 때때로는 비판하면서 때로는 보완하면서 철학과 수사학의 통합을 시도하였다. 따라서 키케로는 설득에 의한 이론적인 작업과 연설에서 수사학의 기술에 대한 사용 능력으로 정평이 나 있다. 그를 비롯한 로마 수사학자들은 실용성을 강조하여 이용하기 편리한 설득기술의 체계화를 시도하였다. 이들은 수사학의 개념을 창조, 조합, 스타일, 전달, 기억의 5가지로 정리하였다. 즉, 첫째, 화자는 논제에 대해 무슨 말을 할 것인가를 생각해내고, 둘째, 화자는 논제에 대한 여러 생각을 조합하며, 셋째, 조합된 생각을 효과적인 방법으로 나타낸다. 그리고 넷째, 목소리와 제스처를 효과적으로 이용하며, 다섯째, 기억한다.

② 퀸틸리안

로마 수사학자인 퀸틸리안(A.D. 35～100)은 다른 로마시대 수사학자들처럼 "수사학은 단순한 설득적인 목적 이상의 역할을 해야 한다"고 주장했다. 따라서 수사학은 '정보를 알리고, 감동을 주고, 청중을 매혹시키는 3가지 목적이 있다'고 믿었다.

대부분의 설득적인 상황은 단순히 논쟁만 있는 것은 아니다. 즉, 정보를 제공하는 것도 중요하다. 그리고 가장 훌륭한 화자는 사람들을 매혹시킬 수 있는 사람이라고 보았다.

(3) 중세 스피치 커뮤니케이션 이론

중세시대는 서구 역사에서 서기 500년부터 1500년까지의 기간으로, 이 기간에는 수사학 기술은 고전적인 전통의 계승, 설교 기술, 실용적 글쓰기 기술, 시작법(詩作法) 기술의 4가지 형태로 발전하였다.

① 고전적인 전통

수사학은 중세시대를 거쳐 계속된 설득적인 담론의 기술이다. 즉,

이러한 전통의 계승은 알퀸과 그의 제자이자 황제였던 샤를마뉴와의 대화 형태로 씌어졌다. 주로 키케로를 해석하는 것으로 로마 수사학에서 전형적으로 논의된 개념을 따르고 있다.

수사학은 정치를 목표로 하는 의도적인 수사학, 법적인 탄원에 관심을 두는 변론 수사학, 칭찬과 비난을 목적으로 하는 직증적인 수사학의 3가지 장으로 구성돼 있다. 이런 목적을 달성하기 위해 알퀸은 키케로의 초점(창조, 조합, 스타일, 전달, 기억)을 기술하였다. 첫째, 내가 말할 것을 생각하고, 둘째, 생각한 것들을 조합한다. 셋째, 조합한 결과를 단어로 표현하고, 넷째, 이것을 기억 속에 남게 한다. 가장 중요한 것은 기억 속에 고정되어 있는 것을 전달하는 것이다.

② 설교

기독교가 전 유럽으로 확산되고 정치적인 상황과 뒤섞이면서 수사학은 '신'이라는 단어를 확산시키며 기독교와 경쟁하는 다른 사상들로부터 교회를 지켜내기 위한 수단으로서 새로운 해석의 도마에 오르게 된다.

성 아우구스틴(A.D. 354~430)은 수사학의 논리를 '교회'라는 새로운 영역으로 확장시켰다. 아우구스틴은 수사학자에게 창조란 성스러운 작품을 해석하고 표현하는 것이고, 조합은 가장 효과적인 설교문을 만들어내는 것이었다. 따라서 그의 기독교 수사학서는 스타일과 단어의 선택을 가장 중요시하였다. 전달은 그렇게 중요하지는 않았지만 청중에게 설교 내용을 알아듣기 쉽고 설득력 있게 하기 위해서 필요한 설교자의 기술적인 측면에서는 중요시하였다.

③ 글쓰기

글쓰기는 중세사회에서 실용적 필요에 의해 채택된 장르이다. 즉, 먼 거리 커뮤니케이션을 하기 위해서는 글을 통한 커뮤니케이션이 필요하게 되었던 것이다. 이러한 사회적 요구 때문에 수사학 기술은 말에서 '글을 통한 커뮤니케이션'으로 확장되었다.

중세 수사학 연구로 주목받는 학자인 "제임스 머피"는 글쓰기에 많은 영향을 미쳤는데, 글쓰기 문제를 해결하기 위해서는 여러 상황에서 사용할 수 있는 표준화된 진술문, 즉 공식을 만들어야 한다고 주장했다.

따라서 중세 수사학자들은 효과적인 글쓰기 교본을 만들었는데, 이 교본에는 수사학의 전통적인 요소와 스타일을 특별히 강조하여 글쓰기는 호칭, 인사말, 내용(편지 쓴 목적에 대한 설명), 부탁, 결론의 5부문의 형식을 갖추었다.

④ 시학

중세시대 수사학에 영향을 미친 또 한 분야는 바로 시작법(詩作法) 기술이다. 현재 우리가 말하는 문학연구뿐만 아니라 문법적인 장르는 전통적인 라틴의 구문법칙과 라틴의 시작법(詩作法)을 연구하는 데 주안점을 두었고, 설득에서 시의 영향력은 여전히 존재했다.

(4) 근대 스피치 커뮤니케이션 이론

근대는 르네상스시대에서 20세기로 전환하기 전까지의 기간에 해당한다. 이 기간은 수사학 이론에서 청중의 심리에 초점을 맞춘 새로운 발전의 시기였다.

① 프란시스 베이컨

근대 과학적인 방법론을 발전시킨 영국의 철학자 프란시스 베이컨(1561~1626)은 수사학과 심리학의 재등장에 중추적인 역할을 한 인물이다. 그는 "학습자의 발전에서 수사학이란 자신의 의지를 활성화시키는 이성의 적용"이라고 정의했다. 지식의 습득, 판단, 기록, 전달에 사용된 기능심리학은 인간커뮤니케이션 심리학에 새로운 과학적 관점을 제공했다.

② 조지 캠벨

조지 캠벨(1719~1796)은 근대 수사학에서 또 하나의 중요한 인물로 수사학의 철학에서 고전적인 수사학의 개념을 심리학적 효과에 토대를 둔 개념으로 수정했다. 또 청중에 대한 일반적인 원칙과 분위기를 분석하는 '청중분석'을 강조하였다.

캠벨은 또 표현에서도 청중심리학이 중요하다고 강조하고 '효과적인 수사학은 생생해야 한다'는 개념을 도입했다. 즉, 생생함이란 느낌을 통해서 화자의 말이 청중에게 화자의 경험과 비슷한 경험을 만들어낸다는 것으로 표현에서 이 개념이 가장 중요한 요소라고 설명했다.

③ 휴 블레어

휴 블레어(1718~1800)는 지금까지와는 다소 다른 시각에서 수사학의 개념에 접근하였다. 즉, 그의 관심은 수사학과 시학(詩學)과의 오랜 관계에 있었다. 그는 수사학과 시학, 구어체와 문어체 담론 사이의 고전적인 구분을 무시하고, 4가지 영역을 '작문과 전달'이라는 한 가지 과학으로 통합하는 새로운 틀을 만들었다. 또 공중연설에 대한 관심 이외에도 수사학의 일상적 주제인 글쓰기와 수필에 대해서도 새로운 시각을 제시하였다.

(5) 현대 스피치 커뮤니케이션 이론

현대 수사학은 대개 20세기로 넘어가는 전환기에 시작되었는데, 금세기의 수사학은 영문학, 철학, 심리학, 정치학, 사회학, 기타 여러 학파에서 유래된 스피치 커뮤니케이션학으로 출현되었다. 여기서는 청중과의 효과적인 메시지 교환을 강조하려 했던 고대, 중세 그리고 근대 수사학을 발전적으로 극복하는 데 주된 관심이 있던 시기였다. 현대의 학자들은 수사학의 역사적인 전통을 벗어나는 방법을 찾고자 하였다.

① 케네스 버크

20세기에 가장 영향력 있는 학자 중 한 사람인 케네스 버크(1897～1994)는 "고전적인 수사학은 설득에 토대를 두었지만, 새로운 수사학은 동일시, 즉 청중과의 상징적 상호작용을 통한 커뮤니케이션 행위에 토대를 둔다"고 말했다. 이것은 법적 · 정치적 · 사회적 논쟁에서 주장과 설득에 초점을 두었던 과거의 수사학과는 분명히 다르다는 것을 말하며, 결국 버크의 수사학 이론은 인간의 상호작용에 상징을 사용한다는 새로운 개념을 제시하였다.

버크가 제시한 새로운 개념 중에서 대표적인 것은 바로 동일시,

드라마티즘, 수사학의 기능이다.

첫 번째 핵심 개념인 동일시는 설득 내용을 청중과 밀접하게 연결하는 문제이다. 즉, 청중은 설득 내용과 동일시와 관련이 되는데, 즉 화자와 하나가 된다는 것이다. 따라서 설득행위의 목적은 화자의 관심에 청중을 동일시하게 하려는 데 있고, 화자는 자신과 청중간의 관계를 구성하기 위해 관심의 동일시를 이끌어낸다는 것이다. 따라서 화자는 어떻게 하면 청중을 동일시시킬 수 있을까 하는 점에 초점을 맞추어야 한다고 강조했다.

두 번째 핵심 개념은 드라마티즘인데, 그는 언어를 정보전달 수단으로 간주하는 대신에 '드라마틱한 행위'로 보아야 한다고 제안했다. 이런 하나하나의 요소가 서로 연결되어 커뮤니케이션이 이루어진다는 점에 착안하였다.

② 리처드 위버

리처드 위버(1910~1963)는 케네스 버크와 마찬가지로, 수사학을 윤리적·사회적인 결과를 초래하는 광의의 개념으로 이해하였다. 그는 다음과 같이 자신의 관점을 설명하였다.

"언어는 설교적인 것이다. 따라서 사람들은 모두 사적 혹은 공적 설교 능력을 가진 설교자인 셈이다. 우리는 단순히 말하는 것이 아니라 말을 통해 우리의 방법으로 다른 사람이 세상을 보도록 자극을 주는 것이다."

하지만 위버는 수사학이 바람직한 가치를 발전시키는 긍정적인 힘을 가지고 있지만 반면에 오용되고 남용될 수 있음도 지적하였다. 따라서 위버의 가장 큰 관심사는 바로 수사학의 윤리적 차원이었다.

그에 따르면 인간의 4가지 핵심능력은 다음과 같다.

첫째, 지식을 제공해 주는 추론능력이다. 둘째, 아름다움을 즐길 수 있는 심미적인 능력이다. 셋째, 운명에 대한 감을 주는 종교적 능력이다. 넷째, 재물을 분간하고 선악을 판단할 수 있는 윤리적인 능력이다.

따라서 위버는 특정한 행위가 효과적이냐, 아니냐를 고려함과 동시에 그것이 도덕적으로 옳은가, 그른가도 인식해야 한다고 주장했다.

③ 참 페렐만

벨기에 철학자 참 페렐만(1912～1984)은 '논증'이라는 개념으로 새로운 수사학이라는 이론을 제시하였다. 그의 견해에 따르면 수사학은 상대방이 머릿속에 못 박히게 하기 위한 것이 목적이고, 수사학의 모든 요소들은 그러한 목적을 성취하기 위해 만들어지는 것이다. 따라서 페렐만은 청중을 사로잡기 위한 기술로 다음의 5가지 기술을 지적하였다.

첫째, 의사 논리적인 주장 방법이고, 둘째, 현실 주조에 기초하여 주장하는 방법, 셋째, 현실구조를 만드는 관계에 대해 주장하는 방법, 넷째, 개념을 해체시키는 방법, 다섯째, 주장을 상호작용하는 방법이다.

의사 논리적인 주장은 의사를 표현할 때 빈도를 이용해 주장하는 것이다. 예를 들어 어떤 국가가 60개의 조약 중에서 50개의 조약을 위반했다면, 그 나라는 믿을 수 없는 나라라고 생각하는 것이다. 그리고 현실구조를 기초로 하는 주장은 논리적 혹은 수학적 공식을 이용한다. 즉, 흡연자의 암 발생률은 비흡연자에 비해 10배 높다고 주장하는 것, 이것은 원인과 결과의 논리를 펴는 것이 바로 여기에 해당된다고 하겠다. 세 번째인 현실구조를 만드는 관계에 대해 주장하는 방법은 사례를 제시하고 추론하는 것을 말한다. 네 번째인 개념을 해체시키는 것은 화자가 말하는 방향으로 주장할 수 없을 때 개념을 분리하여 이용하는 방법이다. 예를 들어 변호사가 어떤 증거로 인해 유죄가 될 수 있는 피의자에 대해 그 증거를 가지고 무죄임을 밝힐 수도 있다는 것이다. 다섯 번째로 주장의 상호작용 방법은 청중을 사로잡기 위해서는 하나의 주장에만 의존하지 않는 것이다.

지금까지 스피치 커뮤니케이션의 이론적 배경을 살펴보았는데, 위 내용을 통하여 동서양을 가리지 않고 사람들은 말을 잘 하기 위하여 많은 노력을 해왔다는 것을 알 수 있겠다.

4. 언어와 인간 커뮤니케이션

1) 언어의 개념

인간은 생존을 위해서 최소한의 의사소통이 필요하다. '소통'이란 둘 이상의 대상이 서로 '행위'를 통해 '관계'를 맺는다는 것을 의미한다. 그런데 인간은 이러한 소통체계를 다양하게 지니고 있다. 소위 기호체계를 이용하여 자신의 의사를 전달하는 매체를 다양하게 발달시키고 있다. 하지만 언어의 측면에서 바라본다면 '말하기와 듣기'라는 작용을 중심으로 몸짓, 표정 등을 포함하는 '음성언어를 통한 의사소통'이 근간을 이루고 있다. 즉, 일상생활에서 나타나는 의사소통은 말이나 글로 인간 상호간의 이해와 영향을 주고받는 과정이나 행위로 볼 수 있다. 의사소통은 화자와 청자, 필자나 독자의 상호작용이라는 '관계적 요소'와 말과 글에 나타나는 언어적, 비언어적 수단이라는 '방법적 요소', 그리고 서로에게 영향력을 미치기 위한 의도적 행위라는 '목표적 요소' 등이 포괄적으로 작용하여 나타나는 인간의 행위이다. 이것을 소통방법에 따라 분류하면 '언어적 의사소통'과 '비언어적 의사소통'으로 대별되며, '언어적 의사소통'은 사용된 언어를 기준으로 '음성언어적 의사소통'과 '문자언어적 의사소통'으로 나눌 수 있다. 이런 분류를 정리하면 다음과 같다.

(1) 의사소통의 종류

① 언어적 의사소통(Verbal communication)

- 음성언어적(oral language) : 말을 중심으로 이루어지는 의사소통
- 문자언어적(written language) : 문자를 중심으로 이루어지는 의사소통

② 비언어적 의사소통(Nonverbal communication) : 말과 글의 개입 없이 이루어지는 의사소통

- 반사음 : 기침, 재채기 등
- 유희음 : 콧노래, 휘파람 등
- 표정음 : 혀 차기, 입맛 다심, 코웃음, 웃음, 한숨 등
- 의사표시 : 박수, 노크 등

결국, 말을 중심으로 이루어지는 의사소통을 '음성언어적 의사소통'이라 하고 문자를 중심으로 이루어지는 의사소통을 '문자언어적 의사

소통'이라 하며, 말과 글의 개입 없이 비언어적 요소만으로 이루어지는 의사소통을 '비언어적 의사소통'이라 분류한 것이다. 실제 인간생활에서 이루어지는 의사소통은 특수한 경우를 제외하면 비언어적 요소가 언어적 요소와 함께 의사소통을 이루어낸다. 특히 음성언어적 의사소통에서 언어적 메시지와 비언어적 메시지가 다를 경우에는 비언어적 메시지가 우선적으로 고려된다는 것은 의사소통에서 비언어적 표현이 언어적 표현 못지않게 중요하다는 것을 입증하는 예라고 하겠다.

그러나 비언어적 의사소통의 실체를 명확하게 규정한 경우는 찾아보기 힘들다. 무엇보다도 우리의 연구대상이 '언어적 의사소통'에 국한된 경우가 대부분이기도 하지만 실제 언어생활에서 비언어적 요소가 완전히 배제된 상태에서 순연히 언어적 의사소통만으로 이루어지는 경우는 없기 때문이기도 하다. 특히 일상적인 의사소통을 할 때에 화자나 청자는 언어적 의사소통뿐만 아니라 '비언어적 의사소통'도 유의해야 한다는 것은 두말할 나위가 없다. 따라서 교육현장에서 이런 비언어적 의사소통체계도 아울러 교육되어야 한다.

언어는 인류를 다른 동물과 구별해 주는 중요한 특징 중의 하나이며, 인간은 언어를 통해 의사를 표현하고 전달한다. 따라서 언어를 "자의적인 음성기호의 체계"라고 할 수 있다.

인간의 의사를 표현할 수 있는 수단에는 몸짓, 손짓, 무선통신의 코드 등 여러 가지가 있으나 그것들은 모두 언어라고 할 수 없다. 그것은 우리가 음성으로 의사를 표현하는 것에 비하면 2차적인 존재에 불과하다. 문자도 음성을 기록하는 하나의 수단이므로 언어의 1차적인 본질적 요소가 될 수 없다. 따라서 언어는 자의적인 동시에 음성적인 기호의 집합체라고 하겠다.

음성언어 : 말은 입으로 말해지는 언어음성이라 불리는 소리를 내서 귀로 들어 의사소통을 하는 언어를 말한다(보통 언어라고 할 때 음성언어를 가리킨다).

문자언어 : 음성언어에 담긴 내용, 즉 의미를 상징하는 사회적 관습에 따른 기호, 즉 문자로 나타낸 언어이다.

⇒ 음성언어는 문자언어가 갖지 못한 억양(intonation)이나 쉼(pause) 등의 감정을 표현할 수 있다.

⇒ 문자언어는 음성언어보다 논리적이고 정리된 표현이 가능하다.

2) 인간 커뮤니케이션 특징[1)]

① 상징

인간은 다른 사람들과 상징을 통해 서로 커뮤니케이션을 한다. 즉, 인간은 언어 외에 숫자, 문자, 제스처 등과 같은 비언어적 상징 있으며, 도로 표지판이나 신호등과 같은 많은 상징물이 존재한다. 하지만 인간은 동물의 세계에서는 볼 수 없는 독특한 상징적 환경을 갖고 있다. 다시 말해서 인간만이 언어를 이용해서 생각이나 느낌을 추상적으로 상징화하고 이런 상징을 통해 커뮤니케이션할 수 있는 능력을 갖고 있는 것이다.

② 의미 공유 및 전승

인간은 자신을 둘러싸고 있는 환경 속에서 여러 대상에 대해 의미

---

1) 이 부분은 『커뮤니케이션 이론과 실제』(김병철, 안종묵 저)와 『설득 커뮤니케이션의 이해와 활용』(김정현 저)의 내용을 재정리한 것임.

를 만들고 내재화하고 이를 공유하는 특징을 가진다. 또 인간은 커뮤니케이션을 통해 의미를 공유하고 이를 축적해 다음 세대까지 전수하는 문화적 성격을 갖고 있다.

③ 자아의식

인간은 자기 자신과 커뮤니케이션할 수 있는 독특한 특성을 가지고 있다. 즉, 자신의 경험이나 감정을 되돌아보거나 자신의 존재, 환경과의 관계 등을 생각할 수 있는 자아의식을 갖고 있다. 이런 자아성찰과 자아의식은 인간만이 갖고 있는 고유한 특징이라고 할 수 있다.

④ 지속성과 이동성

동물과 달리 상징을 사용하는 인간의 커뮤니케이션은 시간과 공간의 제약을 초월하는 지속성과 이동성의 특징을 가진다. 편지나 책과 같이 인간의 커뮤니케이션 메시지는 일정 기간이나 영구히 보존돼 기록으로 남기도 하고, 다음 세대에 전수되기도 하는 지속성의 특징을 갖고 있다.

또 인간의 커뮤니케이션은 우리가 자주 사용하는 전화나 휴대폰에서 볼 수 있듯이 공간의 제약을 초월하는 이동성의 특성을 가진다. 또 이메일을 통해 채팅을 하거나 정보를 주고받는 등 공간의 제약으로부터도 자유롭다.

3) 커뮤니케이션의 정의와 기능, 유형

(1) 커뮤니케이션 정의

보통 '의사소통'이라고 표현되는 영어의 communication은 원래 '공유' 또는 '공통'이라는 뜻을 가진 라틴어 'communis(커뮤니스)'를 그 어원으로 하고 있다. 이처럼 communication의 의미에는 "다른 사람과 함께 나눈다" 혹은 "공유한다"는 뜻이 내재되어 있다. 즉, 하나 이상의 유기체가 다른 유기체들과 지식, 정보, 의견, 신념, 감정 등을 공유하는 행동이라고 할 수 있다(차배근, 1988).

따라서 커뮤니케이션은 인간의 가장 기본적인 활동으로서 상징을 통해 정보나 의견을 주고받는 행위이다.

커뮤니케이션의 기본 개념을 이해하기 위해 다음의 주요 용어를 익힐 필요가 있다.

① 상징

인간은 커뮤니케이션을 위해 상징을 사용하는데 이것은 인간만이 지닌 고유한 특성이다. 이때 상징은 언어적 상징과 비언어적 상징으로 나누어진다. 인간이 사용한 여러 가지 상징들이 체계화되어 최초로 나타난 형태가 언어이다. 언어는 독자적인 어휘체계와 문법체계를 갖춘 기호들의 체계로 상징의 대표적 형태이고, 언어 외에도 사람들은 다양한 비언어적 상징을 사용해 의사소통을 한다. 이런 인간의 커뮤니케이션은 언어적이든 비언어적이든 상징의 매개를 통해 이루어질 수밖에 없다.

② 메시지

메시지는 송신자가 수신자에게 전달하고자 하는 생각이나 느낌을 상징으로 기호화(encoding)한 것이다. 우리의 생각을 언어로 바꾸는 부호화 과정이 반드시 필요한데, 우리가 다른 사람에게 전하고 싶은 내용, 즉 우리의 생각이나 느낌을 상대방에게 전달하기 위해서는 적절한 상징으로 부호화해야 한다.

③ 상호작용

커뮤니케이션은 직선적인 일방향적인 것이 아니라 상호작용하는 것이다. 커뮤니케이션은 대부분 각 사람이 송신자와 수신자의 역할을 바꿔가며 메시지를 주고받으면서 서로가 서로에게 영향을 미치고 영향을 받으며 의미를 공유하게 된다.

이렇게 상호작용은 커뮤니케이션 참여자 사이의 의미교환을 뜻하는 것으로 인간의 커뮤니케이션 과정에 내재하는 본질적인 속성의 하나이다.

④ 상호교류

상호교류적 커뮤니케이션은 송신자와 발신자가 말하고 듣는 것을 교대로 하는 것이 아니라 동시에 하는 것이다. 즉, 송신자와 발신자 간 커뮤니케이션의 동시성을 의미한다.

⑤ 의미공유

인간은 자신을 둘러싸고 있는 환경 속의 여러 대상에 대해 의미를 만들고 내재화하며 이를 공유하는 특징을 갖는다. 인간이 커뮤니케이션을 통해 궁극적으로 추구하는 것은 의미의 공유를 통해 상호간의 갈등과 대립을 극소화하고 합의를 극대화하는 것이라고 볼 수 있다.

⑥ 과정으로서의 커뮤니케이션

언뜻 보기에 커뮤니케이션은 한순간의 짧은 교환으로 끝나버리는 것 같지만 사실은 커뮤니케이션을 끊임없이 변화하는 변화의 과정으로 보는 것이다. 따라서 커뮤니케이션은 정체된 것이 아니라 순환적이며 역동적이고 계속 이어지는 하나의 과정이다.

▶ 인간 커뮤니케이션 정의

따라서 인간 커뮤니케이션은 사람과 사람이 상징을 통해 메시지를 주고받는 상호작용적인 혹은 상호교류적인 의미공유의 과정이라고 정리할 수 있다.

(2) 커뮤니케이션 기능

① 개인적 차원

첫째, 표현적 기능으로 자신의 생각과 느낌을 표현하는 기능을 말한다.

둘째, 도구적 기능은 다른 사람으로부터 정보를 습득하거나 자신 욕구를 충족시키고자 시도하는 기능이다. 즉, 시청각 교재와 같은 도구를 사용하여 커뮤니케이션할 경우 효율적인 긍정적인 기능이 가능하다.

② **사회적 차원**(찰스 라이트-라스웰이 제시한 3가지 기능에 오락 기능을 추가)

첫째, 환경감시(environment surveillance) 기능이란 사회에서 일어나는 여러 가지 사건들을 정리하여 구성원들에게 알려주는 기능, 즉 주변 환경에 대한 정보를 제공하는 기능을 말하는 것으로 언론매체가 일상적으로 다루는 뉴스의 기능이라고 할 수 있다. 따라서 환경감시 기능은 천재지변 예고 및 불량식품 고발 등 경각심을 일깨우고 주변 환경의 위험요소를 알려주어 피해예방 및 최소화해 주는 긍정적인 기능이 있는 반면에, 세계의 동향이나 국제적 사건의 보도로 인해 특정 국가나 사회의 정치적 안정을 위협하거나 사회변혁의 압력을 가중시킬 수 있는 역기능도 있다.

둘째, 상관조정(correlation) 기능은 환경에 관한 정보의 의미를 해석하고 문제해결을 위한 대응책을 제시하는 등 구성원의 태도 형성에 영향을 주는 기능을 말한다. 즉, 이 기능은 변화하는 환경에 사회가 제대로 적응할 수 있도록 도와주는 것을 말하며, 환경에 잘 적응하기 위하여 사회의 각 부분들이 서로 긴밀하게 연계되어야 한다는 뜻에서 '상관조정'이라는 용어가 사용되었다. 하지만 상관조정 기능 역시 역기능을 초래할 수 있는데, 논평이나 사설에 편견이 개입되거나 중요한 사항들에 대해 왜곡해서 언급할 경우 구성원의 가치판단을 왜곡시킬 우려가 있다.

셋째, 사회유산 문화전수(cultural transmission) 기능이란 사회가치나 규범을 다음 세대나 또는 새로운 사회구성원들에게 전달하거나 전수하는 기능을 말한다. 이것은 매스미디어가 사회화 기능을 담당하는 것으로 개인의 사회적응을 도와주는 기능을 수행하는 것을 의미한다. 사회유산 문화 전수 기능 역시 미디어가 제공하는 내용이 다소 규격화되거나 획일화될 경우 문화적 다양성을 상실하고 창의성을 잃게 만드는 역기능을 초래할 수도 있다.

마지막으로 오락(entertainment) 기능이란 매스미디어가 사람들에게 기분전환이나 휴식을 위해 흥미 위주의 내용이나 프로그램을 통해 오락을 제공한다는 것이다. 이런 기능은 사람들에게 휴식을 제공하여 생활에 활력소를 불어넣는다는 긍정적인 기능도 있지만, 반면에 오락물에 지나치게 몰입하게 되면 사회적으로 중요한 이슈에 무관심하게 되거나 중요한 문제들을 회피하게 되는 역기능을 초래할 수도 있다.

(3) 커뮤니케이션 유형

① 자아 커뮤니케이션(intrapersonal communication)

자아 커뮤니케이션 혹은 개인 내 커뮤니케이션은 자기 자신과의 커뮤니케이션, 즉 인간의 내면에서 일어나는 커뮤니케이션을 말하는데, 여기에는 생각과 감정, 스스로를 바라보는 방식 등이 해당된다. 이때에는 송신자와 발신자가 커뮤니케이션의 주체를 겸한다.

자아 커뮤니케이션에 이용되는 대표적인 미디어는 일기장과 컴퓨터이다.

② 대인 커뮤니케이션(interpersonal communication)

커뮤니케이션의 가장 기본이 되는 대인 커뮤니케이션은 인간 상호간에 일어나는 커뮤니케이션으로, 두 사람 혹은 그 이상이 참여하는 상황에서 일어나는 직접적인 커뮤니케이션을 말한다. 대인 커뮤니케이션은 주로 두 사람 사이에 이루어지는 비공식적인 커뮤니케이션이다.

주된 관심사는 우정, 사랑, 가족 관계의 형성 및 유지와 같은 인간관계와 그 주된 속성인 친근감 및 대인간 권위 등이라고 할 수 있다. 대인 커뮤니케이션에서의 메시지는 주로 언어와 비언어(신체접촉, 표정, 상징)로 구성된다.

예를 들어 대인 커뮤니케이션에서는 얼굴을 맞대고 정보를 주고받는 상황에서 언어나 몸짓, 표정 등의 상징을 사용하여 상대방에게 그 뜻을 알리고 상징을 전해 받는 이는 그 뜻을 해석하여 송신자의 생각이나 의도를 이해하게 된다.

따라서 대인 커뮤니케이션은 학생과 교사, 의사와 환자, 친구끼리 식사하며 대화하는 것으로 면대면 커뮤니케이션이 가능하다.

③ 소집단 커뮤니케이션(small group communication)

소집단 커뮤니케이션은 몇몇 소수의 인원으로 이루어진 집단 속에서 발생하는 커뮤니케이션을 말한다. 학자에 따라 정의가 다른데 대개 공통의 목표를 달성하기 위한 목적으로 서로 영향을 주고받으면서 상호작용 하는 두 사람 이상의 모임을 소집단이라고 한다.

소집단 커뮤니케이션의 특징은 대면적인 상황에서 공통된 인식을 갖고 지속적으로 상호작용을 하면서 집단 목표를 달성한다는 것이다. 따라서 소집단 커뮤니케이션은 대인 커뮤니케이션에 비해 보다 공식적인 성격이 강하고 목표 중심적이며 소집단이라는 체계에서 일어난다는 체계적 특성을 갖고 있다.

예를 들어 몇몇 동아리 회원끼리 한 자리에 모여 대화를 나누는 것은 소집단 커뮤니케이션에 해당된다.

④ 조직 커뮤니케이션(organizational communication)

조직 커뮤니케이션은 공식적인 조직 속에서 이루어지는 커뮤니케이션을 말한다. 예를 들어 회사에서 근무하는 상사와 부하직원이 직장에서 공적인 일로 혹은 사적인 일로 대화하는 것이 여기에 해당된다.

조직에 대한 정의는 다양한데 일반적으로 일정수의 사람들이 유기적인 협동관계를 통해 주어진 목표나 임무달성을 위해 모인 집단이라고 할 수 있다. 조직은 불특정 소수를 대상으로 하는 소집단과는 달리 소속 자격과 경계가 분명한 특정 다수를 대상으로 하고 뚜렷한 위계질서 가지고 있다는 점에서 차이가 있다. 또한 조직 커뮤니케이션은 조직 내에서 이루어지기 때문에 업무적인 요소가 강하다. 따라서 소집단 커뮤니케이션에 비해 계약적이고 공식적인 성격이 강하다.

⑤ 공중 커뮤니케이션(public communication)

공중 커뮤니케이션은 공중연설 즉, 공중을 향한 연설자의 커뮤니케이션을 의미한다. 예를 들어 학생들을 대상으로 하는 강의나 보고회, 후보자의 선거유세 등이 해당된다.

공중 커뮤니케이션은 수용자의 규모가 크고 특정한 장소나 환경에서 지속적이고 조직화된 메시지를 전달한다.

⑥ 매스 커뮤니케이션(mass communication)

매스 커뮤니케이션은 복잡한 기업적 조직의 송신자가 대중적인 전달 내용을 신문, 잡지, 라디오, TV 등의 매스미디어를 통해 불특정 다수의 대중에게 동시에 신속하게 대량으로 전달하는 커뮤니케이션이다. 매스 커뮤니케이션은 특히 매스미디어를 매개로 해서 이루어지는 매스 커뮤니케이션이라는 점에서 다른 커뮤니케이션과 다른 특성을 가진다.

그러나 매스 커뮤니케이션 본질 역시 사람들의 의미를 공유한다는 점에서 인간 커뮤니케이션 현상의 하나라고 할 수 있다. 매스 커뮤니케이션은 매스미디어가 메시지 전송에 사용된다는 점과 수용자의 규모가 큰 것, 송신자와 수신자의 성격과 역할 구분이 명확한 점, 메시지 전달이 공개적으로 이루어진다는 점, 메시지 전달 방향이 일방향적이어서 피드백 기회가 제한되거나 혹은 지연된다는 점에서 다른 커뮤니케이션과의 다른 특징이 있다.

4) 커뮤니케이션의 모델

커뮤니케이션의 개념과 이론을 단순화하여 표현한 것이 바로 커뮤니케이션 모델이다. 모델을 알면 커뮤니케이션 현상을 더욱 효과적으로 이해할 수 있다. 1940년대 이후 커뮤니케이션의 기본 이론들이 등장하면서 이 분야의 연구가 체계화되기 시작하였다. 먼저 커뮤니케이션 모형의 장점을 알아보고 난 뒤, 커뮤니케이션 모델을 살펴보도록 하자.[2)]

첫째, 모형은 각 체계를 서로 관련시켜주고 순서를 엮어주며, 그

---

2) 임상원 역(1987), 『커뮤니케이션 모델』, 서울 : 나남출판사, pp.18～19.

리고 모형이 아니면 인식하기 어려운 전체의 모습을 제시해 주는 조직화 기능(organizing function)을 지닌다. 다시 말해 모형이 각기 다른 특정의 사실들을 포함하는 총괄적 그림을 보여준다는 측면을 말하는 것이다.

둘째, 모형은 설명적 기능(explaining function)을 지닌다. 즉, 모형이 복잡 난해한 현상을 간결한 방식으로 설명해 준다. 다시 말해 모형의 길잡이적 기능(heuristic function)이라고도 할 수 있는데, 모형이 학생이나 연구자들에게 체계의 과정이나 핵심을 알려주는 역할을 하기 때문이다.

셋째, 모형은 사건의 결과나 과정을 예측 가능하게 해준다. 모형은 여러 가능한 대안적 결과(alternatove outcomes)들의 확률을 추정하는 기초가 될 수 있으며 나아가 연구가설의 설정에 도움을 준다는 것이다.

그럼, 커뮤니케이션 모델은 어떠한 흐름으로 연구되었는지 살펴보자.[3)]

(1) 아리스토텔레스의 수사학 모델

1940～1950년대 이전까지 커뮤니케이션의 기본 모델은 고대 그리스 시대의 수사학에 토대를 둔 아리스토텔레스의 것이었다. 아리스토텔레스는 그의 저서 『수사학』(The Rhetoric)에서 커뮤니케이션의 기본적 요소 5가지를 제시하고 이들을 포함하는 커뮤니케이션 모델을 다음과 같이 제시하였다. 아리스토텔레스의 모델은 메시지 전달에 중점을 둔 일방적 모델이라 할 수 있다.[4)]

---

3) 김우룡 · 장소원(2005), 『비언어적 커뮤니케이션』, 서울 : 나남출판사, pp.28～33.
4) 홍기선(1984), 『커뮤니케이션론』, 서울 : 나남출판사, p.413.

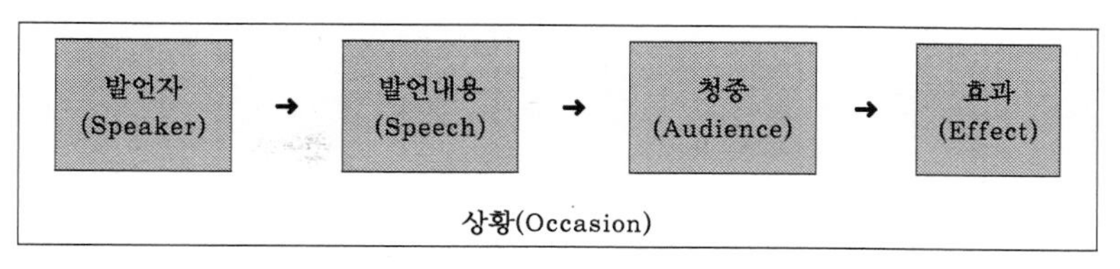

<그림 1-1> 아리스토텔레스의 수사학 모형

(2) 라스웰 모델

1940~1950년대 많은 사회과학 분야의 연구자들이 자신의 고유 영역에 대한 관심을 확장시키며 대거 커뮤니케이션 연구에 참여하면서 커뮤니케이션 이론의 체계가 확립되기 시작하였다. 이 시기에 이루어진 업적 중에서 두드러진 것은 커뮤니케이션 과정의 본질에 대한 연구들이다.

이 중에서 가장 고전적 인물인 미국의 정치학자 라스웰(Lasswel)은 1948년 커뮤니케이션 연구 사상 가장 유명한 구절이 실린 논문을 발표했는데, 그 내용은 "누가 무엇을 누구에게 어느 채널로 어떤 효과를 가지며 말하는가?"(Who says what to whom in which channel with what effect?) 라고 하는, 커뮤니케이션 행위를 5단계의 질문에 대한 의문문 형태의 응답형 방식으로 기술하였다.

즉, 누가(Who-발신자) → 무엇을(say what-전언) → 어떤 채널을 통해(in which channel-경로) → 누구에게 말해(to whom-수신자) → 어떤 효과를 가져왔나?(with what effect-효과)이다.

이후 이것은 라스웰의 공식으로 알려져 S-M-C-R-E 모델로 널리 인용되고 있다.

S-M-C-R-E는 커뮤니케이션의 기본요소를 나타내는데, 여기서

S(Sender/Source) 커뮤니케이션에서의 송신자(source)는 메시지를 발산하는 존재다. 언론에서는 방송사, 신문사 등 매체가 송신자라고 할 수 있다(who 통제 분석).

M(massage)은 송신자가 수신자에게 보내는 기호화된 내용이다. 즉, 커뮤니케이션에서 메시지는 언어적 요소(verbal)뿐만 아니라 비언어적 메시지도 포함한다(say what 내용분석).

C(channel) 채널은 송신자와 수신자를 연결해 주는 매개체, 즉 운반체로서의 의미를 일컫는다. 채널을 방해하는 요소로 잡음이 발생한다(in which channel 매체분석).

R(receiver)은 매체를 읽고, 보고, 듣는 모든 사람들을 말한다. 수신자란 광고상품이나 서비스를 직접 구매해서 사용하는 궁극적 소비자뿐만 아니라 도매상이나 소매상 그리고 정부기관, 각종 단체들까지를 모두 포함하여, 즉 미디어에 노출될 수 있는 모든 소비자들을 총칭하여 수용자라고도 한다(to whom 수용자 분석).

끝으로 E(effect)는 최종적으로 어떤 효과를 나타내는가, 혹은 어떤 효과를 얻을 것인가(with that effect 효과분석)와 같은 커뮤니케이션의 일련의 과정을 설명한 것이다. 이를 도표형식으로 정리하면 다음 <그림 1-2>와 같다.

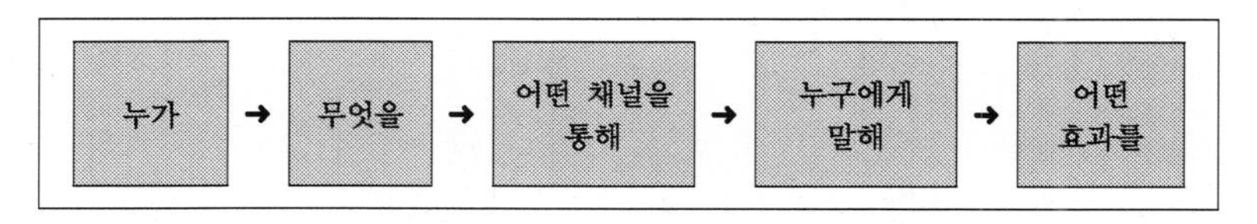

<그림 1-2> 라스웰의 공식(1948)

라스웰은 커뮤니케이션 과정에 근본적인 문제제기를 하였다고 볼

수 있다. 그냥 단순히 송신자와 수신자 간의 메시지 이동이라는 측면에서 벗어나 메시지의 내용과 미디어의 종류까지 생각하고 있는 것이다. 이러한 라스웰의 모델은 메시지의 내용과 미디어의 종류에 관하여 언급하였기 때문에 커뮤니케이션 연구에 많은 영향을 미쳤다. 미디어의 종류에 따라 커뮤니케이션의 영역이 달라지고 메시지의 내용에 따라 커뮤니케이션의 종류가 달라지는 것이다. 그러나 최근에는 효과 대신 환경이나 상황에 주목하는 경향이 있다. 이 공식은 결국 의사소통을 하나의 과정으로 이해하지 못하고 정보를 체계화하거나 지각하는 방법에 대한 설명이 부족할 뿐만 아니라 피드백 요소를 포함하지 않았다는 비판도 있다.

(3) 새논과 위버의 모델

라스웰이 모델을 발표한 이듬해 새논(Shannon)은 벨 전화회사의 연구과제로 전화통신의 문제점에 관한 공학적 연구를 수행하면서 새로운 커뮤니케이션 모델을 제시하였다. 흔히 새논-위버(Shannon-Weaver) 모델이라고도 불리는 이 모델의 특성은 신호(Signal)와 메시지, 송신자(information source)와 송신기(transmitter 전화의 송화기), 그리고 수신자(destination)와 수신기(receiver 전화의 수화기)를 구분했다는 것이다.

이 모델은 잡음(noise)을 커뮤니케이션 과정의 한 요소로 포함시켰다. 즉, 잡음은 정보원이 보내는 메시지가 전기신호로 바뀌는 과정, 신호가 전달되는 과정, 혹은 전달된 신호가 다시 메시지로 환원되는 과정 등 어느 시점에서든지 나타나 송신자와 수신자 사이에 의미의 왜곡 등을 초래한다는 것이다.

이 모델은 잡음의 개념을 등장시킴으로써 이전까지 커뮤니케이션은 보낸 사람의 의도대로 보여지고 해석되는 일방향적이고 기계적인 과정이라는 통념을 바꾸기 시작했다는데 의의를 두고 있다. 즉 메시지는 언제는 보낸 사람의 의도대로 해석될 거라는 가정이 커뮤니케이션에 대한 당시의 보편적인 시작이었다면, 섀논-위버의 모델은 커뮤니케이션 과정에서 주고받는 메시지는 언제나 다의적으로 해석될 가능성이 있다는 것을 시사한다는 것이다. 물론 섀논-위버는 의미 왜곡의 가능성을 채널에 관련된 문제로 국한시켰으나 의미의 왜곡은 커뮤니케이션 전 과정의 어느 시점에서도 발생할 수 있다는 것이 오늘날 우리가 보편적으로 인정하는 대전제이기도 하다.

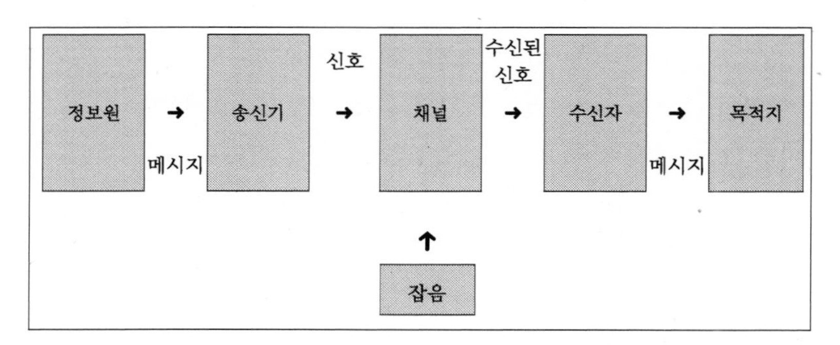

<그림 1-3> 섀논과 위버의 커뮤니케이션 모델[5]

섀논-위버의 모델에서 나타나는 커뮤니케이션의 과정은 위 <그림 1-3>에서 보는 것처럼 정보원이 전달할 메시지를 가장 먼저 만

5) 세버린·탠카드 공저, 박천일 외 역(2004), 『커뮤니케이션 이론』 서울 : 나남출판사, p.86.

들어낸다. 이후 메시지는 송신기에 의해 전달매체인 채널에 적합한 신호로 바뀌며, 이때 수신기의 기능은 송신기와는 정반대로 전달된 신호를 매시지로 환원시키는 역할을 하게 된다. 이렇게 수신된 메시지는 비로소 최종 목적지에 도달하게 된다.

(4) 쉬람(Schramm)의 상호작용 모델

1954년에 발표한 논문에서 쉬람은 커뮤니케이션을 송신자와 수신자 사이에 공통부분(commonness)을 형성해 나가는 작업이라고 정의하였다. 이를 설명하기 위해 쉬람은 "경험의 장(field of experience)"이라는 개념을 사용하였다. 즉, 원활한 커뮤니케이션이 일어나기 위해서는 두 대상 사이에 공통의 경험뿐 아니라 공통의 언어, 공통의 배경, 공통의 문화 등의 조건이 충족되어야 한다. 커뮤니케이션에 참여라는 두 사람이 비슷한 경험을 공유하지 못한다면 송신자의 머릿속에 그려진 메시지가 수신자의 머릿속에 같은 모습으로 복제될 수 없다는 것이다. 경험의 장의 개념은 송신자가 의도한 메시지와 수신자가 해석하는 메시지 사이에 불일치의 가능성이 상존한다는 것을 보여준다.

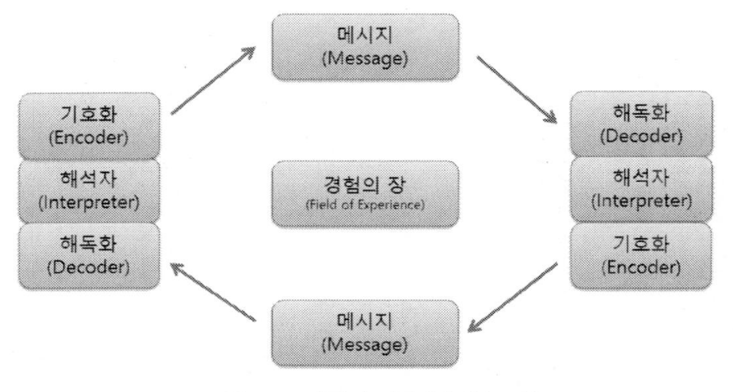

<그림 1-4> 쉬람의 커뮤니케이션 모델

한편, 위 <그림 1-4>와 같이 쉬람은 모델에서 피드백의 개념도 등장시켰다. 이때 피드백은 커뮤니케이션 과정의 잡음 문제를 극복하기 위해 필요한 것으로 보았다. 즉, 노련한 송신자는 수신자의 피드백에 민감하고 그 결과 꾸준히 자신의 메시지를 수정한다. 또 수신자가 피드백을 보내는 순간, 수신자는 송신자의 역할을 담당하고 이제는 오히려 송신자가 수신자가 되므로 커뮤니케이션 과정에 송신자와 수신자를 양분하는 것을 무의미하다는 것이다. 이런 견해는 커뮤니케이션 과정을 일방적으로 보았던 기존의 모델과는 달리 커뮤니케이션을 순환적 과정으로 보는 새로운 시각을 제공했다는 데 큰 의의가 있다고 하겠다.[6]

(5) 캐츠(Katz)와 라자스펠드(Lazarsfield)의 2단계 흐름 모델

1955년 캐츠와 라자스펠드는 『개인적 영향(Personal Influence)』이

6) 임상원 역(1987), 『커뮤니케이션 모델』 서울 : 나남출판사, pp.58～59.

라는 저서를 통해 2단계 흐름의 개념을 등장시키게 되었다. 그러나 1940년의 연구에서 그 같은 자극-반응 모형과 그 과정들은 부적합하다는 결론이 내려졌다. 매체로부터의 효과는 미미한 것이었고, 자극-반응모형은 대중(mass audience)이라는 사회적 실체나 정치정보 및 여론형성 과정을 적절하게 설명해 주지 못한 것으로 판명되었던 것이다.

이 조사 연구결과를 바탕으로 라자스펠드 등은 S-R 모형을 수정하여 커뮤니케이션의 2단계 흐름(two-step flow of communication)이라는 개념과 의견지도자(opinion leader)라는 개념을 새로 도입하였다. 모델을 표로 정리하면 다음 <그림 1-5>와 같다.

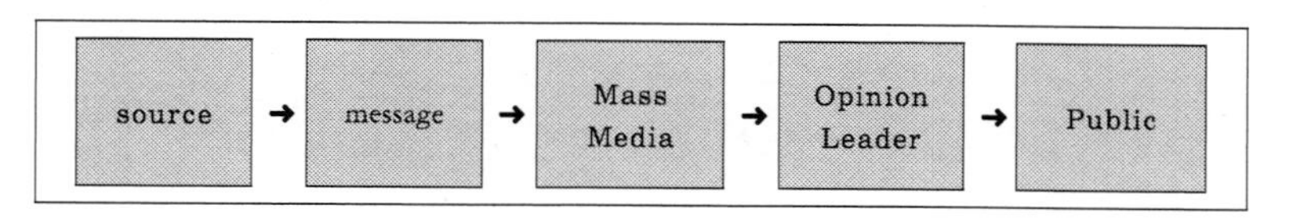

<그림 1-5> 캐츠와 라자스펠드의 2단계 흐름 모델

즉, 대인 접촉을 통한 영향력에 비하여 대중매체의 영향력이 상대적으로 매우 적다는 연구결과를 토대로 하여 "아이디어는 라디오와 인쇄매체로부터 의견지도자에게 흐르고, 다시 이들로부터 덜 활동적인 나머지 사람들에게 흐른다(Ideas often flow radio and print to the opinion Leaders and from them to the less active section of the population)"는 가설을 제시하였다.[7]

7) 위의 책, p. 90.

(6) 벌로(Berlo)의 SMCR 모델

1960년대 이후에는 송신자와 메시지 중심이던 커뮤니케이션 연구가 수용자와 의미를 중시하는 방향으로 관심의 초점이 이동되었다. 이 시기에 등장한 주요 모델로 커뮤니케이션을 하나의 과정으로 이해하고 의미의 해석은 수용자에 달렸다고 주장하는 벌로의 모델과 상호작용이 의미의 공유를 통해 커뮤니케이션의 이해가 증진되고 상대방의 의미를 수렴하게 된다고 주장한 킨케이드(Kincaid)의 모델이 있다.

벌로(Berlo, 1960)는 의사소통을 능동적이고 진행적이며 변화하는 일련의 과정으로 인식하였다. 벌로의 SMCR 모델 특징은 다음과 같다. 첫째, 하위요소들을 언급하여 커뮤니케이션의 과정을 구체화시켰으며, 둘째, 커뮤니케이션 과정에 포함되어 있는 여러 요소의 역동적인 상호관계를 설명하고 있다. 셋째, 의사소통의 요인을 정보원(Source), 메시지(Message), 통로(Channel), 수신자 (Receiver) 등 넷으로 구분하고 각 요인을 구성하는 요소들을 제시하였다. 넷째, 단순하면서도 메시지가 전달되는 커뮤니케이션 과정 속의 요소들의 상호관계를 잘 나타내었다.

다시 말해, 의사소통이 제대로 이루어지기 위해서는 발신자와 수신자가 있어야 하고, 서로 주고받는 메시지가 있어야 하며 발신자와 수신자 사이의 의사소통이 이루어질 수 있는 통로가 있어야 한다는 것이다.

이 모형에서 정보원(송신자 S)은 송신자가 가지고 있는 요소로 통신기술(통신을 얼마나 효과적으로 할 수 있는가), 통신을 하기 위한 태도, 가지고 있는 지식수준, 처해 있는 사회체계, 그 사회체계가 가지고 있는 문화양식 등이 있다. 그리고 송신자와 수신자는 통신기술, 태도, 지식수준, 사회체계, 문화양식을 가지고 있으며 이것을 바탕으로 메시지를 보내고 받는다.

메시지(M)는 송신자가 보내는 전달내용으로 주로 내용, 요소, 처리, 구조, 코드 등으로 이루어지게 된다.

통신수단(C)은 전달내용이 전달되기 위한 통로로 시각, 청각, 촉각, 후각, 미각이라는 인간의 다섯 가지 감각이 있다.

끝으로는 수신자(R)와의 전달 내용으로는 송신자와 마찬가지로 수신자 쪽에서도 그들이 가진 통신기술, 태도, 지식수준, 사회체계, 문화양식 등에 의해 받아들여지고 해석된다.

의사소통의 과정에서 벌로의 SMCR의 특징을 정리하면, 첫째, 의사소통의 요소를 송신자, 메시지, 경로, 수신자로 구분하였으며, 둘째, 각 요소별 의사소통 과정에 영향을 미치는 각각의 하위 요소들이 제시되었다. 셋째, 의사소통을 단순히 정보의 전달과 수신만이 아니라 상호작용의 과정으로 파악하였으며, 그 과정의 하나의 요소는 다른 모든 요소에 영향을 준다는 것이다. 넷째, 수신자는 정보를 받아 송신자에게 피드백하여 지속적인 순환과정을 이룬다. 다섯째, 정보원과 수신자의 통신기술(송신자의 말하기와 쓰기능력, 수신자의 듣기와 읽기능력, 추론적 사고력), 태도, 지식수준, 사회체계, 문화양식 등을 고려해야 함을 주장하고 있다. 여섯째, 인간의 5감각(후각, 촉각, 청각, 시각, 촉각)을 통신과정의 분석영역으로 제시하였다. 따라서 5감각은 의사소통 통로를 구성한다는 것이다. 일곱째, 메시지를 구성하는 세부 요소를 제시하여 메시지 고안에 도움을 주었다.

각 요인을 구성하는 요소들을 정리하면 다음과 같다.

* 정보원 요인을 구성하는 요소 : 발신자의 의사소통 기능, 태도, 지식, 사회체제, 문화 등
* 메시지 요인을 구성하는 요소 : 내용, 요소, 처리방식, 구조, 부호 등
* 수신자 요인을 구성하는 요소 : 수신자의 의사소통 기능, 태도, 지식, 사회체제, 문화 등

벌로의 SMCR 모델은 커뮤니케이션 과정을 총체적으로 다루고 있으며 하위요소들을 언급함으로써 커뮤니케이션의 과정을 좀 더 구체화시켰다. 즉, 종래의 단순한 시각적, 청각적 경험위주로 보던 관점에서 종합적으로 분석, 연구하는 학문으로 발전할 수 있도록 이끌었다는 점에서 공헌을 찾을 수 있다. 하지만 벌로의 SMCR 모델은 첫째, 피드백과 그 과정이 모형에 제시되지 않았으며, 둘째, 커뮤니케이션이란 역동적으로 이루어지는 것임에도 불구하고 그러한 역동성이 모형에 잘 나타나 있지 않다는 한계점을 가지고 있다.

Key Point

*** 커뮤니케이션은 사회적 행위 양식이다.**
이야기를 하는 것보다 "이야기를 나누는 것"이 바로 소통이라 할 수 있다.

*** 커뮤니케이션의 유형**
행위 양식에 따라 커뮤니케이션의 유형은 자아 커뮤니케이션, 대인 커뮤니케이션, 소집단 커뮤니케이션, 조직 커뮤니케이션, 공중 커뮤니케이션, 매스 커뮤니케이션 유형으로 나뉜다.

*** 커뮤니케이션의 주체는 바로 사람이다.**
어떤 유형의 소통방식이든 커뮤니케이션의 주체는 사람이고 객체도 바로 사람이다. 사회적 행위 양식으로서 커뮤니케이션은 사람을 변화시키고 행동하게 하는 무한한 힘과 능력을 지니고 있다.

2장 호흡과 발성법

1. 방송과 목소리, 표준 억양의 관계

인간은 '표현'하고자 하는 욕구를 본능적으로 가지고 있다. 표현의 방법으로는 원초적인 얼굴표정과 몸짓, 그리고 소리가 있다. 그중에서 가장 보편적이고 폭넓은 방법은 소리에 의존하는 것이다. 우리 인간이 소리를 낼 때는 목소리라고 불러진다.

방송은 말과 소리 위주의 라디오로 시작되었다. 말과 소리는 표현문화의 맨 앞자리에 있다. 텔레비전의 발명으로 소리(audio)와 그림(video)이 함께 나옴으로써 단순한 소리 본위의 라디오는 텔레비전에게 표현 문화의 안방을 내준 것으로 보인다. 그러나 여전히 두 매체는 방송이라는 한 지붕 아래에서 공생할 뿐만 아니라. 라디오는 소리만이 갖는 장점을 살려 방송의 효시로서의 위치를 당당히 향유하면서 말과 소리가 표현 문화에서 차지하고 있는 비중을 실증해 주고 있는 것이다.

〈방송의 독특한 특성〉

1. **광파성 :** 전파가 이르는 곳이면 지역의 경계 없이 어디에서나 들을 수 있다.
2. **동시성 :** 전파 수신대만 갖추면 어느 누구이든 동시에 시청이 가능하다.
3. **공공성 :** 공개성과 공익성을 가진다.
4. **교육성 :** 시청자들에게 오락성을 제공하는 특성과 아울러 계도성으로 교육적인 역할을 한다.

특히 국어의 전통성을 고수하고 바른 언어교육의 좌표가 되는 것이다. 또한 방송에서 쓰인 말이 전국적인 확산력을 보일 때 우리는 그 위력을 실감할 수 있다.

방송인에게는 자부심과 그에 상응하는 책임이 따른다. 즉 방송인은 표준어 규정을 지키면서 언어문화 창달에 앞장서는 사명을 수행해야 하는 것이다. 따라서 마이크 앞에 서서 구어 표현의 선도자의 몫을 하는 방송인은 그가 누리는 혜택과 방송을 사랑하는 국민의 기대에 어긋나지 않도록 구어 표현의 바탕이 되는 좋은 목소리를 준비하고 표준 억양을 구사하는 모범을 보이는 것이 마땅한 자세이다.

좋은 목소리란 어느 특정인의 소리가 아니다. 누구나 낼 수 있는 것이 목소리이다. 좋은 목소리를 갖기 위한 노력과 표준 억양의 습득은 구도자의 마음가짐으로 임해야 할 것이다.

2. 좋은 목소리란?

1) 좋은 목소리 정의

방송의 쌓이는 연륜과 더불어 프로그램의 성격에 따라서 진행자들이나 출연자들이 목소리의 크기와 색깔을 맞추고 프로그램을 살리기 위한 자기 몫을 해낼 때 방송은 끊임없는 발전을 하게 되는 것이다.

예로부터 전해오는 아름다운 목소리에 대한 해학적인 표현이 많이 있다.

"은반에 옥구슬 구르는 소리", **"꾀꼬리 같은 소리"**라는 비유로 예쁜 소리에 대한 정의를 내려놓고 있다. 이 말의 함축된 의미는 '아름다운 소리=맑고 고운 소리=좋은 목소리'이다. 하지만 맑고 고운 소리에 힘이 없다면, 좋은 소리가 아닐 것이다.

〈좋은 목소리〉에 대해 간단명료하게 정의를 내려 보자.

(1) 선천적으로 타고난 목소리가 제일 좋은 소리이다

성대를 가능한 넉넉히 열고 폐 속의 공기가 성대 주변의 근육의 제약을 받지 않고 거침없이 나오면서 성대를 진동시키는 순수하며 꾸밈없이 내는 목소리를 말하는 것이다.

물론 허스키하거나 거칠거나 쉰 소리일 수도 있다. 순수하며 꾸밈없는 소리가 바로 좋은 목소리이다.

(2) 건강한 목소리가 좋다

건강한 목소리에는 힘이 있다. 건강한 목소리란, 복부 근육을 자유롭게 수축시키며 폐 속의 공기를 힘 있게 내 보낼 때 성대가 진동하면서 내는 힘 있는 목소리를 이르는 것이다.

(3) 톤(음조)이 낮으면서 떨림이 없는 소리가 좋다

음조가 높으면 음정이 불안정하고 때로는 소리에 떨림이 생기며, 또 요들 노래용 목소리처럼 뒤집어지는 현상이 생긴다. 이것은 듣기에는 좋을지 모르나 불안정하게 높은 음조의 소리는 혐오스러울 수 있다.

(4) 자신 있고 당당하고 씩씩하게 내는 소리가 좋다

좋은 목소리는 입안에서 소리가 맴돌지 않고 밖으로 시원하게 발산되는 씩씩한 소리여야 한다. 목소리도 태도와 마찬가지로 기어들어가지 않고 타고난 자기 소리 그대로 당당하고 씩씩하게 낼 때, 듣기에 명쾌하고 좋다.

(5) 희로애락 등 감정을 표현할 수 있는 여러 가지 음색을 갖추면 더 좋다

인간의 모든 감정은 목소리의 색깔로 표현된다. 정서적인 표현을 위해 그에 맞는 목소리의 색깔을 갖추는 것이다. 따라서 좋은 스피치를 하기 위해서는 말의 강약, 고저, 장단, 쉬기, 강조 등을 잘 활용하여 단조로운 목소리보다 여러 음색을 갖춘 목소리를 갖추는 것이 좋다.

(6) 밝은 목소리가 좋은 목소리이다

목소리의 음색은 밝아야 한다. 밝은 목소리는 긍정적이면서 전달력이 높아 상대에게 좋은 인상으로 다가갈 수 있다. 밝은 소리를 내는 사람은 소리에 웃음이 깃들어 있고 당연히 성격도 밝다.

(7) 발음이 분명한 목소리여야 한다

스피치를 할 때에는 대화를 할 때보다 더 발음이 분명해야 한다. 따라서 평소에 여유를 갖고 깊은 목소리를 내는 연습이 필요하며 침착하게 말하는 습관을 기르는 것이 좋다.

따라서 위의 내용을 정리하면, 좋은 목소리는 **"자신을 가지고 당당하면서 씩씩하고 힘 있게 내는 타고난 자기 목소리"**라고 할 수 있다.

2) 목소리의 기능

(1) 의사표현의 기능

목소리는 기능면에서 두 가지로 고찰할 수 있다. 첫 번째 기능으로, 의사표현의 기능으로 발화 행위를 빌어 의사소통을 하는 기능이다. 즉, 화자의 의사를 청자에게 정확하게 전달하기 위한 수단이 된다. 이것은 수단의 도구로 목소리가 쓰인다. 다시 말해 목소리가 일상적인 생활 속의 대화, 단순한 의사표현을 위한 발화행위에 쓰이는 기능을 말한다.

의사표현의 기능은 불필요한 감정을 배제하고 좋은 목소리의 보편적인 성질인 힘 있고, 밝고 상냥하며 정감 있는 요소를 갖춤으로써 의사표현의 기능을 순수하게 수행할 수 있는 것이다. 하지만 때로는 일정한 힘을 유지하면서 끌고 가는 힘이 부족할 소지가 있다.

(2) 정서표현의 기능

목소리의 기능 두 번째로 정서를 표현하는 기능이다. 이것은 감정을 표현하는 기능, 혹은 예술을 표현하는 기능에 해당된다. 따라서 정서를 표현하는 기능은 표현력이 풍부한 목소리를 준비해야 하며 희로애락을 표현할 때 목소리는 정서표현의 기능을 한다. 또한 설득이나 선전, 선동 등의 대중연설에 폭넓게 작용하는 것이다.

3) 목소리 생성기관

(1) 발성기관

발성기관은 목 앞으로 돌출되어 있는 후두를 가리킨다. 후두 속에는 길이가 약 12~18mm쯤 되는 성대와 가성대가 있는데, 호기에 따른 성대의 진동으로 성음이 만들어진다. 성대는 복잡하고 섬세한 연골, 근육의 보호를 받고 있다. 따라서 발성기관은 성대를 울려 목소리를 내는 기관이라고 할 수 있다.

성대는 하나의 진동체로서 자유롭게 붙었다 떨어졌다 할 수 있는 두 쪽의 막으로 이루어졌는데, 숨길과 직각으로 놓여 있으며 근육조직으로 구성되어 호흡을 위해 항상 열려 있다. 소리의 길이나 높이를 유지하기 위하여 성대는 적당히 긴장되어 있어야 하고 호기류의 저항을 받아서 성대의 접촉면이 쉽게 진동할 수 있는 상태가 되어야 한다.

성대면의 접촉이 강할 때에는 강하고 딱딱한 소리가 나며 접촉이 약할 때에는 약하고 부드러운 소리를 내게 된다.

(2) 공명기관

공명기관은 인두강, 구강, 비강, 부비동으로 이루어져 있는데 후두에서 만들어진 성음을 증폭하고 공명시키는 역할을 함으로써 음성의 양이나 질을 변화시켜 개인 특유의 음색을 갖게 하는 큰 역할을 한다. 즉, 현악기의 울림통 같은 구실을 하는 것이다.

구강은 입안을 말하고, 인두강은 인두 안의 빈곳을 말하며, 인두는 입안의 끝부터 식도의 첫머리 사이의 근육으로 된 부분을 말한다. 또한 비강은 콧속을 말한다.

즉, 발성기관을 통해 나오는 목소리가 서로 맞뚫려 통하는 공명기관의 도움을 받아 소리가 커진다. 따라서 거친 소리이던 것이 공명기관을 거치면 크고 부드러워지면서 울림이 있는 소리가 되고 또한 독특한 음색을 가지게 된다.

* 인두강 : 후두 위에 위치함. 위로는 콧속(비강), 앞은 입속(구강), 아래는 식도 끝에 닿아 있는 깔때기 모양의 부분이다.
* 구강 : 입속 즉 입안의 빈 곳으로, 입에서 인두에 이르는 곳.
* 비강 : 콧속, 즉 입천장 위로 뻗쳐 있는 텅 빈 공간 부분. 특히, 코는 목소리와 절대적 관계를 가진다.

(3) 조음기관

조음기관은 입술, 혀, 이, 입천장 등을 활용해 말을 만든다.

즉, 발성기관을 통해 만들어진 목소리는 공명기관을 통해 커지며 개개인의 독특한 색을 갖추게 되고, 그 목소리가 소리를 고르는 입술, 혀, 이, 입천장, 아래턱 등 조음기관의 작용으로 비로소 정확한 발음을 내면서 의사소통의 도구인 말이 되는 것이다.

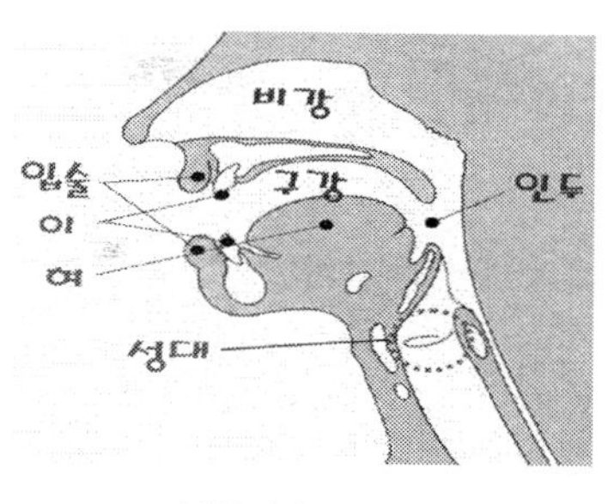

<발음기관의 구조>

4) 목소리의 종류

목소리의 분류는 명확하지는 않지만 노래용 목소리와 발화용 목소리로 분류할 수 있겠는데, 여기서는 발화용 목소리만 다루어 보고자 한다.

(1) 용도에 따른 분류

*** 일상의 목소리**

특별한 의미 부여나 힘을 주지 않아도 되는 '일상의 소리'로 무심한 가운데 나오는 소리라고 할 수 있다. 따라서 소리에 힘이 없고 호흡이 짧고 표현력이 풍부하지 못하다.

따라서 단점이 많은 목소리라고 할 수 있다.

*** 전문성 목소리**

직업과 유관한 목소리로 노래, 연극, 방송, 연설, 강연 등 대중을 상대로 하는 사람들이 쓰는 목소리이다. 따라서 전문성 목소리는 전달뿐만 아니라 설득, 풍부한 표현력과 상황을 인상 깊게 해주는 색깔 있는 목소리이다.

(2) 발성위치에 따른 분류

*** 뱃소리(깊은 소리)**

뱃소리는 압력이 높아진 공기가 강하게 나가면서 성대를 열고 진동하면서 힘 있고 씩씩하게 내는 소리이다. 즉 복부근육이나 횡격막 등 복부를 압축하거나 활용하여 허파, 즉 폐 속에 들어간 공기의 압력을 높이며 발성을 위한 준비를 한다.

뱃소리의 특징은 감정 표현의 심도가 깊으며 톤이 안정돼 소리의 일정률을 유지하고 소리에 힘이 있으며 호흡의 속도조절이 가능하여 말의 템포도 자유롭게 조절이 가능하다. 또한 장시간 말을 해도 계속 힘을 유지할 수 있어 청중의 주의를 계속 모을 수 있으며, 표준억양을 여유 있게 구사하고, 발음이 분명하여 내용전달이 잘 된다. 그리고 뱃소리는 긴 시간을 힘과 여유를 가지고 말을 할 수 있다.

*** 목구멍소리(얕은 소리)**

목구멍소리는 성대 주변의 근육을 많이 쓰는 것으로 특징은 말을 빨리 하기가 어려우며 소리가 얕고 표현의 깊이가 없다. 또한 소리는 맑으나 힘이 없으며 인간감정의 표출이 여유롭지 못하여 호감도가 떨어지고 설득력이 부족하다. 그리고 호흡을 적게 활용하며 큰 소리를 지를 경우 목이 쉬는 경우가 빈번하다.

(3) 호흡에 따른 분류

* **복식호흡(복부 발성음) :** 복식호흡은 배로 숨을 쉬는 발음이다. 호흡 방법은 다음과 같다.

가. 갈비뼈 바로 밑에 가로질러 있으면서 흉부와 복부를 분리해 주며 폐에 공기가 드나들 때마다 고무줄처럼 늘었다 줄었다 하는 얇은 근육성 막인 횡격막의 상하운동을 기본으로 해서 하는 호흡이다.

나. 횡격막을 아래로 누르면서 폐를 팽창시키는 식으로 하는 호흡이다.

다. 긴 호흡을 가능하게 해준다.

라. 힘차고 탄력 있는 소리를 나게 한다.

☞ 웃을 때 '하하하' 소리를 내지 말고 밖으로 터져 나오는 공기를 탁탁 끊듯이 연습해 본다.

* **흉식호흡(흉부 발성음)**

흉식호흡은 폐를 둘러싸고 있는 갈비뼈의 근육을 주로 움직여 가슴을 부풀리며 하는 호흡이다.

가. 배의 힘이 약한 사람들이 주로 내는 발성법으로 소리는 맑으나 힘이 없고 건조한 감이 있다.

나. 한 번의 호흡으로 길게 말하기 어렵다.

다. 음의 톤이 불안정하다.

라. 목소리 내기에 급급하여 여유 있는 감정표현이 어렵다.

마. 내뱉는 공기의 부족을 메우기 위하여 성대를 좁히기 때문에 음이 가늘다.

바. 말에 템포가 없다.

(4) 성대 열림에 따른 분류 – 성문의 연속적인 개폐 속도에 따라 음의 높이가 결정된다.

* 광개음 : 성대를 크게 많이 연 상태로 소리가 부드러우면서 둥글고 힘이 있으면서 안정감을 준다.

* 중개음 : 성대를 중간 정도 연 상태이다.

* 협개음 : 성대를 작게 연 상태로 소리가 작아 밖으로 발산되지 않고, 입안에서 맴돌다가 소멸되는 경우이다.

3. 발성 훈련

1) 발성훈련을 하는 목적

언어를 전문적으로 쓰는 직업에 종사하는 사람은 발성에 유의하여 전문직을 수행하는 데 필요한 목소리를 준비하는 것이 전문인다운 자세이다.

수평운동은 장(腸)을 전후좌우수평으로 움직이게 하여 장의 운동리듬을 힘 있게 해주는 운동이다. 즉 장을 수평으로 움직이게 하는 운동이 호흡운동이다. 여기에는 요가호흡과 단전호흡이 대표적이다.

(1) 요가호흡

요가호흡은 대기 중에 섞여 있는 산소를 최대한으로 호흡하여 혈액순환을 돕고 건강한 체질을 만드는 효과를 낸다.

*** 요령**

가. 결가부좌의 자세로 앉는다.

나. 코로 공기를 폐 깊숙이, 고요히 들여 마신다. 상체는 움직이지 말고 복부만 팽창하도록 공기를 최대한 마신다. 다시 '프' 하면서 천천히 모두 내뱉는다. 같은 방법으로 반복한다.

다. '나'와 같이 공기를 들이마시고, 이번에는 참을 수 있는 한 멈추고 있다가 최대한 천천히 내뿜는다. 이를 반복한다.

라. 코로 빨리 깊숙이 마셨다가 입으로 빨리 내뱉는다. 이를 반복한다.

마. 최대한 마신 공기를 서서히 내뿜다 멈추고, 또 내뿜다 멈추고를 반복한다.

바. 이번에는 한쪽 콧구멍을 막고 한쪽으로만 숨을 쉰다. 다시 교대로 반복한다.

(2) 단전호흡

단전은 배꼽 아래 3~4cm쯤 되는 곳에 위치하며 단전에 힘을 주어 심신의 정기를 항상 모아둠으로써 건강하고 장수한다. 따라서 단전호흡은 배꼽 아래 단전을 쭉 내밀면서 횡격막을 충분히 내려가게 하고 공기를 최대한 마시는 호흡법이다.

*** 단전호흡의 훈련요령**

가. 배꼽을 중심으로 해서 아래로 숨을 깊숙이 2~3초간 들이마셨다가 4~6초간 코로 천천히 내뿜고 이를 반복한다.

나. 코로 숨을 3~4초간 깊숙이 들이마신 뒤에 배꼽 아래 단전에 잠시 멈추었다가 6~8초간 천천히 내뿜는다.

다. 최대한으로 숨을 들이마시고 그 마신 숨을 최대한으로 참았다가 아주 천천히 입으로 내뿜는다.

4. 발성에 호흡활용

1) 기본정신

첫째, 이미 앞에서도 말한 복식호흡(요가, 단전호흡)을 응용하는 것이다.

둘째, 일상생활에서는 코로 호흡을 하지만 전문 목소리를 쓸 때는 코와 입으로 동시에 호흡을 할 수 있다.

〈호흡활용 훈련의 실제〉

배가 '들고 나고'가 활발할 때, 시원하고 당당하며 힘이 있고 표현력이 다양한 목소리가 나오는 것이다.

예) "하~하" 호흡 훈련, 뛰면서 노래 부르기 등

2) 발음훈련

분명한 발음을 위해서 먼저 조음기관인 혀, 아래턱의 움직임이 부드러워져야 한다. 혀와 턱의 운동을 해야 한다. 입을 다물고 턱을 전후좌우로 변화 있게 움직인다.

다음과 같은 짧은 문장으로 발음연습을 할 수 있겠다.

① 칠월 칠일은 평창 친구 친정 칠순 잔칫날

② 저기 저 뜀틀이 내가 뛸 뜀틀인가 내가 안 뛸 뜀틀인가.

③ 동편 뜰 서편 뜰 소풍길 다 무사했답니다.

④ 기찰포교들이 들이닥쳤습니다. 진사어른을 찾기에 경내 어디에 계실 거라 했습니다.

⑤ 이 행사는 삼성생명 협찬입니다.

⑥ 춘천 공작창 창장은 편 창장이고 평촌 공작창 창장은 황 창장입니다.

⑦ 한화생명 개인연금보험은 정부의 개인연금저축 장려 차원에서 판매되며, 귀하의 재산을 평생 관리하여 드립니다.

⑧ 세한양행 식품사업부에서 추진하고 있는 오행생식에 관한 해설서입니다.

⑨ 첫 느낌부터 끝 느낌까지 가뿐해요.

⑩ 챠프포트킨과 치스챠코프는 라흐마니노프의 피아노 콘체르토의 선율이 흐르는 영화 파워트웨이트를 보면서 켄터키 프라이드치킨, 포테이토칩, 파파야 등을 포식하였다.

〈호흡과 발성, 발음연습〉

가	나	다	라	마	바	사	아	자	차	카	타	파	하
게	네	데	레	메	베	세	에	제	체	케	테	페	헤
기	니	디	리	미	비	시	이	지	치	키	티	피	히
고	노	도	로	모	보	소	오	조	초	코	토	포	호
구	누	두	루	무	부	수	우	주	추	쿠	투	푸	후

3) 음성학과 발성

(1) 음(音)

가. 음의 본태(本態)

음(音)은 인간의 감각 중에서 귀를 통하여 받아들이는 것이다. 학문적으로 말하면, 청각을 통하여 우리들의 귀에 감수되는 자극이라고 할 수 있다. 이 음의 본태는 한마디로 "공기의 파동"이라고 할 수 있다.

예를 들어 잔잔한 수면에 돌을 던졌을 경우, 그 중심으로부터 물의 둥근 파문이 점차로 주위에 확대되어 가는 것과 같은 현상으로 움직여진 공기가 우리들의 눈에는 보이지 않지만, 공기의 파동이 점차 주위로 확대되어 간다. 이때 물체가 연속적으로 빠른 진동을 계속하기 때문에 공기파도 계속 만들어져 주위에 보내진다. 이때의 연속된 공기파가 우리들의 귀에 음으로 들리게 되는 것이다.

하지만 이 연속된 진동이 모두 음으로 들려지는 것은 아니고, 인간의 귀에는 1초간의 진동회수가 16회의 파동으로부터 24,000회 사이의 파동만이 음으로 들리게 된다.

(2) 음질

음질이란 듣기 좋음 또는 듣기 나쁨이란 견지에서 음성이 귀에 들려지는 방식에 연관된다. 음질은 고저, 음역, 음조, 공명, 음식 등을 포함한다.

가. 음의 고저

음의 고저는 음성이 얼마나 높은가 혹은 낮은가 하는 것이다. 효과적인 무대음성은 고음과 저음 둘 다 사용하는 것이다.

나. 음색(音色)

음색은 음조의 독특한 특성을 그대로 반영해 준다. 예를 들면, 삐걱거리는 목소리, 목쉰 소리, 감미로운 목소리, 진중한 목소리.

다. 공명(共鳴)

공명은 공명기관의 적절한 사용으로부터 나타나는 진동의 성질을 통하여 음조에 기여한다. 또한 공명은 '음조'의 증폭으로 구강 및 인후강의 개방과 유연한 조절에 의거하여 이루어진다. 따라서 공명이 잘 된 음은 듣기 좋은 음이 된다.

라. 음성의 변화

듣기 좋은 음역 내에서 음성을 조정시키거나 변화시킬 수 있는 능력은 단조로운 음성과 상반되는 유연성 있는 '음성의 변화'를 창조해낸다.

유연성 있는 음성은 억양, 강도, 속도 혹은 템포, 리듬 등을 효과적으로 사용함으로써 음의 변화를 만들어낸다.

마. 강도(intensity)

말하는 태도와 그 문장의 의미 속에 내포된 감정의 힘이 음성의 강도를 결정짓는다. '강도'는 정서적 긴장을 반영하는 조절된 음성 에너지이다.

바. 아티큘레이션(articulation)

초보자에게 한두 줄의 낭독을 시키면, 말하는 법이 딱딱한 경우가 대부분이다. 이럴 경우 아티큘레이션이 나쁘다고 할 수 있겠다. 이 초보자의 대사는 흔히 흐리멍덩한 말씨로 하나하나의 말이 명료하지 않으며 말과 말의 연결이 정확하지 않은 것이다.

이럴 때는 매일매일 "가나다라"를 또렷또렷하고 올바른 발음을 내어 읽는 것부터 익혀야 한다. "가나다라"가 익숙해지면 쉬운 말에서부터 차츰 어려운 말로 익히며 옮겨가는 것이다.

까다로운 대사까지도 술술 할 수 있도록 익히면 유리알이나 사탕을 양쪽 볼에 잔뜩 물고 말을 해본다. 그러면 그 유리알이나 사탕 때문에 발음이 불분명하게 들린다. 그러나 연습을 거듭하는 동안에 차츰차츰 명료해지는 것이다. 그런 다음 유리알이나 사탕을 빼내고 다시 한 번 그 대사를 해보면 매우 수월하게, 보다 명료하고도 부드럽게 할 수 있을 것이다.

사. 엘러큐션(elecution)

엘러큐션은 말하는 방법인 화술과 읽는 방법인 낭독법을 아울러 말한다. 또한 문장을 보며 읽는 낭독을 데클러메이션(declamation)이라고 하며, 문장을 보지 않고 외워서 읽는 암송을 레시테이션(recitation)이라고 한다. 그리고 단지 연단에 서서 말하듯이 연술하는 것을 오라토리(oratory)라고 한다. 즉 자신의 생각을 문장에 의하지 않고 그냥 생각한 대로를 일상적인 말로 하는 것이다. 낭독을 데클러메이션이라고 말하나, 흔히 리딩(reading)이라고도 한다.

(3) 목소리의 명확한 전달

말로 표현된 단어, 문장, 사고 등을 취급할 때, 진행자의 과제는 시청자가 그 단어를 듣고 단어 이면에 숨겨진 의미를 이해할 수 있도록 충분히 큰 소리로 분명하게 말하는 일이다.

듣기와 이해하기 사이의 차이점은 첫째, 음성은 잘 들려야 한다. 즉 음성은 모든 사람이 들을 수 있도록 충분하게 발성, 전달되어야 한다. 둘째로 관객은 들은 바를 반드시 이해하여야 한다.

예를 들어, 힘 있고 커다란 음성은 2,000석의 객석 뒤까지 목소리를 전달할 수 있을 것이다. 그러나 만일 그 소리가 분명치 않게 발음되거나 단어가 부정확하게 발음된다면 그 소리는 이해하기 어렵게 된다. 따라서 효과적인 음성의 전달은 올바른 호흡법과 직결된다고 하겠다.

"목소리의 명확한 전달"을 향상시키기 위해서 넓은 객석이나 공원과 같은 외부의 공공장소에서 친구나 선생에게 말하는 것을 연습하는 것도 좋을 것이다.

고함지르고 싶은 유혹을 억제하고 속도나 템포를 느리게 해서 명확하게 발음하는 것을 연습할 필요가 있겠다.

(4) 발성

발음이란, 성문에 있는 성대를 호흡을 통해 진동시켜 나는 소리를 입이나 코를 거쳐 밖으로 울려 내보내는 현상이다.

이미 앞에서도 정리해 보았지만 호흡기관을 크게 발성기관과 공명기관, 그리고 조음기관으로 나누어 볼 수 있다. 이때에 성대를 발성기관이라 하고, 여기서 나는 소리를 코(비강)와 입(구강)에서 조절한다고 해서 코와 입을 공명기관이라고 한다. 그런데 입속에서 입술(상・하순), 이(상・하치), 잇몸, 입천장(구개), 혀(설단, 설면, 설근) 등이 적절히 작용하여 음을 조절하기 때문에 흔히 조음기관이라 부르는 것이다. 그러나 조음이라는 것은 물리적인 작용에 의해서만 완성되는 것이 아니고 예민한 심리적 영향까지 많이 받는 섬세한 신체적・정신적 측면이 있다.

〈발성을 할 때 몇 가지 유의해야 할 점〉

① 가장 자연스러운 발성을 하도록 노력한다(무리한 음이나 지나치게 꾸미는 소리이어서는 안 된다).

② 신체적 건강과 명랑한 심리상태를 유지한다(우울하거나 침통

한 상태에서의 발성은 곤란하다).

③ 신체부위의 압박감이나 긴장감 없이 발성을 해야 한다(발성기관의 어느 한 부분이라도 압박감이나 긴장감이 있으면 제 소리를 낼 수가 없다).

④ 구강 공명과 비강 공명을 반반으로 이용해서 밝고 편한 소리를 내야 한다(한쪽으로 치우쳐 코에 의존한 경우라면 지나친 콧소리로 혐오감을 줄 수 있다).

⑤ 진성대와 가성대의 어느 쪽에도 의존해서는 안 된다(성대의 윗부분을 가성대, 성대의 아랫부분을 진성대라고 할 때, 가성대에 의존하면 들뜬 소리이거나 간사한 소리가 나고 진성대에 의존하면 무겁고 거칠며 거만한 소리가 나게 된다).

4) 발음연습 멘트

① 보건복지부에서는 국민건강 관리를 위해 치매노인과 갱년기장애방지 프로그램을 만들어 관계기관으로 배포하는데, 특히 눈길을 끄는 것은 환경운동 차원에서 모든 유인물을 자전거로 나르기로 했습니다.

② 부산 몇몇 신문사는 앞으로 신문의 지면을 더 늘려 활자를 보다 크게 만들어 돋보기가 필요치 않은 신문을 만들기로 했습니다.

③ 부산 ㅇㅇ대학교는 올해 대민봉사 활동의 하나로 무료진료 사업을 더 늘리고, 특히 건망증과 안마 그리고 단백질과 당뇨병의 관련 상식도 주지할 예정입니다.

④ 문화관광부는 앞으로 대한민국을 찾아오는 관광객들을 위해

상설 한복전시관을 열고, 한복전시관을 관광하는 외국인들에게 연분홍 숫고사 주머니를 선물하기로 했습니다.

5) 발음 능력의 향상법

① 한 음절 한 음절 또박또박 발음하는 습관을 기른다.
② 발음이 어려운 단어일수록 천천히 발음한다.
③ 평소에 어려운 발음연습을 많이 해본다.
④ 낭독훈련을 열심히 한다.
⑤ 표준발음법(부록)을 익힌다.

6) 정확한 발음 요령

① 입술, 혀, 턱을 부드럽게 잘 움직인다.
② 말의 시작은 낮고 부드럽게 하며 말의 끝은 분명하게 발음하여 마무리한다.
③ 어려운 발음이나 중요한 단어의 발음은 천천히 정확하게 발음한다.
④ 파열음(ㅋ, ㅌ, ㅍ)은 부드럽게 발음한다.
⑤ 이중모음(와, 외, 워 등)은 정확하게 발음한다.
⑥ 장·단음을 정확하게 살려서 발음한다.
⑦ 말의 문맥 흐름에 맞게 정확하게 띄워 발음한다.

7) 연설문 연습 멘트

청중들이 앞에 있다고 생각하고 다음의 연설문을 당당한 자세로 우렁차게 연습해 본다.

예문)
여러분께서 저에게 이 세상에서 제일 좋은 친구가 누구냐고 물으시면 저는 주저하지 않고 책이라고 대답하겠습니다. 심심할 때 이야기를 들려주고, 궁금할 때 의심을 풀어주고, 마음이 고달플 때 마음의 양식이 되어주는 책이야말로 좋은 친구가 아니고 누가 좋은 친구이겠습니까? 책 가운데도 저는 탈무드를 좋아합니다. 탈무드는 2천 년의 유랑생활을 해온 유태인들에게 미래와 지혜를 제시한 책입니다. 이처럼 책은 그 사람의 삶의 지혜와 마음의 양식을 높여주는 보고임을 다시 한 번 강조하는 바입니다. 고맙습니다.

3장 말의 리듬-홀소리 발음

3장 말의 리듬-홀소리 발음

1. 긴 /이:/ 2. 짧은 /이/
3. 긴 /이:/와 짧은 /이/의 비교
4. 긴 /에:/ 5. 짧은 /에/
6. 긴 /에:/와 짧은 /에/의 비교
7. 긴 /애:/ 8. 짧은 /애/
9. 긴 /애:/와 짧은 /애/의 비교
10. 긴 /아:/ 11. 짧은 /아/
12. 긴 /아:/와 짧은 /아/의 비교
13. 긴 /어:/ 14. 짧은 /어/
15. 긴 /어:/와 짧은 /어/의 비교
16. 긴 /오:/ 17. 짧은 /오/
18. 긴 /오:/와 짧은 /오/의 비교
19. 긴 /우:/ 20. 짧은 /우/
21. 긴 /우:/와 짧은 /우/의 비교
22. 긴 /으:/ 23. 짧은 /으/
24. 긴 /으:/와 짧은 /으/의 비교

♠ 자음 : 입안에서 여러 가지로 방해를 받아 발음되는 소리[총 19개]

ㄱ, ㄴ, ㄷ, ㄹ, ㅁ, ㅂ, ㅅ, ㅇ, ㅈ, ㅊ, ㅋ, ㅌ, ㅍ, ㅎ (14개)

ㄲ, ㄸ, ㅃ, ㅆ, ㅉ (5개)

♠ 모음(홀소리) : 발음할 때 성대에서 진동된 공기가 입안에서 장애를 받지 않고 자유로이 입 밖으로 흘러나오는 소리[총 21개]

· 단순모음(단모음) – 처음부터 끝까지 소리 값에 변화가 없는 소리
ㅏ, ㅓ, ㅗ, ㅜ, ㅡ, ㅣ, ㅐ, ㅔ (8개)
· 단모음 또는 이중모음 – ㅚ, ㅟ (2개)
· 이중모음 – 처음과 나중의 소리 값이 달라지는 소리
ㅑ, ㅕ, ㅛ, ㅠ, ㅝ, ㅞ, ㅢ, ㅒ, ㅖ, ㅘ, ㅙ (11개)

여기서, 단순모음(단모음)에는 긴 모음과 짧은 모음이 있는데 표준말에서 긴소리를 짧게 내면 뜻이 혼동되므로 조심해서 정확하게 발음해야 한다.

1. 긴 /이:/

긴 /이:/ 모음은 한글로는 "ㅣ"로 나타내며 국제음성 기호로는 【i:】로 적는다.

<긴 /이:/ 발음법>

(1) 아래턱과 위턱이 거의 맞닿을 정도로 아래턱을 올린다.

(2) 입술을 윗니가 보일 정도로 조금 열고 평평하고 자연스러운 모습으로 둔다.

(3) 앞 혀를 센입천장을 향하여 높이 올리되 갈이소리(마찰음)가 나지 않을 정도로 접근시킨다.

(4) 성대를 진동시킨다.

위에 기술한 소리 내는 법의 여러 특징을 종합하여 /이:/ 모음은, "앞혀, 닫힌, 펴진 입술모음"(전설, 평순, 폐모음)이라고 한다. 혀를 비롯한 발음기관에 긴장이 있는 소리이다.

<발음연습>

(1) 이:, 시:, 미:, 비:	(2) 실:, 이:발
(3) 시:장, 미:인, 비:밀	(4) 기:ㄹ다, 시:ㅁ한, 미:ㄹ다, 이:십
(5) 이:발소, 미:술관, 미:장원, 비:참한	(6) 머리가 긴 이:발사, 미:술관이 이:십 군데이다.

2. **짧은 /이/**

<짧은 /이/의 발음법>

(1) 아래턱을 긴 /이:/를 낼 때보다 약간 더 벌린다.

(2) 입술은 자연스럽게 펴진 채로 긴 /이:/보다 조금 더 벌린다.

(3) 앞혀를 /이:/를 발음할 때보다도 약간 더 내린다.

짧은 /이/는 "앞혀, 닫힌, 펴진 입술 모음"(전설, 평순, 폐모음)이다. 혀를 비롯한 발음기관에 /이:/보다 긴장이 적은 소리이다.

<발음연습>

(1) 비, 키, 피, 신

(2) 기계, 길, 비둘기, 빗, 인간, 집게

(3) 기름, 친구, 직업, 민족

(4) 믿다, 싫다, 이르다, 인사하다, 시장하다

(5) 편의상/편이상/, 경의를/경이를/, 민주주의/민주주이/

(6) 이 친구가 상의하고/상이하고/ 싶어 한다.

3. 긴 /이:/와 짧은 /이/의 비교

긴 /이:/	짧은 /이/
일:을 하다(일:)	일(하나)
김:밥(김:)	김(-씨)
기생/기:생/	기생(-충)
시련/시:련/	실연/시련/
시장/시:장/	시장(-하다)
치다/치:다/(차에-)	치다(때리다)

* 연습 문제 *

다음 글을 읽고 긴 /이:/와 짧은 /이/를 가려내시오.

1. 일하는 김 씨는 김밥이 싫답니다.
2. 다리가 긴 도시의 시장님이 나오셨지.
3. 김 씨와 이 씨가 손목시계를 비교하고 있다.
4. 일 학년이 이등하고, 이 학년이 일등을 하였다.
5. 이십일 년간 연구하여 이제 이치를 알았다.
6. 일이 시작되면 정신을 집중해야 한다.

* 주의 *

일부 경상, 전라, 충청 방언 사용자는 움직씨의 끝바꿈에 나는 "-지", "-니" 따위의 "이"를 /예/로 내어, 그랬지/그렌쪠/, 갔니/간네/, 먹었니/머건네/와 같이 내는 일이 있으므로 주의할 필요가 있다.

4. 긴 /에:/

맞춤법으로는 긴 소리 표시가 없으며 보통 한글 기호 "ㅔ"로 표기되나 "ㅖ"로 적는 일도 있다.

(보기) 계집, 폐지, 계간, 계곡, 계(:)급, 계(:)단, 계몽, 폐단, 폐간 등

<긴 /에:/의 발음법>

(1) 아래턱을 긴 /이:/나 /이/를 낼 때보다 약간 더 벌린다.

(2) 앞혀를 센입천장 쪽으로 올리되 짧은 /이/보다 더 낮춘다.(앞혀, 반닫힘)

(3) 입술은 아랫니가 거의 다 보일 정도로 열고 평평한 모양으로 자연스레 둔다.

긴 /에:/는 "앞혀, 반 닫힌, 펴진 입술모음"(전설, 평순, 반폐모음)이다.

<발음연습>

(1) 베다/베:다/, 세다/세:다/

(2) 게시판/게:시판/, 제비/제:비/, 세계/세:게/, 세상/세:상/

(3) 계단/게:단/, 계층/게:층/, 폐/페:/, 폐단/페:단/

(4) 세 가지 계층/세:가지 게:층/

(5) 제비가 네 마리/제:비가 네:마리/

(6) 세 분이 계십니다/세:부니 게:십니다/, 제사/제:사/, 제자/제:자/

* 주의 *

일부 경상도 사투리와 전라도 사투리 사용자는 긴 /에:/ 모음을 짧

게 낼 뿐만 아니라 그 음가가 다음에 소개하는 /애/ 모음에 가깝다. 이를 고치려면 아래턱을 더 올려 닫아서 센입천장과 앞혀의 간격을 좁혀야 한다.

5. **짧은 /에/**

한글맞춤법으로는 보통 "ㅔ"로 표기하나 다른 글자로 표기되는 경우도 있다. 다른 글자로 표기되는 경우는 다음과 같다.

(1) "예"로 적는 경우

보기) 계란/게란/, 계제/게제/, 특혜/특케/, 조례/조레/, 조폐/조:페/

(2) "의"로 적는 경우

토씨 "의"가 보통 /에/로 소리 나는 경우이다.

보기) 나의 집/나에 집/, 우리의 소원/우리에 소원/

<짧은 /에/의 발음법>

(1) 아래턱을 긴 /에:/를 낼 때보다 약간 더 벌려서 아랫니와 윗니 사이에 새끼손가락이 들어갈 정도의 틈이 나도록 한다.

(2) 앞혀를 긴 /에:/를 발음할 때보다 약간 더 벌린다.

(3) 입술을 자연스럽게 편 채로 긴 /에:/보다 조금 더 벌린다. 짧은 /에/는 "앞혀, 밥 닫힌, 펴진 입술 모음"(전설, 평순, 반폐모음)이다.

<발음연습>

(1) 체조, 메주, 베옷, 메밀꽃, 겨레, 두레박, 쓰레기

(2) 에워싸다, 메우다, 에이다, 다음에, 서울에

(3) 계란/게란/, 화폐/화페/, 조례/조레/

(4) 스승의 사랑/스승에 사랑/, 조국의 하늘/조구게 하늘/

(5) 고향의 메밀꽃/고향에 메밀꽃

6. 긴 /에:/와 짧은 /에/의 비교

긴 /에:/	짧은 /에/
떼다(우표를-)	떼다(무리이다)
네 발(발 넷)	네 발(너의 발)
제자(학생)	제자(-를 쓰다)
제육(-과)	제육(돼지고기)
게재(-하다)	계제
세운(운수)	세운(세우다)

* 연습 *

다음 글을 읽고 긴 /에:/와 짧은 /에/를 가려내시오.

(1) 여기에 있는 네 명의 학생은 네 제자인가?

(2) 아침에는 계란 세 개에 밥을 비벼, 찌개하고 먹었다.

(3) 게으른 아이에게 게를 먹여도 좋겠지.

(4) 우리의 소원 중에 무엇이 제일 중요한가?

(5) 계획을 세우지 않고는 사업에 성공할 수가 없네.

7. 긴 /애:/

<긴 /애:/의 발음법>

(1) 아래턱을 짧은 /에/를 발음할 때보다도 훨씬 더 내려서 윗니와 아랫니 사이에 엄지손가락이 들어갈 수 있을 정도로 넓게 벌린다.

(2) 앞혀를 짧은 /에/를 발음할 때보다 훨씬 더 낮은 위치로 내린다.

(3) 입술을 편 상태로 자연스럽게 벌려 아랫니와 윗니가 다 보이도록 한다.

긴 /애:/는 "앞혀, 반 열린, 펴진 입술 모음"(전설, 평순, 반개모음)이다.

<발음연습>

(1) 애옷/애:옷/, 개집/개:집/, 새털/새:털/, 매달/매:달/

(2) 채소/채:소/, 배신자/배:신자/, 재위/재:위/

(3) 재언하다/재:언하다/, 재탕하다/재:탕하다/, 대신하다/대:신하다/

(4) 채점/채:쩜/, 대장/대:장/, 패배/패:배/, 패가망신/패:가망신/

(5) 해제/해:제/, 해치다/해:치다/, 해석/해:석/, 대단히/대:단히/

위의 두 가지 잘못된 발음은 곧 뜻의 혼동을 일으킨다.

가령, 긴 /애:/를 짧은 /애/로 발음하면, "해"/해:/(손해)와 "해"/해/(태양), "배달"/배:달/과 "배달"(-민족)/배달/의 뜻이 혼동되며, 또한 긴 /애:/를 긴 /에:/로 발음하면, "밴다"/밴:다/와 "벤다"/벤:다/, "샌다"/샌:다/와 "센다"/센:다/의 뜻이 혼동되게 된다.

그러므로 표준발음으로 긴 /애:/를 옳게 발음하려면 아래턱을 충분히 내리고 앞혀를 낮추어야 한다.

8. 짧은 /애/

<짧은 /애/의 발음법>

(1) 아래턱이 긴 /애:/를 낼 때보다도 오히려 약간 닫혀 있다.

(2) 앞혀 역시 긴 /애:/를 낼 때보다 약간 센 입천장을 향하여 올라가 있다.

(3) 입술은 펴진 채로 자연스럽게 벌려져 있으나 긴 /애:/를 낼 때보다 아랫입술이 약간 더 닫혀 있다.

짧은 /애/는 "앞혀, 반 열린, 펴진 입술 모음"(전설, 평순, 반개모음)이다.

<발음연습>

다음 글자의 짧은 /애/에 주의하면서 발음해 보시오.

(1) 애기, 애수, 액체, 재미, 재량, 색채, 내기, 매매, 맥주

(2) 생각, 백군, 태풍, 태평양, 태양, 행방, 해바라기, 재주

(3) 새기다, 조개, 노래, 기생충, 소개, 날개, 흰색, 생선

(4) 패이다, 쪼개다, 바래다, 급해서, 보채다, 고생하다

(5) 책상, 삼색, 변색, 내리다, 해보자, 속했다

9. 긴 /애:/와 짧은 /애/의 비교

긴 /애:/	짧은 /애/
/재:미/	/재미/
/재:수/	/재수/
/새:집/	/새집/
/대:장/	/대장/

* 연습 *

다음 글을 자연스럽게 소리 내어 읽으면서 긴 /애:/와 짧은 /애/를 가리시오.

(1) 새장 속의 새가 재미있게 노래한다.

(2) 애국가는 대단히 애국적인 노래이다.

(3) 개나리와 진달래가 피어 있던 내 고향

(4) 행복한 집을 떠난 애기는 고생을 많이 했다.

(5) 대개는 애쓴 보람도 없이 패배했습니다.

10. 긴 /아:/

<긴 /아:/의 발음법>

(1) 아래턱을 완전히 아래로 내린다.

(2) 혀를 아주 낮추고 긴 /애:/를 낼 때보다 안쪽으로 (뒤쪽으로) 잡아당긴다.

(3) 입술을 자연스레 크게 벌린다.

긴 /아:/는 "가온혀, 열린, 펴진 입술모음"(중설, 평순, 개모음)이다.

<발음연습>

(1) 아무, 아무개, 아무 때, 아무데, 아무리, 아무쪼록

(2) 말씀, 사람, 가발, 자랑, 사무, 사립, 한문

(3) 안질, 암초, 간곡, 감기, 난방, 난립, 방심

(4) 방송, 방문, 방랑, 상상, 상수도, 상순, 상승, 장녀, 장려

(5) 장수, 장님, 찬란, 찬미, 찬송(-가), 찬조, 파탄, 파편, 파손

(6) 알다, 작다, 많다, 살다, 말하다, 갈다, 찬성하다

(7) 파랗다, 하얗다.

11. 짧은 /아/

<짧은 /아/의 발음법>

(1) 아래턱은 긴 /아:/를 발음할 때와 같이 완전히 아래로 내려와 있거나 또는 그보다 다소 위로 올라와 있어도 좋다.

(2) 혀는 긴 /아:/와 마찬가지로 아주 낮은 위치에 있으나 혀 전체가 긴 /아:/ 때보다 다소 앞으로 나가 있도록 한다.

(3) 입술은 자연스레 크게 벌리는 것이 보통이나 긴 /아:/보다 덜 벌어지는 것이 보통이다.

짧은 /아/는 "가온혀, 앞, 열린, 펴진 입술 모음"(중설, 전설, 평순, 개모음)이다.

<발음연습>

(1) 아기, 아버지, 아들, 안전, 낙서, 강산

(2) 눈앞, 반, 밥, 장군, 남산, 발, 산천, 만두

(3) 나무, 나라, 말, 살, 바다, 바람, 장군, 상가

(4) 차고, 사다리, 장차, 도라지, 자장가, 자동차, 박자, 살림

(5) 창문, 지각, 아리다, 가리자, 사라지다, 밖에서, 막히다

(6) 날리다, 사귀다, 깔다, 낚았다, 딱하다, 캄캄하다

(7) 가다, 간다, 닦다, 안성, 담양, 산청, 사당동, 팔당

12. 긴 /아:/와 짧은 /아/의 비교

긴 /아:/	짧은 /아/
안(-을 내다)	안(-팎)
산(-동물)	산(-에 가다)
말(-하다)	말(-을 타다)
발(-을 치다)	발(-이 아프다)
밤(-을 먹다)	밤(이 깊다)
살(-궁리)	살(이 쪘다)
잘(-한다)	잘(-시간이다)
한(-이 된다)	한(-시간)
상(-하다)	상(-을 받았다)
방문(-하다)	방문(-을 열다)
암(-에 걸리다)	암(-수)
사고(-가 나다)	사고(-하다)

가장(-으로서)	가장(-많다)
사장(-과 오장)	사장(-님)
장문(-의 편지)	작문(-을 하다)
자기(자석)	자기(자신)
상관(-의 명령)	상관(-의 관계)

* 연습 *

다음 글을 소리 내어 읽고 긴 /아:/와 짧은 /아/를 찾아보시오.

(1) 어제 밤에 밤을 구워 맛있게 먹었다.

(2) 아버지가 반대하셨으나 나는 자신이 있었습니다.

(3) 사람이 일생을 사는 데는 여러 가지 일이 많다.

(4) 아무래도 그 사람이 제일 잘 알고 있겠지.

(5) 마지막 작문시간에 장문의 산문을 썼습니다.

(6) 달리는 말 위에서 말을 하는 장수에게 사정을 한다.

(7) 갈고 닦은 학문으로 사회에 나와 봉사한다.

(8) 사 년 전 그날 찬란한 아침에 아픔을 달래며 떠나갔다.

(9) 아무튼 감사한 마음을 갖지 않는다면 인간이 아니다.

13. **긴 /어:/**

<긴 /어:/의 발음법>

(1) 아래턱은 긴 /에:/를 발음할 때와 같이 위로 올려서 윗니와 아랫니사이에 새끼손가락이 겨우 들어갈 정도의 좁은 틈이 나게 한다.

(2) 입술은 자연스레 편 모양으로 두되, 긴 /에:/에서와 마찬가지로

아랫니가 보일 정도로 벌린다.

긴 /어:/는 "가온(뒤) 혀, 반 열린, 펴진 입술 모음"(중/후설, 평순, 반개모음)이다.

<발음연습>

(1) 어사, 얼다, 멀다, 설날, 섣달, 벌다, 넣다, 석자

(2) 설사, 헌옷, 선사, 썰다, 젓다, 적다, 석달, 넉달, 서말, 너말

(3) 선수, 선거, 처신, 헌신, 건강, 헌병, 전화, 전보, 전기

(4) 언제까지, 헌법, 없다, 벌, 천, 선악, 얻다, 처분하다

(5) 선보다, 적어지다, 천거하다, 거사하다, 헌신적

(6) 거만한, 천천히, 거절하다, 어른스런

14. 짧은 /어/

<짧은 /어/의 발음법>

(1) 아래턱을 반 열린 위치로 내려서 긴 /애:/를 낼 때와 마찬가지로 윗니와 아랫니 사이에 엄지손가락이 들어갈 정도로 벌린다.

(2) 입술을 편 채로 긴 /애:/를 낼 때와 마찬가지로 아랫니가 다 보일 정도로 연다.

짧은 /어/는 "뒤혀, 반 열린, 펴진 입술 모음"(후설, 평순, 반개모음)이다.

<발음연습>

(1) 어서, 억척, 버릇, 너구리, 머리, 서리, 정적, 정성

(2) 성공, 서점, 서류, 번개, 허리, 어린이, 설렁탕, 떡

(3) 적선, 적군, 어깨, 기적, 부정, 사정, 어떤, 선녀, 벙어리

(4) 먹다, 적다, 썩다, 무겁다, 꺾다, 벗었다, 턱받이

(5) 서울, 전주, 서산, 천안, 대천, 인천, 성환

15. 긴 /어:/와 짧은 /어/의 비교

긴 /어:/	짧은 /어/
벌(-이 쏜다)	벌(-을 받다)
설(-날)	설(이론)
서리(대행)	서리(-가 오다)
정씨(鄭)	정씨(丁)
전기(-를 켜다)	전기(앞이 기록함)
선수(운동-)	선수(-를 치다)
건조(만들다)	건조(방이-하다)

* 연습 *

다음 글을 소리 내어 읽고 긴 /어:/와 짧은 /어/를 가려내시오.

(1) 언제나 눈에 선한 어머니의 얼굴

(2) 애기들의 머리를 쏜 벌은 벌을 받아 죽었다.

(3) 서 부장은 경찰서 서장 서리가 되었다.

(4) 그 운동선수는 거인답게 설렁탕을 다섯 그릇이나 먹었다.

(5) 저 멀리 건물이 많은 곳에 성당이 서 있었습니다.

(6) 어깨가 벌어진 그 청년은 성적도 첫째다.

16. 긴 /오:/

<긴 /오:/의 발음법>

(1) 아래턱을 반 닫힌 위치에서 조금 열어 윗니와 아랫니 사이에 새끼손가락이 들어갈 정도로 한다. 긴 /에:/를 발음할 때의 턱 모습과 유사하다.

(2) 뒤혀를 열린 입천장(연구개)으로 향하여 반 닫힌 위치로 올린다.

(3) 입술을 둥글게 내린다.

긴 /오:/는 "뒤혀, 반 닫힌, 둥근 입술 모음"(후설, 원순, 반폐모음)이다.

<발음연습>

(1) 오, 오십, 오백, 고장, 보장, 소장, 총장, 오후

(2) 오장육부, 노인, 노장, 소인, 돈, 손해, 포장, 조회

(3) 호신술, 좋다, 놀다, 졸다, 몰다, 골다, 쏜다

(4) 호랑이, 곰탕, 소총, 소신, 보육, 소년, 소녀

(5) 노파, 고소, 보신, 보장, 소대장, 돌다

(6) 보성, 소사, 오대산, 공자

17. 짧은 /오/

<짧은 /오/의 발음법>

(1) 긴 /오:/를 낼 때보다도 약간 아래턱을 더 열어서 윗니와 아랫니 사이에 가운데 손가락이 들어갈 정도로 한다.

(2) 입술은 둥글게 내밀되 긴 /오:/ 때보다는 정도가 약하게 한다.

짧은 /오/는 "뒤혀, 반 닫힌, 둥근 입술모음"(후설, 원순, 반폐모음)이다.

<발음연습>

(1) 온다, 곧, 소, 손, 손가락, 도시, 동전, 손자, 고집, 오징어

(2) 고추, 촛불, 조기, 초기, 자동차, 지도, 고치다, 도망가다, 고르다

(3) 고생하다, 오두막, 온돌, 곧장, 손수건, 독수리, 공장, 농장, 홍수

(4) 본토, 동서, 보리밭, 동산, 오동나무, 기독교, 사복, 기온, 활동

(5) 부족한, 지독하다, 소독한, 만족한, 고단한, 호소하다, 똑똑하다

(6) 고독하다, 모독하다, 오산, 송도, 종로, 홍도, 독도, 호주, 도봉산

18. 긴 /오:/와 짧은 /오/의 비교

긴 /오:/	짧은 /오/
도장(무술-)	도장(-을 찍다)
호주(-상속)	호주(나라)
조수(-직)	조수(바다)
고수(-하다)	고수(북 치는 이)
소매(-하다)	소매(-옷의)
소리(적은 이익)	소리(-를 내다)
고소(재판)	고소(맛이－하다)
조선(-소)	조선(-일보)
조기(일찍)	조기(생선)
모자(-관계)	모자(-쓰다)
모음(홀소리)	모음(모으다)

* 연습 *

다음 글을 소리 내어 읽고 긴 /오:/와 짧은 /오/를 가려내시오.

(1) 도로에는 고속으로 달리는 자동차가 보였다.

(2) 근로자들은 공장에서 일을 마치고 곧장 집으로 갔다.

(3) 소년은 호주의 허락도 없이 몰래 수속하여 호주로 갑니다.

(4) 복잡하고 고단한 도시보다는 공해 없고 조용한 시골이 좋다.

(5) 조선일보 속에 그 보고서의 사본이 보인다.

19. 긴 /우:/

<긴 /우:/의 발음법>

(1) 아래턱이 거의 닫혀 있는 상태이다. 긴 /이:/를 발음할 때와 같이 이가 보이지 않는다.

(2) 뒤혀가 열린 입천장을 향하여 거의 닫힌 위치까지 올라간다.

(3) 입술은 둥글게 오므려 앞으로 내민다.

긴 /우:/는 “뒤혀, 닫힌, 둥근 입술모음”(후설, 원순, 폐모음)이라 한다.

<발음연습>

(1) 우군, 부자, 운수, 구경, 수건, 부채, 주소, 주사

(2) 무기, 구두(-로), 구파, 수박, 구속, 준공, 눈(-사람)

(3) 수고, 군수, 두 집, 구조, 누락, 숫자, 숨결

(4) 숨쉬다, 숨다, 울다, 웃다, 수놓다, 묻다

(5) 구정, 순종하다, 후천성, 수다스럽다

20. 짧은 /우/

<짧은 /우/의 발음법>

(1) 긴 /우:/를 발음할 때와 마찬가지로 아래턱이 거의 닫혀 있는 상태이다.

(2) 뒤혀가 열린 입천장을 향하여 높이 올라가되 긴 /우:/를 낼 때보다 조금 낮고 전진해 있다.

(3) 입술을 둥글게 앞으로 내밀되 긴 /우:/의 경우보다 정도가 훨씬 약하다.

짧은 /우/는 “뒤혀, 닫힌, 둥근 입술모음”(후설, 원순, 폐모음)이다.

<발음연습>

(1) 우산, 수산, 군대, 분단, 중대, 충성, 문화, 물가

(2) 구두, 굴비, 구석, 투쟁, 수색, 두목, 부분, 푸념

(3) 비누, 자국, 바둑, 나루, 기둥, 선두, 선수, 마루, 벼룩

(4) 누리다, 풀다, 거두다, 죽다, 묻다, 가두다, 푸르다

(5) 문산, 군산, 제주도, 광주, 상주

21. 긴 /우:/와 짧은 /우/의 비교

긴 /우:/	짧은 /우/
부자(재벌)	부자(아버지와 아들)
구두(-시험)	구두(-신다)
부채(빚)	부채(-부치다)

구조(-하다)	구조(-가 좋다)
주사(-놓다)	주사(술주정)
두 부(두벌)	두부(머리/음식)
구경(-하다)	구경(-아홉 가지 경서)
무기(전쟁)	무기(무기한)
무력(-으로)	무력(-하다)
분수(-를 알다)	분수(-령)
붓다(물을-)	붙다(불이-)
술(-이 달린)	술(-마시다)
주의(-하다)	주의(원리)
굴(-다리)	굴(-을 먹다)

* 연습 *

다음 글을 소리 내어 읽고 긴 /우:/와 짧은 /우/를 가려내시오.

(1) 충성스런 군대인데도 무력 앞에서는 무력했다.

(2) 그 구씨네 집은 부자가 모두 부자이다.

(3) 술안주로는 두부와 굴이 매우 좋다.

(4) 그 친구는 분수를 알아서 무분별한 일은 할 수가 없다.

(5) 주의와 주장이 뚜렷했으나 부채를 지고 물러났다.

(6) 흥분한 군중은 지붕에 불을 붙였다.

22. 긴 /으:/

<긴 /으:/의 발음법>

(1) 긴 /우:/를 발음할 때와 마찬가지로 아래턱을 거의 다 올려 닫는다.

(2) 뒤혀를 긴 /우:/를 낼 때와 같이 열린 입천장을 향하여 높이 올린다.

(3) 입술을 평평하게 펴진 모습으로 하고, 아랫니가 조금 보일 정도로 자연스럽게 벌린다.

긴 /으:/는 "뒤혀, 닫힌, 펴진 입술모음"(후설, 평순, 폐모음)이다.

<발음연습>

(1) 음식, 음식점, 음료, 음료수, 금주, 근근, 근방

(2) 근거리, 근신, 근세사, 그림, 들, 들깨, 근처

(3) 끌다, 긋다, 그리다, 근사하다

(4) 흠(-가다), 쓸다, 슬슬

23. 짧은 /으/

<짧은 /으/의 발음법>

(1) 긴 /으:/를 낼 때와 마찬가지로 턱은 거의 닫혀 있다.

(2) 뒤혀는 열린 입천장을 향하여 높이 올리되, 긴 /으:/보다는 조금 낮고 앞으로 전진해 있다.

(3) 입술은 펴진 채로 아랫니가 조금 보일 정도로 자연스럽게 벌어져 있다.

짧은 /으/는 "위혀, 닫힌, 펴진 입술모음"(후설, 평순, 폐모음)이다.

<발음연습>

(1) 은, 금, 울, 틀, 늘, 틈, 글, 흙

(2) 음성, 극한, 스님, 여든, 아흔, 니은, 쓰레기

(3) 슬기, 쓸개, 아득, 득남, 득세

(4) 끊이다, 틀리다, 쓰다, 느리다, 흐리다, 예쁜, 기쁜

(5) 늠름한, 서늘한, 그득하다, 터득하다, 받들다

(6) 음성군, 금강산, 장흥, 뜨개질, 느티나무

24. 긴 /으:/와 짧은 /으/의 비교

긴 /으:/	짧은 /으/
금수(수출금지)	금수(동물)
금고(옥살이)	금고(-에 두다)
금강(강 이름)	금강(-석)(보석)
뜸(-하다)	뜸(-을 하다)
들(-판)	들(여럿)
들일(들의 일)	들일(받아들이는)
금기(꺼림)	금기(이번 기간)
금방(함부로 전하지 않는 약방)	금방(바로, 이제)
금산(나라에서 금하는 산)	금산(금광)

4장 스피치 불안증

1. 스피치 공포증 원인과 증상

1) 연단 공포증

사람들은 누구나 낯설고 새삼스런 장소에 가면 말이 잘 안 되는 경향이 있다. 그래서 마음속으로 혹시나 망신을 당하지 않을까, 혹은 나쁜 인상을 주는 것은 아닐까 하는 기분이 들어 긴장을 하게 되는 것이다.

여러 사람 앞에서 말하게 될 경우 또 다른 사람 앞에서 말할 경우 긴장하거나 주눅이 들린다든가 숨이 가쁘고 목소리가 잘 안 나오고, 목소리의 변화가 없고 거칠게 되며 음성이 높아지는 것 또는 말문이 막히고 청중들의 눈을 피하거나 내용이 생각이 안 나는 것 등 이러한 모든 것을 연단공포, 즉 감정적 긴장 또는 신경과민이라고 한다.

이러한 연단 공포증의 원인은 여러 가지로 나눌 수 있다. 첫째, 새롭고 낯선 언어 장면에 접했을 때, 둘째, 말해야 할 내용에 대한 충분한 지식이나 정보가 없을 때, 셋째, 실패하지나 않을까 하는 두려움을 가지게 될 경우, 넷째, 준비가 충분하지 않고 컨디션이 나쁠 때, 다섯째, 열등감 및 성격상의 결함이 있을 때, 여섯째, 청중에게 과민하거나 청중의 반응을 불리하게 해석할 때, 일곱째, 경험이 없거나 군중을 너무 두렵게 생각할 때이다.

〈연단 공포증을 극복하는 방법〉

미국의 유명한 스피치 교사 사라(Sarch) 여사가 제시한 연단 공포증을 없애는 방법을 참고하여 수정, 보완하면 다음과 같다.

(1) 충분한 준비에 의한 방법

① 말 첫머리 3~4개 문장은 써서 외워가지고 나간다.

② 말할 내용에 대한 자세한 아우트라인(outline)을 작성한다.

③ 아우트라인 작성한 것을 탁상 위에 놓고 한다.

④ 사전 연습을 충분히 하고 나간다.

(2) 긴장감에 대처하는 방법

① 자신감을 가진다.('나는 이것을 제일 잘 한다'는 식으로 자기암시법을 이용한다)

② "후"하고 조용하고 깊게 숨을 내쉬어 자율신경을 안정시킨다.

③ 몸과 어깨의 힘을 빼고 숨을 조용하게 깊게 내쉼으로써 정신적 긴장을 풀어준다.

④ 배를 이용한 복식호흡법(마음을 안정시키는 기능을 한다고 생리학적으로도 널리 인정되고 있음)을 이용한다.

⑤ 가급적 몸(목, 손, 허리, 다리 등)을 움직여 긴장을 푼다.

(3) 정신적 태도에 의한 방법

① 열등의식을 없애고 단점을 극복하려는 노력을 한다.

② 다른 사람을 인격적으로 대하려는 생각을 한다.

③ 나만이 두려움을 갖는 게 아니라 인간은 누구나 다 두려움을 갖는다는 생각을 갖는다.

④ 자신을 사랑하고 청중을 사랑하며 잘 할 수 있다는 신념을 가진다.

(4) 경험에 의한 방법

① 경험은 가장 위대한 스승이다. 기회 있을 때마다 대중 앞에 서는 경험을 한다.

② 반복한 경험은 두려움을 없애주고 자신감과 갖게 해준다.

(5) 기타 방법

① 기다리는 동안 옆 사람과 적당한 대화를 한다.

② 두근거리는 가슴에 집중하기보다 이야기할 내용에 집중한다.

③ 서두에 청중들을 조금 웃겨 분위기를 띄운다. 만약 실수를 하거나 어려운 고비가 생기더라도 포기하지 말고 끝까지 말한다.

2) 발표 불안증

대인 커뮤니케이션에서 어느 정도의 차이는 있지만 항상 불안해 한다면 성격적 불안증이라 할 수 있고, 반면 어떤 상황 중에서도 특수한 상황에서만 불안함을 느끼게 되는 상태는 상황적 불안증이라고 할 수 있다. 대중 앞에서 스피치를 하려고 할 때마다 "혹시 잘못하면 어떡하나"하고 불안해하는 것이 바로 상황적 불안이다. 대부분의 발표 불안증은 상황적 불안에 해당된다. 즉 중요한 스피치를 앞두고 이를 성공적으로 이끌어야 한다는 중압감이 스피커를 초조하고 불안하게 만드는 것이다. 남의 평가를 받아야 하는 입장에 서게 되면 누구나 결과를 걱정하고 좋은 결과를 얻어야 한다는 생각 때문에 초조하고 불안해지게 마련이다.

이러한 발표 불안증의 원인을 정리하면 다음과 같다. 첫째, 말하는 방법이나 내용에 자신이 없을 때, 둘째, 스피치 외에 더 큰 고민거리가 있을 때, 셋째, 청중의 반대가 예상되거나 청중의 반응이 안 좋을 때, 넷째, 스피치 연습이 부족한 경우, 다섯째, 스피치를 하다가 실수나 실패를 한 경우, 여섯째, 청중의 수준이나 권위, 연령, 지위가 스피커보다 더 높을 경우, 일곱째, 앞이나 뒤의 스피커가 더 능숙하다고 느끼는 경우이다.

§ 발표 불안증을 관리하는 방법 §

(1) 불안증이 증폭되는 것을 막는다

불안증이 증폭되면 성공적인 스피치를 할 수 없다. 따라서 자신의 불안증이 예사롭지 않다는 것을 느끼는 순간 모든 생각을 원점으로 돌려놓아야 한다.

(2) 모든 것을 긍정적으로 생각한다

'혹시 잘못하면 어떡하나'와 같은 걱정을 미리 하게 되면, 점점 자신감을 잃게 된다. 따라서 편안한 마음으로 임하면 자신감이 생겨나기 마련이다.

(3) 성의, 진심이 중요하다

스피치를 해본 경험이 없거나 평소 말주변이 없어서 스피치를 잘 해낼 수 없어서와 같이 말하는 사람이 많은데, 자신의 능력과 진실, 정열이 중요하다. 이야기는 말로만 하는 것이 아니다. 표정이나 몸짓, 태도는 말이 전하고자 하는 것을 강력하게 뒷받침해 준다.

따라서 말을 다소 더듬거리더라도 태도에서 넘쳐나는 진심이 있으면 듣는 사람은 말하는 사람이 말로 하려는 이상의 것을 확실히 느끼게 되는 것이다.

3) 스피치 불안감

맥크로스키(McCroskey, 1977)는 "스피치 불안감"이란 다른 사람과 실제로 커뮤니케이션을 하거나 할 것으로 예상될 때 가지는 두려움 혹은 걱정이라고 정의했다. 그 외 다른 학자들은 스피치 불안감을 개념화하면서 스피치 불안감이 구두 커뮤니케이션 행위를 완성하려고 할 때, 초조함(nervouness), 두려움(fear)과 걱정(worry)의 감정과 관계되는 특별한 인지적 특성으로 정의하였다(McCroskey, 1982; McCroskey, 1983). 한편, 피터 데스버그(Peter Desberg)는 스피치 불안감을 무대공포증으로 표현하면서, "자신의 스피치가 부정적으로 평가될 것이라고 믿는 두려움이다"라고 정의했다(Desberg, 1996/2005).

이 불안감의 증상은 사람에 따라 다양하지만, 다음과 같은 몇 가지 공통점을 보인다. ① 낮은 지적 능력, ② 스피치 기술 부족, ③ 스스로의 사회적 내향성, ④ 사회적 고립, ⑤ 커뮤니케이션 걱정, ⑥ 낮은 사회적 자긍심, ⑦ 커뮤니케이션 규범에서 문화적 일탈이다.

하지만 이 외에도 스피치할 때 다른 사람들이 자신만을 쳐다보는 것에 대한 부담감, 청중이 자신과 자신의 스피치할 내용에 대한 무지, 그리고 청중이 자신과 자신의 스피치 내용을 평가하는 것에 대한 부담감 등이 있다. 결국 이러한 스피치 불안감의 원인들을 한마디로 정의 내린다면 '자신감 부족'이라고 할 수 있다.

이러한 스피치 불안감에 따른 증상으로는 첫째, 생리적인 증상을 들 수 있다. 예를 들어 다리가 풀리고 손바닥에 땀이 나고 입술과 입이 마르고 창백해지고, 심장 박동이 빨라지며 얼굴이 붉게 상기되고, 호흡이 빨라지며 심하면 두통이 생기기도 한다. 그리고 때로는 동공이 팽창되고 눈앞이 까맣게 혹은 하얗게 되어 보이지 않는 경우도 있다. 둘째, 인지적 특징으로 내가 다른 사람들에게 어떻게 보일 것인가 하는 평가에 대한 불안감과 낮은 자존감으로 인한 자신감 결여, 또 잘못할 것이라는 자신에 대한 과소평가 등이다. 셋째는 행동적 특징인데, 말을 더듬는다든지 행동이 부자연스러우면서 시선이 불안정하고 목소리가 작아진다. 심지어 발표 상황을 피하려는 증상이 나타나기도 한다. 즉 스피치 결과에 대한 부정적인 생각을 미리 하면서 중요하지 않은 생각들이 꼬리에 꼬리를 물면서 스피치를 잘하지 못하게 되는 것이다. 그렇다면 이를 극복하고 자신감을 가질 수 있는 방법을 살펴보자.

2. 발표 자신감 갖는 스피치 5단계 방법

스피치에 대한 두려움은 누구에게나 존재한다. 그러나 이것을 어떻게 극복하느냐가 중요하다.

'발표 자신감'이란 감정 조절 능력이 있어서 무대 공포로부터 자유로운 상태를 말한다. 일류 투수도 야구 경기에서 제구력 난조를 보일 때가 있듯이 화법이 좋은 사람도 자신감이 없으면 울렁증이 심해지고 사람들과 자연스럽게 소통할 수 없다. 어떤 사람은 걱정을 하면서도 노력을 안 하는 사람이 있는가 하면, 어떤 사람은 끊임없는 노력과 연습을 해서 극복하는 사람이 있다. 다음과 같은 방법으로 발표 자신감 있는 스피치[8]를 할 수 있기를 권한다.

---

8) 발표 자신감 진단해 보기(뒷 page 활용하기 : 『준비된 말이 성공을 부른다』, 이정숙 참고).

(1) 1단계 : 비움의 법칙 [긍정적인 암시로 자신감을 갖는다]

자신의 문제를 인지하고 그것을 극복하고자 하는 의지가 필요하다. 그런 다음 긍정적인 생각을 한다. 누구도 완벽한 사람일 수 없다는 점을 스스로 인정하는 자세를 보여야 한다. 이것이 바로 1단계인 "비움의 법칙"이다.

"못난 면도 보여주자!" 바로 이 한마디가 정답이다.

긴장의 원인은 완벽주의에 있다. 일에서는 완벽주의가 빛을 발할 수 있지만 인간관계에서는 오히려 해가 될 수 있다. 잡으려고 하면 아무것도 얻을 수 없고 놓으려고 하면 잡힌다. 스피치에 대한 공포감은 잘 해야겠다는 스피커의 욕구가 강하기 때문에 생긴다. 따라서 자연스럽게 일대일로 대화한다고 생각하면 무사히 스피치를 마칠 수 있다. 무대에 서는 그 순간을 즐기면서 하게 되면 떨림을 극복하고 자신감을 가지게 될 것이다.

생물학적암퇴치협회 저르치 이르마이 소장은 『암 치료에 효과가 있는 110가지 방법』에서 4가지 L-비타민을 제시했다. 바로 웃음, 즐거움, 사랑, 내려놓음(Lachen, Lust, Lieben, Loslassen)이다. 못난 면도 보여주자는 것은 내려놓자, 힘을 빼자, 스스로 망가져 보자는 뜻이다. 타의에 의해 망가질 때는 창피하지만 스스로 망가지면 즐겁다. 감추고 싶은 것이 있다면 그것을 먼저 사람들 앞에 보이고 별것 아닌 것처럼 편안하게 이야기하자.

다음 문항에 O, ×로 답해 보자.

- 지나치게 회의를 많이 하고 조심스러운 느낌이 든다.

- 규칙이나 목록, 순서, 조직, 시간 계획 등 세부적인 것에 집착한다.
- 일의 완성보다 과정에 더 세심하게 신경을 쓴다.
- 지나치게 양심적이고 꼼꼼하며 즐거움보다는 생산성에 집착한다.
- 지나치게 현학적이며 사회적인 관습을 고수한다.
- 평소 경직되어 있고 완고한 편이다.
- 타인도 내 방식을 따라야 한다.
- 달갑지 않은 생각이나 충동이 엄습한다.

※ 평소 대인관계나 직장생활에 문제가 있는 경우, 8개 항목 중 3개 이상에 해당하면 병적 완벽주의자일 가능성이 높다. [출처 : 동아일보, 2004년 7월 11일자]

(2) 2단계 : 60대 80의 법칙

의식적으로 좋은 인상을 주기 위해서는 '60%만 긴장하기'이다. 이는 스포츠 심리학에서 나온 이야기인데, 경기에 임하는 선수가 60% 이상 긴장하면 근육이 굳어 제 기량을 발휘하기 힘들고, 그 이하로 떨어지면 집중이 되지 않아 실수를 유발한다는 데서 나온 수치이다. 60%만 긴장하기 위해서는 자기도 모르게 어깨와 얼굴 근육에 들어가 있는 힘을 빼고 마음을 편하게 내려놓아야 한다.

즉, 60%만 긴장하기의 해법은 80점에 만족하는 데 있다. 긴장상태에서 80% 정도 실력이 발휘되었다면 그 발표는 성공하였다고 자위하는 것이다. 유대인의 중심 사상 중에 '78:82법칙'이 있는데, 이는 사람이 할 수 있는 일은 최고 78%이니 나머지는 마음의 여유를 가지라는 의미이다. 누구도 100%가 될 수는 없다. 80점에 만족하면 작은 성취감이 모여 결국은 큰 성취로 이어질 수 있지만 매번 100점만 기대하다 보면 좌절이 거듭되어 결국에는 포기하고 말 것이다. 성공의 반대말은 실패가 아니라 좌절과 포기이다.

(3) 3단계 : 무관심과 상응의 법칙 [청중은 때로는 스피치 내용을 진지하게 듣지 않는다는 사실을 기억한다]

사람들은 생각보다 상대에게 관심이 없다. 거울을 보고 자신의 달라진 점은 금세 찾아낼 수 있지만 친구의 얼굴을 보면서 달라진 점을 찾아내기란 쉽지 않다.

대부분의 스피커들은 청중들이 처음부터 끝까지 청중들이 자신의 이야기에 집중한다는 생각에 부담감을 가지게 되고 남들보다 잘해야 된다는 생각을 갖게 된다. 하지만 청중들은 의외로 스피치 내용에 대해 처음부터 진지하게 듣지 않는 경우가 있다. 따라서 스피치를 완벽하게 해야 한다는 부담감에서 벗어나 최선을 다한다는 생각을 가지면 여유가 생길 것이다.

순서를 기다릴 때 긴장감이 생기는데 이때 다음 3가지 방법을 활용해 보자.

① 타인의 모습을 관찰한다. 자신의 발표 불안이나 긴장감을 줄이기 위해서 순서를 기다리고 있는 타인을 보는 것인데, 혀로 입술을 적시거나 어깨를 움츠리는 사람, 눈동자가 안정되어 있지 못하는 등 다양한 모습을 볼 수 있을 것이다. 이때는 '아하! 나만 긴장하고 있는 것이 아니구나!'라는 생각을 하면서 자신의 감정을 객관적으로 바라볼 수 있게 된다. 그러면서 긴장감을 줄일 수 있다.

② 심호흡을 하자. 발표를 하기 전에 입안에 침이 마르는 것은 뇌

에 산소 공급이 잘 안 되기 때문이다. 이때 얼굴이나 어깨 근육의 힘을 빼고 심호흡을 크게 하거나 복식호흡을 하면 떨리는 현상을 많이 줄일 수 있다.

③ '3의 마법'을 활용한다. '3의 마법'이란 명쾌하게 정리할 수 있는 3단계를 말하는데, 예를 들어 발표할 때 '첫째, 자기소개를 하고 인사를 한다. 둘째, 주제를 말한다, 셋째, 결론부터 말한다'와 같이 3단계를 반복적으로 되뇌는 것이다. 시작이 반인 것처럼 도입이 자연스러워지면 말의 리듬을 타기 쉬워진다.

(4) 4단계 : 꼬리표 법칙 [자기암시를 생활화하자]

스피치를 하기 전에 "나는 잘 할 수 있다!", "나는 자신 있게 스피치를 잘 할 수 있다!"와 같이 긍정적인 암시로 자신감을 갖도록 한다.

희망연구소 소장 박진규 박사는 『나는 희망의 증거가 되고 싶다』라는 저서에서 "나는 깨달았다. 세상에서 가장 설득하기 힘든 것이 바로 자기 자신이지만, 일단 자기 자신과 합의가 이루어지면 가장 강한 힘이 발휘된다는 것을"이라고 역설하였다. 긍정적이든 부정적이든 결과는 항상 자기 자신이 에너지를 쏟고 주위를 기울이는 쪽으로 결말이 난다.

우리가 정보를 받아들일 때 의심 없이 믿는다면 뇌는 상상과 현실을 구분하기 어렵다. 뇌가 그 차이를 인지하지 못하고 반응하기 때문에 상상만으로도 현실에 많은 변화를 일으킬 수 있다. 꼬리표 법칙은 뇌의 몽매함을 적극적으로 활용하는 방법인 셈이다.

"위약 효과"로 불리는 '플라시보 효과(Placebo Effect)'의 유래는 다음과 같다.

프랑스에 에밀 쿠에라는 약사가 있었다. 어느 날 쿠에가 잘 아는 사람이 의사 처방전 없이 찾아왔다.

"시간이 늦어 병원에 갈 수가 없습니다. 당장 아파 죽을 지경이니 약을 지어 주세요!"

환자의 하소연에 처방전이 없다는 이유로 처음엔 거절했지만 사정이 너무도 딱해 보여 인체에 유해하지 않은 가짜 약을 주고 말았다.

며칠 후 쿠에는 우연히 길에서 그 환자를 다시 만났는데 환자는 "선생님, 그 약이 무슨 약인지 몰라도 참 신통합니다. 그 약 하나 먹고 깨끗하게 나았는걸요. 참으로 감사합니다."

환자는 에밀 쿠에라는 약사에 대한 믿음과 그 약사가 지어준 약에 대한 믿음으로 '나을 수 있다'는 확신이 있었던 것이다. 그리고 그 믿음 덕분에 약의 성분과 상관없이 병이 나을 수 있었다.

상상력은 과거의 내 경험으로부터 영감을 떠올려 미래의 내 모습과 결합하는 힘이다. 이러한 상상력의 힘을 믿고 자기암시를 반복해 보자. 의지적으로는 쉽게 다가갈 수 없던 일도 이미 성공하는 모습으로 다가갈 것이다.

(5) 5단계 : 임계점 법칙 [자기암시를 생활화하자]

스피치에서의 임계점이란, 자신감이 붙어 마음먹은 대로 성과를 창출할 수 있는 단계를 말한다.

냄비에 물을 붓고 가열하면 점점 뜨거워지다가 100℃에 이르면 드디어 끓기 시작한다. 이처럼 작은 변화가 계속되다가 특정 지점인 임계점을 지나는 순간 전혀 다른 상태로 바뀌는 것을 물리학에서는

'임계현상'이라고 부른다. 물은 0℃와 100℃가 임계점에 해당한다.

어떤 분야에서든 성공한 사람은 임계점을 극복한 남다른 의지와 열정이 있다. 스피치 학습에서도 노력하지만 자신감이라는 성과로 이어지지 않아 불만을 토로하는 사람들이 많다.

이럴 때에는 실수를 먼저 인정하고 앞으로는 같은 실수를 반복하지 않도록 한다. 2단계에서는 실수를 통해 배운다. 실수라는 경험을 소중히 사용한다면 그 어떤 잘못도 시간 낭비는 아니다. 3단계는 같은 실수를 반복하지 않는다. 이론이나 지식은 이해의 과정을 거쳐 숙성되는 것처럼 숙성이 행동과 만날 때 나름의 견해가 생기고 깨달음이 오는 것이다.

3. 스피치 불안감 대처방법

지금까지 의지, 긍정적 생각 그리고 자신감을 가져 스피치 불안감을 해소하고자 하였다면, 다음은 심리적 극복 방안 외에 좀 더 구체적으로 실행할 수 있는 대처방법[9]을 알아보자.

① 스피치 불안 증상이 나타나면, 엄지와 검지를 세게 꾹 쥐었다가 풀어주는 연습이나 양손을 꽉 쥐었다가 풀어주는 연습을 5초 동안 해본다. 또 스피치를 시작하기 전에 불안증 극복 체조를 해본다. 먼저 손을 내린 채 어깨를 가능한 한 높이 치켜들고 10초 정도 그대로 유지한 후 밑으로 툭 하고 떨어뜨려 내리기를 반복해 본다. 바른 자세로 앉거나 서서 천천히 숨을 깊이 들이마시고 내쉬는 복식호흡

9) 이시훈・정의철 역(2005) 참고하여 재정리함.

을 한다. 더불어 입을 크게 벌려보고 혀를 좌우로 빨리 움직이면서 혀를 풀어주는 연습도 병행해 본다. 그리고 목을 좌우, 앞뒤로 최대한 밀어서 경추를 풀어주고 어깨를 풀어주는 방법들도 몸의 긴장과 심리적 불안감을 줄여준다.

② 스피치를 하기 전에 목소리 발음연습을 통해서도 스피치 불안감을 대처할 수 있다. 즉 목소리의 발성과 발음연습을 하는 것인데, 이때는 짧은 순간 동안 목소리를 다듬는 정도만 하면 된다. 따라서 연습을 실전처럼 할 필요가 있다. 특히 '스피치 공포증'을 많이 느낄수록 청중들 앞에서 스피치하듯이 소리 내어 실전처럼 연습해 보아야 한다. 가장 좋은 방법은 거울을 보고서 또는 가족들 앞에서 실전처럼 큰 소리로 연습하면 좋다.

우리는 가끔 "은쟁반에 옥구슬이 굴러가는 목소리"라는 표현을 듣게 된다.

그것처럼 사람은 누구나 밝고 명랑하며 산뜻한 것을 좋아한다. 자신감을 가지고 씩씩하게 내는 목소리, 말하는 자세, 태도, 듣기 쉬운 발음, 말하는 속도 등은 모두 훈련하기에 따라서 말하는 방법 자세가 달라질 수도 있다.

③ 스피치를 하기 위해 연단에 올라가서 청중과 천천히 눈을 맞추면서 미소를 지어본다. 특히 잘 아는 사람과 지속적으로 눈을 맞추거나 자신에게 집중해 주는 청중과 눈을 맞추면서 스피치를 하면 불안감을 줄여줄 수 있다.

④ 스피치를 시작하는 서론 부분을 말할 때 자기 자신과 관련된 이야기로 시작하는 습관도 좋다. 왜냐하면 자신과 관련된 이야기로 시작하면 자신감이나 자연스러움이 생겨 불안감이 줄어들 수 있다.

⑤ 항상 연단에 서게 될 때는 스피치에 대한 준비를 철저히 해야 한다. 즉, 자신감은 충분한 준비로부터 나온다는 것을 기억해야 한다. 아무리 스피치에 자신감이 있어도 준비하지 않은 스피치란 있을 수가 없으며 큰 소리로 연습하다 보면 불안감은 줄어든다. 또한 스피치 준비 중 가장 먼저 해야 할 일은 자신의 상황과 청중의 분석을 정확히 파악하는 일이다.

⑥ 스피치 순서 등과 같은 개요서를 적은 메모지를 활용한다. 원래는 메모지(메모카드)를 보지 않고 스피치를 하는 것이 좋지만 불안감이 사라지지 않는다면 처음부터 보고 읽는 용도가 아니라 한 번씩 자연스럽게 슬쩍슬쩍 보는 정도로만 사용한다. 즉, 스피치할 내용의 주제와 순서를 메모지에 적어두고 언제나 볼 수 있도록 준비한다. 그러면 스피치 순서를 기억할 수 있고, 혹여 당황하는 일이 생겨 스피치 내용을 잊어버리는 경우가 생겨도 스피치 순서를 보면 다시 기억할 수 있으므로 최악의 상황에서 의지가 될 수 있다.

⑦ 크게 말하고 천천히 말하는 습관을 가진다. 불안감이 있으면 목소리가 작아지고 말은 빨라지는 경향이 있다. 따라서 크게 천천히 말하면 불안감을 극복할 수 있다.

⑧ 스피치의 시작을 유머로 하는 것도 불안감을 줄이는 방법의 하나가 된다. 특히 자신을 소재로 한 유머는 효과가 있다. 단, 유머가 어색해서 청중이 웃지 않더라도 자신의 불안감을 줄이는 데 효과가 있다.

⑨ 스피치를 할 때 긍정적인 생각으로 자신 있는 척, 성공적으로 스피치를 마친 모습을 상상한다든지 잘할 수 있다는 긍정적인 자기 암시법을 활용한다.

⑩ 스피치 전에 잠시 눈을 감고 명상을 하면서 복식호흡을 통해서

심신의 안정을 찾은 후 스피치를 하는 것도 불안감을 줄이는 방법이 된다. 이때는 차분한 마음으로 자신의 스피치 내용을 떠올리면서 스피치를 성공적으로 끝내는 모습을 상상해 본다.

§ 발표 자신감 진단 §

나는 남 앞에서 얼마나 자신 있게 말하는가를 체크해 보는 진단용[10]입니다.

※ 다음 물음에 '항상 그렇다'는 ①번, '그럴 때가 많다'는 ②번, '그럴 때가 종종 있다'는 ③번, '그런 적이 거의 없다'는 ④번에 표시해 보자.

1. 친구들과 만나면 말의 주도권을 주로 내가 잡는다.
① ( ) ② ( ) ③ ( ) ④ ( )
2. 낯선 사람에게 말을 잘 붙인다.
① ( ) ② ( ) ③ ( ) ④ ( )
3. 목소리가 크고 자신감에 차 있다.
① ( ) ② ( ) ③ ( ) ④ ( )
4. 내가 말을 하는 도중에 다른 사람이 끼어들면 양보해 준다.
① ( ) ② ( ) ③ ( ) ④ ( )
5. 남이 말한 것을 거의 다 기억한다.
① ( ) ② ( ) ③ ( ) ④ ( )
6. 사람이 많은 자리에서도 의견이 있으면 일어서서 말한다.
① ( ) ② ( ) ③ ( ) ④ ( )
7. 회의할 때나 여러 명이 의논할 때 내 의견을 분명히 말한다.
① ( ) ② ( ) ③ ( ) ④ ( )
8. 내 주장을 관철시켜야 마음이 편하다.
① ( ) ② ( ) ③ ( ) ④ ( )
9. 처음 이성 친구를 만나도 말을 잘 붙일 자신이 있다.
① ( ) ② ( ) ③ ( ) ④ ( )
10. 윗사람에게 내 생각을 말할 자신이 있다.
① ( ) ② ( ) ③ ( ) ④ ( )

---

10) 이정숙(1998), 『준비된 말이 성공을 부른다』 참고.

※ 채점방법과 평가

①번은 10점, ②번은 8점, ③번은 6점, ④번은 4점이다. 표시한 숫자의 점수를 모두 더해 본다.

(10점 × 　개)+(8점 × 　개)+(6점 × 　개)+(4점 × 　개) = ______점

5장 효과적인 스피치 구성 및 전략

1. 효과적인 스피치 구성

인구가 증가하고 사회가 복잡해질수록 대인관계의 양상도 다양해지고 생활영역은 확장되면서 세분화, 전문화되고 만나는 사람의 빈도 역시 하루가 새롭게 늘어가고 있다. 따라서 개인이 개인에게 뜻을 전달하고, 개인이 대중에게 사상과 지식을 바탕으로 자기의 주장을 정확하게 표현하고 전달할 때 효과적인 스피치 능력이 없으면 안 된다. 주어진 시간 안에 의사교환을 효과적으로 적절히 수행하려는 노력이 필요할 것이다.

스피치가 이해하기 쉽다는 것은 말하고자 하는 내용이 듣는 사람에게 쉽게 전달되는 것을 말한다. 따라서 스피치는 상대방을 생각해서 구성해야 하며 내용에 따라 순서를 어떻게 할 것인가를 고려해야 한다.

요즘 프레젠테이션을 화려한 쇼처럼 대형화시키는 경향이 있는데, 프레젠테이션 평가요소로는 분명한 목표, 매끄러운 진행, 인상적인 오프닝, 안정감 있는 전달력, 에너지, 성실성, 명쾌한 요약, 광고주와의 교감 형성, 확실한 결론, 문장구사 능력, 프레젠터(Presenter, 발표자)의 신뢰성과 호감도 등이다.

위에 나열한 여러 가지 평가 요소들을 크게 3가지로 나눌 수 있다. 즉 내용(Content-What)과 연출(How), 그리고 전달(Who)이다. 내용은 말 그대로 프레젠테이션에서 말하고자 하는 내용이며 연출은 그 내용을 포장하는 방법을 말한다. 또한 전달이란 프레젠터가 메시지 내용을 전달하는 방법을 말한다. 그 3가지 평가 요소를 구체적으로 살펴보도록 하자.

첫째, 내용(What)은 장소, 그 시간에 사람들에게 들려주고 보여주는 내용물을 말한다. 따라서 광고의 예를 들면, 광고기획서의 내용이나 제작물 광고 시안 등이 바로 그것이다.

둘째, 연출(How)은 내용을 매력적이고 감동적으로 받아들일 수 있도록 특별하게 포장하는 실행을 의미한다. 그러나 이런 실행을 잘 하기 위해서는 반드시 기본전략이 필요한데, 바로 3P 분석이 필요하다.

3P 분석이란, 청중(People), 목적(Purpose), 장소(Place)를 말한다. 청중분석이란 청중의 수, 인구통계학적 특성(남녀노소), 청중들의 지식수준, 그리고 핵심인물을 파악하는 것이다. 목적 분석이란 이 프레젠테이션에서 어떤 결과를 원하는지 분명한 목표를 가지고 접근해 들어가야 한다. 또한 장소 분석은 프레젠테이션하는 장소, 주변환경 및 실내 환경, 좌석 및 실내 배치에 대한 상황에 대해 사전에 검토하고 주어진 상황에 착오가 없도록 하는 것이다.

셋째, 전달(Who)은 프레젠터의 전달 기술(Skill)을 말한다. 프레젠테이션에 있어서 프레젠터가 말하는 내용인 언어적 커뮤니케이션의 중요성이 7%라면, 바디랭귀지 등 비언어적 커뮤니케이션은 93%의 중요성을 가진다(메라비언 법칙)고 한다. 따라서 프레젠터의 말하는 방법, 제스처, 목소리, 눈 맞춤(eye contact), 움직임, 얼굴표정 등에 따라 프레젠테이션의 성공과 실패 여부가 달려 있다.

1) 서론 · 본론 · 결론의 3단계 논법

핵심 메시지를 개발한 후에는 다양한 자료를 통해 얻은 아이디어들을 적절하게 배치하는 것이 필요하다. 아이디어들을 배치해서 스피치의 기본 틀을 만드는 것을 내용 조직 또는 구성이라고 한다. 훌륭한 스피커(speaker)는 자신의 생각이나 정보를 잘 조직해서 그것을 청중이 잘 이해하고 기억할 수 있도록 일정한 패턴으로 제시한다.

이때 체계적인 내용 조직은 청중의 이해를 도모할 뿐만 아니라 스피커에 대한 청중의 신뢰성도 제고시켜서 결국 설득으로 이어지게 되는 것이다. 특히 말은 글과는 달리 한번 지나가면 그것으로 끝이기 때문에 이미 놓친 내용을 다시 생각할 수 없다. 따라서 스피커는 청중들이 그 내용을 잘 이해할 수 있도록 일관성 있게 스피치를 할 필요가 있다. 즉 처음부터 끝까지 청중이 스피커가 전달하는 내용을 잘 따라갈 수 있도록 전략적으로 내용을 조직하는 것이 필요하다.

내용 조직이 잘 돼 있으면 스피커에 대한 청중의 태도에도 영향을 미친다. 즉 청중은 내용 조직이 잘 돼 있는 스피치를 들으면 스피커가 능력 있고 신뢰할 수 있으며 진실성이 있는 사람이라고 믿게 된다. 스피커의 전문성, 신뢰성, 진실성은 설득력에 영향을 미치는 중요한 요인들이다. 이 밖에도 내용을 조직하는 과정을 통해서 논리적인 사고력이 향상되고 스피커로서의 자신감이 생기며 발표 능력이 향상되는 효과를 기대할 수 있다.

내용 조직이라고 할 때 다음의 2가지를 흔히 말할 수 있는데, 첫째는 전체적인 틀로 보면 서론－본론－결론의 3단 구성을 생각할 수도 있고, 둘째는 스피치의 중심이라고 할 수 있는 주요 아이디어와 세부 아이디어 조직법을 생각할 수도 있다. 따라서 서론, 본론, 결론, 주요 아이디어와 세부 아이디어 간의 관계를 부드럽게 이어주는 역할을 하는 중간 내용(Bridge Ment)도 내용을 조직할 때 함께 고려하는 것이 좋겠다.

3단계법이란 흔히 스피치를 '서론, 본론, 결론' 혹은 '머리말, 주제, 맺는말'로 진행해 나가는 형식을 말한다. 즉 1단계인 서론에서는 자신이 말하고자 하는 것을 말하면서 문제를 제기하는 것이고, 2단계인 본론에서는 문제제기를 뒷받침할 수 있는 보조화제들을 언급한다. 그리고 마지막 3단계인 결론에서는 자신의 의견을 제시함으로써 맺음을 한다.

또 흔히 스피치를 준비할 때 서론부터 준비하고 나서 본론과 결론을 준비하는 것으로 생각한다. 그러나 서론과 결론은 본론을 완성한 다음, 결정하는 것이 훨씬 더 효율적일 수도 있다. 왜냐하면 본론은 스피치에서 가장 길면서 가장 중요한 부분으로 본론에서 말하고자 하는 것을 정확하게 파악한 후에야 비로소 적절하고 효과적인 서론과 결론을 개발할 수 있기 때문이다. 따라서 스피치를 준비할 때에는 본론, 서론, 결론의 순서대로 조직해서 준비하면 올바른 방향을 설정하는 데 도움이 된다. 여기서는 일반적인 순서로 서론-본론-결론 순으로 알아보고자 한다.

(1) 서론

가. 서론의 기능

스피치 전체에서 서론이 차지하는 비중은 얼마 안 되지만 서론은 청중으로 하여금 앞으로 전개될 내용에 대한 논지나 호기심을 갖게 하는 도입의 부분이다. 즉, 서론은 청중들을 주의로 이끌 수 있는 감동적인 발단부이기 때문에 신선하고 인상적인 서론으로 청중을 사로잡을 수 있는 중요한 부분이라고 할 수 있다.

따라서 서론에서는 유머나 지혜가 담긴 위트로 분위기를 부드럽게 유도하여 청중들의 관심을 끌고 공신력을 확립하며 주제를 소개할 수 있도록 잘 준비해야 한다.

첫째, 청중들의 관심을 끄는 것은 서론에서 가장 중요한 기능이라고 할 수 있다. 서론에서 청중의 관심을 끌지 못하면 청중은 스피치에 집중하지 않을 것이다. 이때 청중의 관심을 끄는 것은 연단에 서서 말을 하는 순간부터가 아니라 스피커가 소개되고 스피커가 연단을 향해 걸어가는 순간부터임을 기억해야 한다. 왜냐하면 이 순간부터 스피커는 청중의 주목을 받고, 스피커가 하는 행동 하나하나가 청중에게 일정한 메시지를 전달할 수 있기 때문이다. 따라서 연단에 서자마자 곧바로 말을 시작하는 것보다 잠시 아무 말을 하지 않고 비언어적인 커뮤니케이션을 동반하여 청중을 주시하는 것도 청중의 관심을 유도할 수 있는 좋은 전략이 될 수 있다.

둘째, 신뢰성(Credibility)이란 '청중이 스피커를 얼마나 믿을 수 있는 사람으로 생각하고 있는가?'를 나타내는 말이다. 따라서 스피커의 신뢰성은 아리스토텔레스가 말한 설득의 3요소의 하나인 에토스(ethos)를 결정한다. 원래 에토스는 그리스어로 '윤리'를 뜻하는 'ethic'에서 유래한 말이지만, 오늘날 스피치 커뮤니케이션에서는 주로 스피커의 성품을 가리키는 말로 쓰이고 있다.

따라서 자신의 신뢰성을 높이기 위해서는 전문성과 진실성, 호감성을 강조하는 것이 좋다. 주제에 대해 사람들 앞에서 말할 자격이 있다는 것을 혹은 그 분야에 대해 충분한 지식과 경험이 있음을 설명할 필요가 있는데, 자신의 능력을 드러낼 때 청중의 반감을 사지 않도록 주의해야 한다. 자신의 전문능력을 알리는 데 시간을 너무 많이 할애하거나 내용을 과정하면 스피커의 능력을 의심하게 할 수도 있고 오히려 반감을 살 수도 있다. 반면에 자신이 좋은 의도에서 스피치를 하고 있다는 것을 강조하는 것은 스피커의 공신력을 높이는 데 도움이 된다.

셋째, 서론에서 스피치의 주제와 주제 내용을 알리는 것은 청중의 이해를 도모하여 청중이 스피치를 집중해서 들을 수 있도록 함으로 서론에서 지켜야 할 기본적인 기능이라고 할 수 있다.

설득 스피치나 정보 스피치의 서론에서 주제를 소개하는 것은 청중의 이해를 돕는 데 꼭 필요하다. 하지만 스피치의 주요 내용은 스피치의 유형과 상황에 따라 서론에서 예고할 수도 있고 하지 않을 수도 있다. 정보 스피치의 경우 일반적으로 서론에서 주요 내용을 미리 알리는 것이 대부분이나, 설득 스피치에서는 긴장감을 주기 위한 목적으로 주요 내용을 서론에서 예고하지 않을 수도 있기 때문이다.

나. 서론의 기법

또한 서론에서는 여러 가지 기법들이 사용되는데, 어떤 기법을 사용하느냐는 스피치의 목적과 상황, 청중의 속성에 따라 달라진다. 서론의 기법에는 충격기법, 질문기법, 공감대 조성기법, 인용기법, 유머기법, 시청각 자료를 활용하는 기법이 있다.

① 충격기법

충격기법은 충격적이거나 자극적인 내용을 말함으로써 스피치에 대한 청중의 주의와 관심을 집중시키는 기법이다. 이때는 내용이 스피치의 주제와 자연스럽게 연결되어야 하며 너무 자주 사용하는 것도 자제해야 한다.

② 질문기법

질문기법이란 청중에게 질문을 던짐으로써 청중으로 하여금 그 주제에 대해 직접적이거나 간접적으로 생각하게끔 유도하는 기법이다. 여기에는 수사적 질문과 참여식 질문이 있는데, 수사적 질문은 스피커가 이미 질문에 대한 답을 알고 있는 상태에서 스피커가 청중에게 대답을 기대하지 않고 던지는 질문을 가리키며, 참여식 질문은 청중이 손을 들어 보이거나 청중이 대답하게 함으로써 청중의 반응을 유도하는 질문이다. 따라서 스피커는 청중의 관심을 끌고 청중의 적극적인 참여를 유도하기 위해 효율적인 질문을 해야 함을 반드시 기억할 필요가 있다.

③ 인용기법

인용기법은 유명한 사람들의 말이나 책, 신문, 텔레비전의 내용 또는 속담, 고사성어, 설화 등을 인용하면서 스피치를 시작하는 기법이다. 사용된 인용문 역시 청중들의 흥미를 끄는 동시에 자연스럽게 주제와 연결되어야 한다. 이때 인용문의 출처와 인용문임을 분명하게 밝히는 것이 스피커의 공신력을 높이는 데 도움이 된다.

④ 공감대 조성기법

공감대 조성기법은 청중이나 발표장과의 인연, 청중과의 공통점 등을 강조하거나 잘 알려진 혹은 최근에 일어난 크고 작은 사건 사고 등의 시사적인 뉴스를 언급함으로써 청중과의 유대감이나 일체감을 불러일으키는 기법이다. 스피커와 스피커가 말하는 주제 내용이 청중과의 공감대가 형성되면 청중의 관심은 많이 높아질 수 있다. 즉 누구나 알고 있는 현 시국, 날씨 등과 관련된 내용을 언급하면 자연스럽게 스피치 주제를 도입할 수 있어 공감대 형성 및 일체감이 생길 수 있게 되는 것이다.

⑤ 유머기법

유머기법은 보고 들은 유머러스한 이야기나 직접 경험한 재미있는 이야기를 해서 청중의 관심을 끄는 방법이다. 유머기법은 청중의 흥미 유발뿐만 아니라 스피커의 긴장감 완화에도 도움을 주며 청중을 즐겁게 하고 분위기를 부드럽게 하여 청중과의 친밀감 형성에 큰 도움을 준다. 이때 역시 유머는 주제와 관련된 것으로 선택해야 하며 청중과 상황에 적절해야 한다. 또 유머러스한 이야기를 전달할 때는 스피커가 자신감을 가지고 실감나게 자연스럽게 전달해야 한다.

⑥ 시청각 자료 활용기법

시청각 자료 활용기법은 스피치 주제와 관련이 있는 시청각 자료를 보여줌으로써 스피치를 시작하는 기법을 말한다. 이런 방법은 청중의 귀와 시선을 사로잡아서 스피치의 주제로 청중의 관심을 끄는데 매우 효과적이지만 지나치게 오랫동안 사용할 경우에는 청중은 시각 자료를 보느라고 스피커의 말에 집중하기 어려울 수 있다. 따라서 시청각 자료는 필요할 때 꺼내서 필요한 만큼 보여주고 필요 없을 때에는 청중이 보지 않는 곳에 두어야 한다.

다. 서론 실행 시 주의사항

① 서론을 가장 먼저 준비하지 말라.

스피치를 할 때에는 서론, 본론, 결론 순서대로 진행하지만 스피치를 준비할 때에는 본론, 서론, 결론의 순서대로 조직하면 좀 더 쉽게 할 수 있다. 본론에서 말할 내용을 결정한 후에 서론의 내용을 구성하면 올바른 방향을 설정할 수 있다.

② 전체 스피치에서 서론의 비중은 최저 10%에서 최고 20%까지는 가능하므로 너무 짧게 준비하면 안 된다.

③ 지나친 겸손의 말이나 변명의 말은 스피커의 공신력에 치명적일 수 있으므로 삼간다.

(2) 본론

가. 본론의 기능

① 본론을 조직하는 과정에서 가장 먼저 해야 할 것은 본론에서 다룰 주요 아이디어를 정해서 이들을 조직하는 것이다. 주요 아이디어란 스피치에서 언급하고자 하는 중요한 포인트, 즉 요점들로 본론의 뼈대에 해당한다.

② 다양한 자료를 통해 얻어진 수많은 아이디어 중에서 중요한 요점을 고르는데, 이 요점들이 바로 주요 아이디어를 구성하게 된다. 즉, 세부 아이디어로 주요 아이디어를 뒷받침한다.

③ 요점을 고를 때 주제와 관련이 있는지, 청중의 관심을 끌 수 있는지, 서로 논리적으로 연결되어 있는지 생각해야 한다. 따라서 요점을 고른 후 스피치 목적에 부합되도록 가장 효과적인 방법으로 배열하는 것이 중요하다.

나. 주요 아이디어 조작법

① 시간적 조작법(Chronological pattern)

시간적 조작법은 시간의 흐름에 따라 진행되는 사건이나 행동 등을 주요 아이디어로 배열하는 방법을 말한다. 따라서 정보제공 스피치에서 특히 역사적 사건과 일의 과정을 설명할 때 많이 사용된다.

실제로 겪은 일이나 사건 등과 같이 과거에 이미 일어난 '~의 발생 과정'을 시대별로 설명할 때 대개 시간적 조작법을 사용한다. 이때 먼 시간에서 시작해서 가까운 시간으로 배열할 수도 있고 가까운 시간에서 시작해서 먼 시간으로 주요 아이디어를 배열할 수도 있다.

② 공간적 조작법(Spatial pattern)

공간적 조작법은 주요 아이디어를 장소의 이동에 따라 배열하는 방법이다. 즉 주요 아이디어를 위치와 방향에 따라 일정한 순서로 배열하면 주요 아이디어들 간의 관계나 구조가 시각적으로 분명히 드러난다는 이점이 있다. 따라서 일정한 순서나 자연스러운 논리적 순서로 주요 아이디어를 배열하는 것이 중요하다.

공간적 조작법은 시간적 조작법과 마찬가지로 정보제공 스피치에서 많이 사용된다.

③ 인과적 조작법(Causal pattern)

인과적 조작법이란 주요 아이디어간의 인과관계를 보여주기 위해 주요 아이디어를 원인－결과로 나누어 배열하는 방법이다. 즉 이미 일어난 과거의 사건뿐만 아니라 일어날 지도 모를 미래의 사건을 원인－결과 면에서 설명하고자 할 때 유용하게 사용될 수 있다.

따라서 문제의 심각성을 알려서 청중을 설득하고자 하는 목적이 있을 때에 원인을 먼저 말하고 그로 인해 생길 수 있는 영향이나 결과를 언급하는 것이 좋은 방법이다. 그렇게 하면 청중에게 나타날 수 있는 영향이나 결과에 대해 경각심을 불러일으킬 수 있다.

④ 문제해결식 조작법(Problem－solution pattern)

문제해결식 조작법은 먼저 문제점을 지적한 다음, 이에 대한 해결책을 제시하는 방법으로 진행된다. 따라서 설득 스피치에서 주요 많이 사용된다. 예를 들어 청소년의 범죄 증가로 인한 문제점을 지적하고 그 보완책을 강구할 수 있다.

⑤ **소재별 조작법**(topical pattern)

소재별 조작법은 스피치 주제와 관련된 소재들을 주요 아이디어로 나누어 배열하는 방식이다. 즉 주요 아이디어로 다뤄지는 소재들은 시간이나 공간, 인과, 문제해결과 같이 일정한 순서로 배열할 수는 없지만 자연스럽게 전체적인 스피치 주제를 설명하는 데 꼭 필요한 부분들로 구성된다.

소재별 조직법은 스피치 종류나 주제와 상관없이 거의 모든 스피치에서 편리하게 사용할 수 있어서 조직법 중에서 가장 많이 사용되는 방법이다.

⑥ **비교우위 조직법**(Comparative-advantage pattern)

비교우위 조작법은 제기된 여러 가지 해결안의 장점을 서로 비교하면서 자신이 주장하는 방안이 가장 우수하다는 것을 보여주는 방법이다. 따라서 스피커가 제기하는 문제점들에 대해 대다수의 청중이 이미 공감하고 있는 상황에서 그 해결방안을 놓고 논쟁이 뜨거울 때 매우 적합한 방법이라고 하겠다.

⑦ **동기유발 조직법**(Monroe's motivated pattern)

동기유발 조직법은 몬로가 개발한 것으로, 설득 스피치에 매우 효과적으로 쓰이고 있는 방법이다. 즉 이 조직법은 문제해결 조직법과 비슷하다고 할 수 있다. 그러나 문제해결 조직법은 주제와 관련된 특정 내용을 주요 아이디어로 배열하는 데 반해, 동기유발 조직법은 청중의 동기유발을 염두에 둔 용어를 주요 아이디어로 배열한다는 점에서 차이점이 있다.

따라서 동기유발 조직법은 주의 끌기, 필요성 인식, 만족, 가시화, 행동의 5단계를 거쳐 어떤 행동을 하도록 청중의 동기를 유발한다.

다. 세부 아이디어의 종류

주요 아이디어 조직이 끝나면 각 주요 아이디어에 대한 세부 아이디어들 간의 체계를 정해야 한다. 세부 아이디어란 본론의 주요 아이디어를 뒷받침하는 자료라고 할 수 있는데, 예시, 통계자료, 증언 등과 같은 여러 가지 형태의 세부 아이디어가 있다.

이때 세부 아이디어들은 주요 아이디어의 의미를 명확히 하는 데 도움을 주고 부연 설명하며 강화시키는 역할을 한다. 따라서 어떤 세부 아이디어를 사용하느냐, 그리고 세부 아이디어를 어떻게 조직했는가에 따라 좋은 스피치가 될 수도 있고 아닐 수도 있다. 단 세부 아이디어는 그 내용이 정확해야 하고 주요 아이디어와 관련성이 있어야 하며 신뢰할 수 있어야 한다.

① 예시(Example)

예시는 이해하기 어렵거나 추상적인 내용을 쉽게 이해할 수 있도록 구체적인 사례를 들어 설명하는 방법이다. 실제로 자기가 경험했거나 목격한 일, 다른 사람에게 들은 이야기, 옛날에 있었던 역사적인 사실, 전해 내려오는 고사나 설화, 신문이나 잡지, 책에서 읽은 사건, 텔레비전과 라디오에서 보고 들은 내용 중에서 적절한 사례를 골라 주요 아이디어를 입증할 수 있다.

이때는 원래 내용대로 전달할 수도 있지만 스피커 나름대로 각색하거나 해석을 덧붙여 말을 할 수도 있다.

② **통계**(Statistics)

통계란 현상들 간의 관계를 계량화해서 그것의 크기나 백분율, 비례 등을 수치로 보여주는 자료를 말한다. 일반적으로 사람들은 숫자를 신뢰함으로써 정보제공 시 통계자료가 많이 사용된다.

통계자료는 예시와 마찬가지로 요점을 명료하게 하고 부연하는 데 도움을 주지만, 특히 요점을 수량화해서 나타내기 때문에 청중에게 문제의 중요성이나 심각성을 이해시키는 데 매우 효과적이다.

단, 통계자료를 사용할 때는 다음과 같은 주의할 점이 있다.

첫째, 긴 숫자는 반올림해서 사용한다. 숫자는 정확하게 하되, 가능하면 단순화시켜 언급하는 것이 좋다.

둘째, 통계수치의 의미를 부연 설명한다. 통계자료에 대해 부연설명을 하지 않고 숫자만 언급하면 많은 사람들은 숫자의 의미를 이해하기 어렵다.

셋째, 너무 많이 사용하지 않는다. 너무 많이 사용하거나 자주 사용하면 청중은 오히려 혼란만 경험하게 된다. 따라서 여러 개의 숫자가 있을 때는 그중에서 가장 중요한 통계자료만 사용하고 정확한 숫자가 중요하지 않으면 %로 환산해서 언급하는 것이 좋다.

넷째, 통계자료의 출처를 밝힌다. 정확한 자료와 함께 통계자료를 말할 때 자료의 진실성을 보장받을 수 있다.

다섯째, 시각적 보조 자료와 함께 사용한다. 많은 통계자료를 한꺼번에 제시할 경우 차트나 그래프와 같은 시각적 보조 자료를 만들어서 함께 제시하면 청중의 흥미도 유발시킬 수 있고, 요점이 명확히 드러나 청중이 더 쉽게 이해할 수 있다.

③ **증언(Testimony)**

증언은 다른 사람의 말을 인용하는 것으로, 자기의 주장을 강화하기 위해서 세부 아이디어의 출처로 사용할 수 있다. 목격자나 경험자의 말, 그리고 전문가나 권위가의 의견, 논문에서 인용한 글, 일반인의 생각도 해당된다. 특히 주제와 관련 있는 전문가나 권위자의 소견은 비전문가나 일반인보다는 더 정확할 수 있기 때문에 신뢰도가 더 높은 세부 아이디어로 인정받을 수 있다.

증언의 형태로는 다른 사람의 말을 문자 그대로 인용하는 직접 인용의 형태가 있고, 다른 사람의 말을 스피커 자신의 말로 바꾸어서 요약하는 변환 인용의 형태가 있다. 직접 인용이 더 신뢰감을 줄 수 있지만 인용문이 너무 길고 복잡해서 청중이 이해하기 어려울 때는 변환해서 인용하는 것이 좋다.

(3) 결론

가. 결론의 기능

결론은 마지막 인상을 결정한다. 따라서 결론의 가장 중요한 기능은 스피치의 종료를 알리고 스피치의 요점을 강조하며 청중에게 깊은 여운을 남겨야 한다.

① **스피치의 종료를 알린다.**

스피치가 끝나갈 무렵에 청중에게 알려줄 필요가 있다. 즉 “이제 제 이야기를 마무리하겠습니다.” 혹은 “지금까지 제 이야기를 정리하자면……” 등의 표현이다.

이때는 속도, 톤의 변화, 포즈(pause)와 같은 비언어적 요소를 함께 사용해서 결론으로 접어들었음을 알릴 수 있다. 다시 말해서 본론의 내용을 다 말하고 나서 포즈를 길게 잡아서 호흡을 고르거나 말의 속도를 한 템포 늦추거나 목소리의 톤을 차분하게 가라앉히는 방식으로 변화를 주어서 말을 하는 것이 좋다.

② 요점을 강조한다.

본론에서 다뤄진 주요 내용을 결론에서 다시 한 번 언급함으로써 청중의 이해를 돕는다. 정보 스피치에서는 정보를 중심으로 요약하고, 설득 스피치에서는 주요 논거나 행동을 중심으로 요약할 수 있다.

요점을 정리할 때에는 너무 세세한 내용까지 다 말하려 하지 말고, 본론에서 언급되지 않은 전혀 새로운 내용을 요점에 포함시켜서는 안 된다. 그리고 본론에서 사용했던 똑같은 언어를 사용해서 요약하는 것이 좋다.

③ 강한 인상을 남긴다.

청중이 스피치를 듣고 돌아가서도 생각날 수 있도록 깊은 여운을 남기는 기법을 고려하는 것이 중요하다. 즉, 인용기법이나 전망제시기법, 실천유도기법 등을 사용할 수 있는데, 이때 2가지 이상의 기법을 함께 사용할 수도 있다.

나. 결론의 기법

① 인용기법

서론에서와 마찬가지로 결론에서도 인용기법을 사용할 수 있는데,

유명한 사람들의 말이나 책, 신문, 영화, 텔레비전의 내용 또는 속담, 고사성어 등을 인용함으로써 스피치의 끝을 맺는 기법이다. 이때 인용은 청중이 잘 알고 있는 사람의 말을 인용하는 것이 좋고 너무 길게 인용하는 것은 피하는 것이 좋다.

② 전망제시기법

전망제시기법은 스피치 주제에 대한 인식의 중요성을 미래 상황과 결부시킴으로써 스피치를 끌어내는 것이다. 즉, 긍정적인 전망을 제시함으로써 청중에게 희망을 주는 것이 중요하다. 따라서 긍정적인 면을 최대한 강조해서 청중에게 밝은 미래에 대한 희망을 갖고 긍정적인 목표를 향해 나아갈 수 있도록 마무리하는 것이 좋다.

③ 실천유도기법

실천유도기법이란 청중이 특정한 행동을 하도록 또는 특정한 신념을 갖도록 호소하는 기법이다. 이 기법은 특성상 청중의 행동을 독려하고 믿음을 변화시티는 것이 목적이므로 설득 스피치에서 자주 사용된다. 즉 청중이 특정한 행동을 하거나 특정한 신념을 가져야 하는 필요성을 말하거나 그렇게 하도록 요구하면서 스피치를 끝맺을 수 있다.

예를 들어 헌혈하도록 설득하는 것이 목적이라면, “다음 주에 헌혈차가 우리 학교에 온다고 하니까, 헌혈에 동참하지 않으시겠습니까?” 라고 말하기 보다는 “다음 주에 헌혈차가 우리 학교에 옵니다. 저는 여러분 모두가 시간을 내셔서 다른 생명을 살리는 일에 동참해 주실 것을 간곡히 부탁드립니다”라고 직설적으로 호소하는 것이 좋다.

다. 결론 실행 시 주의사항

첫째, 청중은 스피치가 끝날 무렵 은근히 스피커가 마무리하기를 기대한다. 따라서 결론에 이르러서 마무리를 짓지 못하고 질질 끌면 청중은 지루해 한다. 그래서 결론은 전체 스피치 중에서 약 5~10% 정도가 적당하다.

둘째, 힘찬 목소리와 자신감 넘치는 태도로 스피치를 마무리 짓는 것이 중요하다. 이때 개요서를 보지 않고 말하는 것이 스피커의 모습이 자신감 있어 보인다.

셋째, 결론 단계에서 새로운 내용이 나오면 혼란스러움으로 추가하지 않는 것이 중요하다. 스피커가 새로운 내용에 대한 논의로 끝을 맺으면 청중은 스피치가 완결되지 않은 것 같은 느낌이 들게 된다.

2) 기승전결의 4단계법

3단계 구성법이 스피치의 기본 형식으로 단순하고 무미건조한 느낌을 줄 수 있다면, 약간의 변화를 줄 수 있는 4단계 구성법이 있다.

기승전결의 문장에서 기(起)는 첫 행의 시작부분에 해당하며, 승(承)은 기를 받아 보다 깊은 내용으로 심화시킨다. 전(轉)에서는 변화를 주어 내용을 전개하고, 결(結)에서는 매듭을 짓는다.

즉 1단계(기)는 도입부분으로 문제제기 및 소개를 하는 서론을, 2단계(승)는 문제해결을 하는 사례를 제시하거나 설명하는 등 사실과 관찰, 실험을 제시한다. 3단계인 전은 분석과 논증을 통한 새로운 화제나 새로운 해결책을 제시하며, 4단계인 결은 전체 마무리를 하는 결론을 나타내는 것이다.

3) 인간의 심리를 이용한 5단계법

인간의 사고 과정을 5단계로 나누고 스피치를 전개하는 방식이다.

첫째, 1단계는 주의를 끄는 도입단계로 듣는 사람에게 흥미를 갖게 한다(흥미, 주의집중).

둘째, 2단계는 필요성을 보이는 단계로 흥미를 갖기 시작하는 청중들에게 중대한 선언을 한다(문제제시, 서론).

셋째, 3단계는 필요성을 만족시키는 단계로 중요하고 필요한 문제를 해결하기 위해 어떻게 하면 좋은가를 보여준다(해결책 제시).

넷째, 4단계는 구체화의 단계로 문제해결법을 보다 구체적으로 제시한다(결과, 강조, 증명－본론).

다섯째, 5단계는 행동으로 이끄는 단계로 청중에게 결의를 다짐하게 한다(결심촉구, 결론).

위의 5가지 단계는 하나의 단계가 다음의 단계를 이끌어내고 있는데, 다음 단계의 동기를 유발시키는 순서라고도 할 수 있다. 따라서 오늘날 가장 많이 쓰이고 있는 구성법이기도 하다.

4) 브레인스토밍(Brainstorming) 기법 이용하기

"브레인스토밍 기법"이란 자유로운 발상과 생각을 통해서 자신의 생각을 가장 효과적으로 끄집어내는 기법으로, 스피치의 주제가 주어지면 그 주제에 관한 생각들을 형식이나 고정관념의 틀에서 벗어나 자유롭게 스피치를 풀어가는 형식을 말한다. 브레인스토밍 기법은 모두 4단계로 정리할 수 있겠는데 다음과 같다.

(1) 1단계 : 스키마(Schema) 단계

스키마[11]란 주제와 관련된 배경 지식으로 우리가 알고 있는 세상 모든 일에 대한 기억 사항을 말한다. 따라서 한 주제에 대한 스키마는 사람마다 다를 수 있다.

(2) 2단계 : 브레인스토밍 단계

2단계에서는 스키마 단계에서 배경 지식을 바탕으로 별다른 격식이나 형식에 구애됨 없이 주섬주섬 말해 보는 단계이다.

(3) 3단계 : 자기주장 단계

3단계에서는 2단계인 브레인스토밍 단계에서의 자신의 주장을 보다 논리적으로 전개시켜 본다.

(4) 4단계 : 개요작성 단계

3단계까지의 스피치 내용을 서론-본론-결론으로 나누어 개요를 작성한다. 이때는 대화체를 사용하는 것이 도움이 된다. 즉, 대화체를 적절히 사용하고, 특히 지방 특유의 사투리나 억양을 적절히 사용하면 개성과 따뜻함이 묻어나 훌륭한 스피치를 하는 데 도움이 될 수 있다.

"개요서 작성법"은 스피커가 할 이야기 내용을 요점 열거식으로 정리하는 것을 말한다. 즉, 종이에 하고자 하는 이야기 전부를 쓸 필

---

11) 인지적 정보처리 과정 연구에 따르면, 인간은 일종의 인지적 정보처리 루틴이라고 할 수 있는 '스키마'를 형성하고, 이에 따라 큰 인지적 수고 없이 일상적인 정보를 처리한다.(Anderson, et. al., 1977; Kintch, 1977; Salomon, 1979; Thorndyke, 1977) 따라서 개인의 스키마에 잘 부합하는 메시지는 쉽게 수용되지만 일치하지 않는 메시지의 경우 해석에 보다 인지적 노력이 요구된다고 하겠다.

요는 없다. 만약 그렇게 한다면 모두 암기해야 하는 부담감 때문에 혼란만 가중시키게 된다. 따라서 말하고자 하는 요점만 항목별로 써 적어 두는 것이다. 그 후에 머릿속에 스토리를 넣어두고 말을 연결시키면 된다. 이렇게 '문제제시－본론전개－결말'이라는 3단계 방식으로 이야기를 정확히 정리하면 된다.

§ 어휘력 개발하기 §

1. 자유연상, 꼬리 물기 연상 등의 방법으로 어휘력을 개발해 본다. 내 안에 잠자고 있는 낱말들에게 생명을 불어넣어 준다.(예시, '공부'하면 떠오르는 낱말? : 고통－숙제－교과서－잔소리……) 2. 발표 준비나 기획 먼저 주제를 종이에 적은 다음, 브레인스토밍 기법에 따라 떠오르는 생각들을 적는다. 이어 관계되는 내용끼리 묶어서 순서를 정한다. 잠재되어 있는 생각들을 자연스럽게 끄집어낼 수 있다.

2. 효과적인 3분 스피치 작성－3단계 구성

1) 주제를 말한다

예를 들어, 저는 오늘 '효과적인 스피치 전략'에 대해 말씀드리겠습니다. 혹은 "저는 지금부터 3분 동안 '저에 대한 소개'를 하겠습니다"와 같이 주제를 미리 말하고 시작한다.

2) 화제를 전개한다

청중에게 내가 말할 주제에 대한 내용을 이해시키기 위해서 주제를 뒷받침할 사례를 들어 말한다.

3) 정리 및 주제를 반복해서 강조한다

결론 부분에서 "지금까지~에 대해서 말씀드렸습니다. 저는~이렇게 느꼈는데, 여러분은 어떻게 생각하십니까?"와 같이 자신이 말한 내용에 대한 자신의 느낌과 생각을 간단하게 정리하고 주제를 반복하여 강조한다.

3. 효과적인 스피치 전략 4가지

'3분 스피치'란 3분이라는 시간 동안 자신의 의사를 최대한 간결하고 효과적으로 전달하여 상대방을 설득하는 기술이다. 즉, 3분 동안 순발력과 집중력, 논리력, 정확한 상황 판단력, 의사전달력, 듣기능력 등 다양한 커뮤니케이션 기술이 필요하다.

3분은 과연 어떤 의미가 있을까? 보통 3분이 넘어가면 주의가 산만해진다고 한다. 남의 이야기를 듣는 것은 3배 이상의 힘이 든다. 3분이란 천천히 말할 때 800자 정도, 빠르게 말하면 10,000자 정도, 문서작성 100단어, 보고서 1장 분량이다. 효과적인 3분 스피치 전략을 4가지로 정리해 보면 다음과 같다.

1) 연단 공포증을 극복한다 ⇒ 실수를 두려워하지 않는다

사람들은 누구나 낯설고 새삼스런 장소에 가면 말이 잘 안 되는 경향이 있다. 그래서 마음속으로 혹시나 망신을 당하지 않을까, 혹은 나쁜 인상을 주는 것은 아닐까 하는 기분이 들어 긴장을 하게 되는 것이다.

하지만 가장 중요한 것은 어려운 사태에 직면했을 때나 갈림길에 있을 때, 굳이 편안한 길을 선택하지 않고 자신 있게 도전해 보는 자세이다.

『머피의 성공법칙』이라는 책이 있다. 즉 좋은 일을 생각하면 좋은 일이 생긴다. 그러나 나쁜 생각을 하면 나쁜 일만 일어난다는 뜻이다.

영국의 스피치 명수로도 잘 알려져 있는 버나드 쇼는 말을 잘하는 비결에 대해서 "말하기란 스케이트를 타는 것과 같다"고 말한 적이 있다. 즉, 넘어져서 다른 사람들의 웃음거리가 되더라도 겁내지 말고 끊임없이 훈련하고 도전하는 것이라고 말이다. 항상 적극적인 자세로 매달리는 것이 말하는 능력을 향상시키는 비결이라는 것이다.

♠ 긴장감에 대처하는 방법

1. "자신감을 가진다" : '나는 이것을 제일 잘 한다'는 식으로 자기 암시법을 이용한다.

2. "후" 하고 조용하고 깊게 숨을 내쉬어본다 : 어깨의 힘을 빼고 숨을 조용하게 깊게 내쉼으로써 정신적 긴장을 풀어준다. 즉, 배를 이용한 복식호흡법(마음을 안정시키는 기능을 한다고 생리학적으로도 널리 인정되고 있음)을 이용한다.

2) 대강의 줄거리를 갖춘다

주제와 화제(얘기할 내용)가 정해졌다면 그 다음 단계는 말을 구성해야 한다. 훌륭한 이야기란 구성이 산뜻해서 듣는 사람에게 강하게 어필되는 것을 말한다. 잘 알려진 방법의 하나인 "삼단계법"이라는 것이 있다.

삼단계법이란 앞에서도 이미 밝혔듯이 이야기 구성을 서론 → 본론 → 결론 혹은 머리말 → 주제 → 맺는말 식으로 3단계를 진행시켜 나가는 것이다.

우선 서론에서는 인사나 화제에 대한 예고와 암시를 하여 본론으로의 도입부로 삼고, 본론에서는 주제를 말하며, 결론에서는 자기의 생각을 정리해서 연결한다.

3) 자신감, 사전준비, 모방, 연습이 필요하다

우리는 가끔 "은쟁반에 옥구슬이 굴러가는 목소리"라는 표현을 듣게 된다. 그것처럼 사람은 누구나 밝고 명랑하며 산뜻한 것을 좋아한다. 자신감을 가지고 씩씩하게 내는 목소리, 말하는 자세, 태도, 듣기 쉬운 발음, 말하는 속도 등은 모두 훈련하기에 따라서 말하는 방법 자세가 달라질 수도 있다.

♠ 좋은 목소리 내는 방법

① 상대의 가슴까지 도달하게 말을 하려면 배에서 나오는 좋은 자세 호흡법을 이용한다.

② 밝은 표정으로 말해야 좋은 인상을 줄 수 있다.

③ 입을 크게 벌려야 밝은 목소리가 나온다.

④ 웃는 얼굴을 하면 이야기가 훨씬 부드러워진다.

⑤ 말의 속도에도 신경을 쓸 것-1분에 350자 내외가 적정수준

⑥ 말과 말의 간격을 충분히 둔다.

⑦ 평소에 메모를 준비해 두는 습관이 중요하다. 준비가 충분하면 자신감을 가질 수 있어 여유가 생기고 긴장이 되지 않을 것이다.

4) 성의, 진심이 중요하다

이야기는 말로만 하는 것이 아니다. 표정이나 몸짓, 태도는 말이 전하고자 하는 것을 강력하게 뒷받침해 준다. 말을 다소 더듬거리더라도 태도에서 넘쳐나는 진심이 있으면 듣는 사람은 말하는 사람이 말로 하려는 이상의 것을 확실히 느끼게 되는 것이다.

♠ 사람의 마음을 움직이는 방법

① 약간 낮은 목소리로 시작한다. 즉, 낮은 목소리로 소곤소곤 이야기를 하면 상대방은 자기도 모르게 귀를 기울인다. 따라서 처음 시작할 때에는 높은 소리보다는 낮은 소리로 시작하는 것이 집중도를 높일 수 있다.

② 입은 의식적으로 크게 벌린다. 입을 크게 벌리고 시원시원하고 분명하게 말하면 설득력을 배가시킬 수 있다.

③ 목소리의 크기는 뒷사람을 기준으로 해서 한다.

④ 속도는 가급적 천천히 말한다. 천천히 그리고 정중하게 얘기하면 듣는 사람에게 열심히 얘기하고 있는 느낌이 전달되어 호감도를 더 얻을 수 있다.

⑤ 대화하는 어조로 한다.

⑥ 마이크를 100% 활용하는 방법－입과의 거리는 15~20cm가 적당하다.

지금까지 효과적인 스피치 전략에 대해서 정리해 보았다. 말을 잘 하기 위해서는 마음으로 호소하고, 내용으로 호소하고, 전달하는 방법으로 호소해야 한다. 그렇게 해야만 듣는 사람의 마음을 움직일 수 있는 것이다. 따라서 이 모든 것을 잘 할 수만 있다면 저 사람의 스피치는 감칠맛이 있다, 혹은 확실히 청중의 마음을 사로잡는 능력을 갖고 있다는 소리를 들을 수 있을 것이다.

4. 3분 스피치 훈련하기

① 정보에 대한 감성을 키운다. 즉 신문의 칼럼은 보통 800자로 된 3분력의 완결판이다.

② 요약하는 능력을 키운다.

③ 메모하는 습관을 기른다. 메모하는 습관을 통해 많은 아이디어를 얻을 수 있다. 기억이나 정보를 잊어버릴까 염려하지 않아도 된다.

④ 듣기 연습이 필요하다. 인간은 말하는 것의 2배만큼 귀담아 들을 의무가 있다. 내 목소리의 특성을 파악하는 것도 중요하다.

⑤ 스피치하는 동안 청자들의 반응을 체크하는 여유가 필요하다.

청중들이 중간중간 웃음을 보이는지, 스피커가 너무 많은 말을 하고 있지는 않은지, 할 말은 제대로 하고, 필요 이상으로 말을 장식하지 않는지, 청중에게 도움이 되는 말을 하고 있는지, 자신을 위해 도움이 되는지 등에 대한 점검이 필요하다.

§ 연상작용을 활용한 표현력 기르기 §

1. **연상 릴레이**－지정된 낱말을 보고 연상되는 다른 낱말을 적는다.
- 평화－비둘기－먹이－생선－바다－군함……

  하나의 낱말에 하나의 문장을 만들어 내용이 이어지도록 한다.
- '평화'로워요-'비둘기'가 날아요-'먹이'를 주는 사람들이 행복해 보여요－가끔은 '생선'을 주기도 하네요-'바다'에서 건져 올린 생선을요－물고기들은 '군함'을 무서워할까요?……

2. **다음 문장은 뒷부분이 빠져 있다. 처음 떠오르는 생각으로 문장을 완성해 보자.**
- 언젠가 나는……
- 내가 바라는 여성(남성)상은……
- 살아오면서 가장 기뻤던 일은……
- 나의 장점 세 가지는……
- 만약에……

6장 방송언어론

1. 방송언어의 특성

1) 방송언어의 정의

방송언어(broadcast language)는 방송을 통해 표출되는 모든 말을 뜻하며 그것은 입말인 '음성언어'와 글말인 '문자언어'로 나뉘는데 일반적으로는 방송에서 사용하는 음성언어를 말한다.

따라서 넓은 의미의 방송언어는 방송을 통해서 시청자들에게 정보를 전달하는 수단 전체를 뜻하고, 좁은 의미로는 방송을 하는 사람 즉, 방송인이 사용하는 언어를 일컫는다. 또한 방송언어보다 더 하위구분을 하면, 일상 언어와 상대적인 개념으로 방송언어로 일반인이 아닌 방송인이 방송에서 사용하는 말을 의미한다.

방송언어를 넓은 의미로 정리하면 다음의 5가지로 설명할 수 있다.

① 영상언어(Picture language, screen(image) language)

라디오를 제외한 텔레비전 매체에 해당되는데 텔레비전의 모든 프로그램에 배경장면을 보여주며 전하는 언어를 말한다. 따라서 영상언어는 시청자들에게 영상을 통하여 수많은 이야기들을 전해 주고 있다. 즉, 아름다운 영상을 통하여 시와 같은 감동을 전하기도 하고 폭력적이거나 선정적인 장면은 시청자들에게 부정적인 자극을 전해 주기 때문에 영상언어 사용에 신중을 기해야 한다.

② 음향언어(Sound language **혹은** music language, **음악언어**)

음향언어는 주로 전파로 나가는 방송의 음향으로 주로 음악언어라고도 한다. 따라서 방송에서는 음성언어와 함께 매우 많은 부분을 차지하고 있으며, 정서적 혹은 내용적 효과를 극대화하는 요소이기도 하다. 특히 요즘 많은 이들의 흥미를 불러일으키는 뮤직비디오의 경우는 영상적인 요소뿐만 아니라 음향적인 요소가 큰 비중을 차지한다고 해도 과언이 아닐 것이다.

③ 음성언어(Spoken language, **입말**)

음성언어는 방송에 출연하는 방송전문인이나 비전문인을 가리지 않고 출연자들이 내용을 전달하는 수단으로 말하는 것을 의미한다. 앞에서도 밝혔듯이 일반적으로 방송언어라고 하면 방송에서 사용하는 음성언어를 말한다.

④ 문자언어(Written language **혹은** video letter, **자막**)

보통 문자언어는 텔레비전의 방송화면 '자막'을 의미한다. 따라서 자막은 적절한 양과 정확한 표기가 중요하다. 무차별적인 자막의 사용과 표기상의 오류는 방송하기 전에 반드시 점검해볼 필요가 있다.

⑤ 신체언어(Body language, 동작언어)

신체언어는 동작언어, 몸짓언어 등 다양한 의미로 해석된다. 즉 출연자의 표정, 외모, 몸짓, 손짓 등의 태도가 전하는 언어를 말한다.

따라서 방송언어는 넓은 의미로 방송에 나가는 모든 영상과 음향, 음성, 문자, 신체언어를 가리키며, 좁은 의미로는 출연자를 중심으로 한 음성과 문자, 신체언어를 의미한다.

한편, 방송에 출연하는 방송인의 범위도 근래에 들어 넓어졌다. 방송인은 아나운서나, 기자, 프로듀서, 성우, 탤런트를 비롯한 방송 고유의 직종과 자유출연 방송인(free lancer)으로 리포터, DJ, MC(Master of Ceremonies)를 비롯해서 기상, 교통, 물가 등 각종 정보를 전달하는 전문분야의 방송요원이나 통신원에 이르기까지 다양해졌다.

또 문자언어의 경우도 일상적인 문자언어와 달리 방송언어로서의 특성을 지니면서 점점 많이 방송되고 있는 추세인데 자막이나 슈퍼(super impose) 그리고 화면에 나타내는 영상문자의 사용도 급속히 늘어나고 있다.

2) 방송언어의 특성

방송언어는 불특정 대중에게 전달되는 말이다. 방송매체의 영향력을 감안할 때 방송언어는 결코 소홀히 쓸 수 없는 말이다. 물론 방송언어를 사용할 때에는 프로그램의 내용과 성격에 따라 차이가 있지만, 일반적인 방송언어의 특성은 다음과 같다.

① 표준어를 사용한다.

방송언어라고 해서 특별한 언어를 사용하는 것은 아니다. 방송언어도 엄연히 우리말이라는 것을 기억해야 한다. 그러나 가끔 보면 방송언어를 정확히 구사하지 못하는 방송인이나 출연자들을 볼 수 있다. 예를 들어 '닭'을 [닥] 혹은 [달]로 발음하는 등 우리말을 맞춤법에 맞게 잘 쓰지도 못하고, 또 정확하게 발음도 못하는 경우를 볼 수 있다. 따라서 방송언어를 잘 구사하기 위해서는 우리말에 대한 정확한 지식이 필요하다. 또 방송매체의 영향력을 감안할 필요가 있으며, 방송은 공공의 목적에 부합해야 한다는 점을 기억하여 방송언어는 반드시 표준어로 써야 한다.

표준어는 '교양 있는 사람들이 사용하는 현대 서울말'로 규정된다. 그러나 방언이 전혀 사용되면 안 된다는 뜻은 아니다. 다만 방송을 진행하는 사람들은 표준어를 써야 된다는 것이다.

하지만 일부 방송 출연자들은 오히려 그들이 사용하는 방언을 그대로 사용하는 것이 더 자연스럽다는 의견이 많다. 향토색도 살릴 수 있고, 현실적이며 현장감이 생생해져 훨씬 더 인간적으로 보일 수 있다. 이것은 방언은 방언대로의 의미가 있음으로 우리 고유의

문화로서 그 가치를 인정받아야 할 것이다. 다만 공공의 목적을 위해서는 표준어를 쓰도록 해야 하기 때문에 방송언어로 표준어가 적합한 것이다.

② 지나친 수식어는 피한다.

지나친 수식어를 피해야 한다는 것은 다시 말해서 방송언어는 간결해야 한다는 것이다. 즉 정해진 시간 안에 최대한 시청자들에게 감동을 줄 수 있어야 하기 때문에, 그리고 화면이 곁들여지기 때문에 굳이 만연체로 길게 할 필요가 없는 것이다. 아름다운 말이라고 해서 형용사를 지나치게 많이 사용해서는 안 된다. 즉 쉬우면서도 담백하게 함축된 언어를 간결하게 사용할 줄 알아야 한다. 예를 들어 '정말 너무 너무 예쁘구나!', '엄청나게 웅장하고 거대한 성벽' 등의 표현들은 내용전달력을 떨어뜨릴 수 있다.

또한 다른 출연자들과의 상호커뮤니케이션을 통하는 과정에서 말이 길어지면 프로그램이 너무 지루해지고 재미가 없어진다. 특히 뉴스 보도에서 너무 많은 수식어가 사용된다면 보도의 신속성이 떨어지고 정확도도 함께 떨어지게 된다. 따라서 방송에서는 지나친 수식어는 자제하는 것이 좋다.

③ 감탄사의 사용을 최소화한다.

방송에서의 스피치 목적은 전할 내용을 간단하고 명확하게 전달하는 것이 가장 중요하다. 만일 감탄사가 너무 많다면 방송 스피치 내용보다 진행자 당사자의 감정이 더 부각되어 내용이 불명확해질 가능성이 높아진다. 따라서 말하는 사람의 본능적인 놀람이나 느낌을 표시하는 말, 부르고 대답하는 말, 또는 입버릇으로 내는 말의 감탄사는 최대한 자제해야 한다.

④ 시청자 중심의 경어를 사용한다.

방송언어는 이미 앞에서도 밝혔듯이 대중에게 전달되는 언어이다. 그렇게 때문에 일반 화법과는 다른 특징이 있는데 그중에서 구어체로 표현이 되어야 한다. 어떤 스피치 상황에서도 마찬가지이겠지만, TV를 바라보는 시청자와 진행자의 거리가 무척 가깝기 때문에 문어체를 사용한다면 어색해진다. 또한 딱딱한 내용의 뉴스 보도 시에도 구어체로 시청자들에게 이야기를 해줘야 한다.

한편 우리말에는 경어가 잘 발달되어 있다. 잘 발달되어 있다는 말은 다시 말해서 복잡하다는 말이기도 하다. 그래서 때로는 우리말의 경어를 잘못 쓰는 경우를 볼 수 있다. 예를 갖추고 상대를 높이기 위한 경어를 잘못 사용하여 그 예에 어긋나면 안 될 것이다.

방송언어의 경어법은 최고의 경어를 사용하고 시청자를 의식한 경어, 문법에 맞는 경어, 정중한 경어를 사용해야 한다. 그러나 지나친 경어의 사용으로 어색할 수 있다. 그래서 방송에서는 객관적 입장에서 또 시청자 중심에서의 경어를 철저하게 사용해야 한다. 출연자나 인터뷰 대상자 또는 뉴스 등장인물이 아무리 지위가 높은 사람이라고 해도 시청자가 더 귀한 분이라고 생각해야 한다.

예를 들어, “모 기업의 회장님께서 친히 불우이웃 수용 시설을 방문하시고 이들에게 도움을 주셨습니다”라고 하는 것도 어색할 것이다.

따라서 방송에서는 시청자 중심의 경어를 사용한다는 것을 기억해야 한다.

⑤ 쉬운 언어를 사용한다.

방송언어는 전할 내용을 짧은 시간 안에 전달하고, 또 이해시킬 필요가 있다. 방송언어는 그야말로 살아 있는 국어교과서라고 해도 과언이 아니다. 개그맨의 말 한마디가 전국적으로 유행어가 되기도 하고 문법이 틀려서 더 재미있는 말들이 시청자들에게는 더 잘 기억되기도 한다. 국어책을 여러 번 읽는 것보다 방송매체를 통한 언어가 더 기억에 오래 남는다.

방송에서 쓰는 말은 신문 글보다는 쉽게 되어 있다. 즉 귀로 듣기 때문에 즉각적으로 알아듣고 이해하기 쉬운 말을 사용해야 하는 것이다. 만약 방송 내용 가운데 전문용어를 써야 될 경우에는 반드시 쉬운 말로 다시 풀어서 설명하는 것이 필요하다.

만약에 방송 진행자가 잘못된 어법의 표현이나 어려운 언어를 사용하게 되면 전 국민이 틀린 어법을 표준어로 받아들이고 사용할 수도 있고, 또 어려운 단어로 인해 이해가 잘 안 되거나 오해의 소지가 생길 수도 있다.

따라서 정확한 발음과 표준발음법에 맞는 우리말을 사용해야 하고, 어려운 한자어나 외국어 등은 가능하면 피하는 것이 좋다.

3) 방송언어의 조건

일반적으로 방송언어는 문어적인 특징보다는 구어적인 특징을 가지고 있다. 그러나 그것은 일반적인 형태의 방송언어에 대한 특징을 말하는 것이다.

방송언어의 대표적인 형태는 뉴스방송인데, 뉴스방송의 방송언어는 구어적인 특징은 물론 문어적인 특징도 가지고 있다. 그래서 방송언어의 특징을 규정하기 위해서는 어느 일면만 보아서는 안 된다. 이것은 또한 구어형태의 방송언어와 문자형태의 방송언어가 조화를 이뤄야 한다.

방송언어가 갖춰야 할 조건은 다음과 같다.

① 표준어라야 한다.

표준어란, 국어를 대표하는 말로 교육이나 공적인 경우에 사용할 수 있도록 일정 기준에 의해 공통어를 세련시켜 규정한 이상형의 공용어이다.

표준어는 교양 있는 사람들이 두루 쓰는 현대 서울말로 정하도록 했으며, 한글맞춤법도 표준어와 관계가 밀접하여 표준어를 소리대로 적되 어법에 맞도록 함을 원칙으로 하고 있다.

방송언어는 드라마와 같은 특수한 경우를 제외하고 가능하면 표준어와 표준발음을 사용해야 한다. 즉 예술성이 있는 정서적 작품에서는 지방의 향토색을 나타내기 위해 방언의 사용이 필요한 경우가 있겠지만 정보의 정확한 전달을 필요한 보도방송이나 일반적인 교양방송에서는 표준어를 사용해야 한다.

또 하나, 주의할 점은 서울말 중에서도 사투리가 있어서 지방 사투리와 마찬가지로 방송언어로 사용해서는 안 된다.

② 가능하면 쉬워야 한다.

방송은 한 번 듣는 것으로 끝나기 때문에 쉬우면서도 전달이 잘 되는 말을 써야 한다. 또한 방송언어는 청각을 통한 전달에 의존하기 때문에 발음이 분명하면서 표준발음법에 맞아야 하고 어려운 한자어나 외국어 등은 가능하면 피해야 한다.

그러나 경우에 따라서는 방송을 통해 지적인 교양을 높인다는 차원에서 학술용어를 사용하는 경기용어 등 외국어나 한자어를 사용할 때는 충분히 이해하기 쉽게 풀어서 말하는 것이 좋다.

③ 시청자 중심의 경어를 사용한다.

방송은 경어로 시작해서 경어로 끝난다. 국어의 경어법에는 상대적으로 하대어도 분류되어 있지만 드라마를 비롯한 특수한 경우를 제외하면 방송언어는 시청자 중심의 경어라야 한다. 그렇기 때문에 비록 국가원수라도 지나친 경칭을 쓰거나 시청자가 불쾌감을 느낄 정도의 경어를 쓰는 것은 피해야 한다.

○○○ 대통령께서 경축식장에 들어오시고 계십니다.
→ ○○○ 대통령 입장하고 있습니다.
○○○ 장관님께 여쭤 보겠습니다.
→ ○○○ 장관께 여쭤 보겠습니다.
○○○ 장관님 모시고 말씀 나눠 보겠습니다.
→ ○○○ 장관 모시고 말씀 나눠 보겠습니다.

어떤 경우이든 방송인은 시청자를 대신해서 궁금한 것을 알아보거나 오로지 시청자에게 알려주는 것을 주된 임무로 하기 때문에 방송출연자와 일대일로 상대하거나 방송 대상 인물에 대해 객관적으로 묘사할 때 지나친 경어를 써서는 안 된다.

이 밖에 나이 많은 진행자가 어린이에게 하대어를 쓰거나 나이 많은 출연자가 어린 진행자에게 하대어를 써도 어색하게 들린다.

④ 품위 있는 말을 써야 한다.

방송언어에서는 욕설이나 은어를 써서는 안 된다.

특히 신체적인 결함을 상징하는 말을 쓸 때는 더욱더 조심해야 한다. 애꾸눈, 외팔이, 절뚝발이 등의 말은 조심해서 써야 한다. 또한 "목구멍으로 동전이 넘어 갔다. 공장의 매연으로 골이 쑤신다, 백만 명이 서울을 빠져 나갔다." 이와 같은 말은 "목으로 동전이 넘어갔다, 공장의 매연으로 머리가 아프다, 백만 명이 서울을 떠나 피서지를 찾았다"와 같은 말로 고칠 수 있다.

⑤ 지나친 수식어를 피한다.

문장의 성분에서 주어, 서술어, 목적어를 일반적으로 주성분이라 하는데 보도문장을 중심으로 한 방송언어는 주성분이 주로 사용된다. 그 외에 부속성분으로 수식어 역할을 하는 관형어나 부사어는 기본형에 가까운 약간의 변형된 어휘가 사용되며 지나친 사용은 피한다.

특히 관형어 중에서도 형용사는 주된 의미의 전달에 도움이 되지 않는 한 어휘선택에 절제가 필요하다. 이것은 보도문장이 담백해야 한다는 대원칙에 따른 것이다.

색채 표현을 예로 들면, '빨갛다, 붉다, 파랗다'를 기본형으로 해서 그 외의 경우에는 '빨그스름하다', '붉으스레하다', '파르족족하다'와 같은 애매하거나 주관적인 표현은 피하고 있다. 또한 일반 뉴스에서는 부사 중에서도 의태어나 의성어와 같은 말은 조심해야 하며, 특히 짤랑짤랑, 덜렁덜렁, 깡충깡충 등의 첩용부사는 사용하지 않는 것이 좋다.

그래서 방송언어는 화려하거나 열변을 토하는 웅변조의 문장처럼 관형어나 부사어를 많이 쓰면서 절이나 구가 중첩되는 긴 문장이어서는 곤란하다.

문체론의 면에서 방송언어의 특징을 간단히 말하면 강건체가 아닌 우아한 품격을 지닌 우유체이며 화려체가 아닌 건조체, 관형어나 부사어를 많이 사용하는 만연체가 아닌 간결체라야 한다.

⑥ 음운의 생략이 구어적이다.

구어를 많이 사용하는 방송언어는 의미를 삭감하지 않는 범위 내에서 음운이나 음절을 생략하는 경우가 많다.

'하여, 되어'의 경우는 다음과 같이 생략함을 사용한다.

하여 → 해 : 해서, 했으며, 했고, 했습니다.

되어 → 돼 : 돼서, 됐으며, 됐고, 됐습니다.

이름을 말할 때 : '이영미입니다'라고 적혀 있어도 말로 표현할 때는 '이영밉니다'로 해야 한다.

마찬가지로, '박사입니다' → '박삽니다', '자리입니다' → '자립니다', '바다입니다' → '바답니다'로 발음한다.

그러나 음운을 생략한다고 해서 지나치면 알아듣기 곤란한 경우도 있다.

예를 들어 경과위(경제과학위원회), 과기처(과학기술처), 중집위(중

앙집행위원회) 등은 ( )의 말처럼 풀어서 발음해야 이해가 가능한 말이 많다는 것을 명심해야 한다. 방송언어는 짧은 시간에 많은 정보를 전달해야 하는 부담감 때문에 축약이나 생략의 과정을 거치면서 줄일 수 있지만 의미를 파악하기 어려울 정도로 어휘를 생략해서는 안 된다.

⑦ 감탄사의 사용을 피한다.

말하는 사람의 본능적인 놀람이나 느낌을 표시하는 말, 부르고 대답하는 말, 또는 입버릇으로 내는 말 등의 감탄사는 뉴스에서는 피해야 한다. 왜냐하면 감탄사는 뒤따르는 말 전체에 화자의 감정이나 의지가 나타나게 하는 말이어서 객관성을 잃게 하기 때문이다.

'아, 아차, 아하, 에라' 등의 감탄사는 뉴스에서 사용할 수 없으며, '뭐, 저, 에, 말이야' 등 입버릇이나 말더듬과 같은 말을 "구습감탄사"로 분류하고 있지만 뉴스방송에서 나오는 입버릇이나 말더듬 등의 말을 하나의 품사로 분류하기는 어렵다.

⑧ 조사와 용언에 제약이 많다.

뉴스에서는 감탄사를 쓰지 않을 뿐만 아니라 조사의 사용에도 제한을 받으며 활용어미도 일부 제한을 받는다.

'~이로다, ~이구나, ~이로구나' 등의 감탄형 어미나 '~이여, ~이시여' 등의 호격조사는 쓰이지 않는다.

또한 부사격 조사 '한테, 하고'도 제약을 받는다.

○○○ 장관이 미국의 ○○○한테 선물을 증정했습니다.

○○○ 장관하고 ○○○ 장관이 회담했습니다.

위의 말에서 '한테' → '에게'로, '하고' → '과'로 바꿔 써야 격이 높아진다.

⑨ 수의 표현에 조심한다.

방송에서는 수에 관한 표현이 많이 나온다. 일, 이, 삼, 사는 한자어이기 때문에 별 문제가 없지만, 순수한 우리말로 표현할 때는 고유한 표현 방법이 있어서 주의할 필요가 있다.

또한 수의 표현에서는 정확한 발음이 중요하다.

【2:, 4:, 5:, 둘:, 셋:, 넷:, 열:, 쉰:, 만:】은 길게 발음한다.

석장, 넉장, 석대, 넉대(○)를 세장, 네장, 세대, 네대(×)로 해서 품위를 떨어뜨리는 일이 없도록 해야 한다.

또한, 일백 원 → 백 원, 일천 원 → 천 원, 일만 원 → 만 원으로 한다.

⑩ 논리적인 문장이라야 한다.

방송문장은 거의 모두 음성언어로 표현된다는 전제로 작성하기 때문에 전달자의 호흡과 억양 등 음성적 표현에 맞도록 짜인다. 그래서 소설이나 산문보다는 시나 운문에 가까운 문장이라 할 수 있다.

따라서 방송문장은 간결하면서도 읽기에 편한 일종의 외형률을 갖춘 논리적인 문장이어야 한다.

2. 방송언어와 표준발음

음성언어로서의 방송언어가 갖춰야 할 조건 중에서 가장 기본적인 것이 바로 표준어이다. 표준어의 조건은 표준적인 어휘와 표준적인 발음을 말하는데 방송언어는 표준발음을 사용해야 한다.

이외에 표준 억양을 비롯한 끊어 읽기, 호흡법, 발성법, 소리의 높낮이 조절 등 여러 가지 조건을 만족시켜야 한다. 그럼 여기서는 표준발음에 관해 논의해 보자.

1) 소리의 길이(長短音)

우리말에서 모음은 길게도 소리 낼 수 있고 짧게도 낼 수 있다. 따라서 음절도 길거나 짧을 수 있다. 한국어에서 이 소리의 길이는 단어의 뜻을 분별하는 힘이 있다. 따라서 글자는 같은데 장단음이 다른 말은 정확하게 발음해야 한다.

가마(질그릇 만드는 것)/가:마 (탈 것)
갈다(새것으로 대신하다)/갈:다(문지르다)
눌리다(조금 태워 눋게 하다)/눌:리다(누름을 당하다)
말다(국수나 밥을 물에 넣어 풀다)/말:다(그만두다)
묻다(땅에 파묻다)/묻:다(남에게 질문하다)
새집(새로운 집)/새:집(새의 집)
쇠다(채소가 억세고 굳다)/쇠:다(명일을 인식하고 지내다)

2) 모음의 발음

표준어의 모음은 다음 21개로 한다고 표준발음법에 명시되어 있다.

ㅏ, ㅐ, ㅑ, ㅒ, ㅓ, ㅔ, ㅕ, ㅖ, ㅗ, ㅘ, ㅙ, ㅚ, ㅛ, ㅜ, ㅝ, ㅞ, ㅟ, ㅠ, ㅡ, ㅢ, ㅣ

우리말의 발음에서 가장 어려운 것이 단모음의 발음이다. 표준발음법에서 규정한 단모음은 10개로 되어 있다.

모음의 발음법은 우선 단일구조의 단모음 "ㅏ, ㅓ, ㅗ, ㅜ, ㅡ, ㅣ"를 연습한 후에, "ㅟ, ㅚ"를 익히고 가장 어려운 "ㅐ, ㅔ"를 완벽하게 발음하도록 노력해야 한다.

예문)

개 네 마리와 게 네 마리

새 세 마리와 세(稅) 놓은 집

새며느리가 새집[新家]을 샀다.

세 며느리가 새집[新家]을 샀다.

세 며느리가 세 집[三家]을 샀다.

이중모음은 "ㅑ, ㅒ, ㅕ, ㅖ, ㅘ, ㅙ, ㅛ, ㅝ, ㅞ, ㅠ, ㅢ" 11개이다.

특히 이중모음이 단모음으로 소리 나는 경우가 많이 있는데 다음의 경우에는 단모음으로 발음이 가능하다고 **표준발음법(문교부 고시 제88-2호 1989년 3월부터 시행)**에 명시되어 있다.

예문)

증권거래소[정권거래소](×)

울릉도지방[울렁도지방](×)

서울의대[으대/이대](×)

증거[정거](×)

외무부 장관[애무부 장간](×)

최고위원[체고이언](×)

의왕시의회의원[이앙시이에이언/으앙시으에으언](×)

확실하다는 확신[학씰하다는 학씬](×)

귀엽고 예쁘다[기역꼬 이쁘다](×)

만원권[마녕꿘](×)

(1) 용언의 활용형에 나타나는 '져, 쪄, 쳐'는 【저, 쩌, 처】로 발음한다.

가지어 → 가져 【가저】 찌어 → 쪄 【쩌】 다치어 → 다쳐 【다처】

(2) '예, 례' 이외의 'ㅖ'는 【ㅔ】로도 발음한다.

시계 【시계/시게】 계시다 【계:시다/게:시다】

혜택 【혜:택/헤:택】 지혜 【지혜/지헤】

가져 【가저】 다쳐 【다처】 유희 【유히】 희망 【히망】 살쪄 【살쩌】

우리의 【의/에】 민주주의의 의의 【민주주이에 으(의)이】

우리말에서 "ㅈ, ㅊ, ㅉ"에 "ㅑ, ㅕ, ㅛ, ㅠ"가 붙으면, "자, 저, 조, 주"로 소리 나기 때문에 외래어도 죤슨 → 존슨, 챨스 → 찰스로 발음하고 표기도 그렇게 하도록 했다.

3) 자음의 발음

자음은 모음보다 발음이 비교적 쉽다. 그러나 발음장애나 습관에 따라 'ㄴ, ㄷ, ㄹ'의 발음이 불분명하게 나오는 경우가 있으며, 'ㅎ'이 묵음화하거나 쌀을 살로 발음하는 등 조심해야 한다.

표준어의 자음은 다음 19개로 한다.

ㄱ(기역), ㄴ(니은), ㄷ(디귿), ㄹ(리을), ㅁ(미음), ㅂ(비읍), ㅅ(시옷), ㅇ(이응), ㅈ(지읒), ㅊ(치읓), ㅋ(키읔), ㅌ(티읕), ㅍ(피읖), ㅎ(히읗)

4) 받침의 발음

겹받침들은 규칙이 있지만 규칙을 익히는 것보다 머리와 입으로 외는 것이 가장 빠른 길이다.

여덟[여덜]　넓다[널따]　맑다[막따]　말고[말꼬]　밟다[밥:따]

밥소[밥:쏘]　밟지[밥:찌]　늙다[늑따]　늙고[늘꼬]　밟는[밤:는]

읊고[읍꼬]　읊다[읍따]　얇다[얄:따]　얇고[얄:꼬]　말게[말께]

⇒ 자음받침의 소리는 'ㄱ, ㄴ, ㄷ, ㄹ, ㅁ, ㅂ, ㅇ'의 7개 자음만 발음

① 받침이 연음되면 : 꽃을[꼬츨]　부엌이[부어키]
밭에[바테]　팥으로[파트로]

② 겹받침도 연음되면 : 넋이[넉씨]　곬이[골씨]
닭을[달글]　값을[갑쓸]

③ 받침 뒤에 실질형태소가 올 경우 :
값어치[가버치]　　밭 아래[바다래]

꽃 위[꼬 뒤]　　　닭 앞에[다가페]

5) 소리의 동화

소리의 동화는 미닫이[미다지]로 소리나는 구개음화나 먹는【멍는】, 국물【궁물】로 바뀌는 비음화 등의 자음동화를 말한다.

① 구개음화

끝소리가 'ㄷ, ㅌ'인 형태소가 'ㅣ' 모음이나 반모음 'ㅣ'로 시작되는 형태소와 만나면 구개음인 'ㅈ, ㅊ'으로 발음되는 현상

예) 곧이듣다[고지드따]　굳히다[구치다]　닫히다[다치다]
벼훑이[벼훌치]

② 자음동화

음절 끝 자음이 그 뒤에 오는 자음과 만날 때, 어느 한쪽이 다른 쪽을 닮아서 그와 비슷하거나 같은 소리로 바뀌기도 하고 양쪽이 서로 닮아서 두 소리가 다 바뀌기도 하는 현상

예) 몫몫이[몽목씨]　의견란[의:견난]　옷 맞추다[온맞추다]
담력[담:녁]　먹는[멍는]　십리[심니]
논리[놀리]　국물[궁물]　상견례[상견녜]

⇒ 잘못된 자음동화 예) 한국[항국] 신문[심문] 헌법[험뻡]
엊그제[억끄제]　꽃길[꼭낄] 전기[정기]

6) 경음화와 격음화

필요에 의해 받침이 연음되어 경음이 되는 경우이다.

예) 갈등[갈뜽]　　불소[불쏘]　　말살[말쌀]

몰상식[몰쌍식]　문고리[문꼬리]　신바람[신빠람]

눈동자[눈똥자]　산새[산쌔]　　잠자리[잠짜리](잠을 자는 자리)

⇒ 잘못된 경음화 : 가득[가뜩](×) 진하다[찐하다](×) 창고[창꼬](×)

폭발[폭팔](×)　병풍[평풍](×)　확장[확창](×)

7) 음운의 첨가

관습에 의해 복합어인 경우 소리가 첨가되는 말이 있다.

솜이불[솜:니불]　　막일[망닐]　　맨입[맨닙]

색연필[생년필]　　식용유[시굥뉴]　　서울역[서울력]

3. 방송과 표준어

1) 발음 문제

발음 문제에서는 단순표준발음과 복수표준발음이 있음을 유의해야 한다.

"단순표준발음"이란, 발음의 변화에 따라 여러 가지 표현이 있을 수 있으나 그 가운데 가장 우세한 것을 하나 골라서 표준발음으로 삼는 것이고, "복수표준발음"이란, 여러 표현이 뜻은 같으나 비슷한 발음으로 모두 널리 쓰이어 분포 면에서 백중세를 이룸으로써 이 모두를 표준발음으로 삼는 것이다.

(1) 단수표준발음

가. 『부엌, 부억』 → 『부엌』, 『북녘, 북녁』 → 『북녘』

흔히 오늘날 많은 사람들은 (부어기, 부어근……), (북녀기, 북녀근……)과 같이 끝바꿈하여 발음하는 경향이 있다.

국어의 소리규칙에 따라 받침소리는 모음(홀소리)으로 시작되는 씨끝(어미)과의 결합에서 "연음"이 되어야 하므로, 문제의 어휘는 씨끝바꿈(어미활용)에서 다음과 같은 발음이 표준발음이 된다.

부엌 – 이, 은, 에…… → 【부어키, 부어큰, 부어케……】
북녘 – 이, 은, 에…… → 【북녀키, 북녀큰, 북녀케……】

이와 관련하여 오늘날 많이 혼동을 일으키고 있었던 다음과 같은 어휘들도 그 표준끝바꿈발음에 유의해야 한다.(*은 비표준어)

솥 – 은 → 【소튼】 (*솟은)　　무릎 – 은 → 【무르픈】 (*무르븐)
꽃 – 은 → 【꼬츤】 (*꼬슨)

다만, 한글 자모의 이름에서 『키읔』은 연음에서 "ㅋ"을 "ㄱ"으로 발음하도록(키으기, 키으글……) 하지만 다음의 경우에는 예외 규정이다.

지읒-이 → 【지으시】(*지으지)　티읕-을 → 【티으슬】(*티으틀)
피읖-을 → 【피으블】(*피으플)

표준발음이 생소할 때는 표준발음에 대한 상당한 익힘 과정을 거쳐야 한다.

나. 『돐, 돌』 → 『돌』, 『두째, 둘째』 → 『둘째』

예전에는 주기의 뜻으로 (돐), 생일의 뜻으로는 (돌)을 각각 구별해 썼다. 하지만 맞춤법에서는 모두 『돌』로 쓰며, 표준발음도 【돌】로 결정하였다. 따라서 연음에서 모두 【도리, 도를……】과 같이 발음이 통일된다.

『두째』와 『둘째』도 의미를 구별하여 달리 발음했으나 이제부터는 어느 경우나 『둘째』로 쓰고 또 그와 같이 발음한다. 다만, 10단위 이상은 【두】가 된다는 것을 기억해야 한다.

열두째 → 【열두째】　스물두째 → 【스물두째】

다. 『간, 칸』 → 『칸』

모든 공간이나 구획이나 넓이를 막론하고 모두 『칸』으로 적고, 『칸』으로 표준발음을 한다.

다만, 관습적으로 남아 있는 표현에만 【간】이 쓰임을 유의해야 한다.

예외) 초가삼간 → 【초가삼간】

라. 『숫-, 수-』 → 『수-』

표준어를 사용할 때 어려운 점은 원칙규정과 예외 규정의 이해이다. 『숫-, 수-』는 『수-』로 통일하여 쓰고, 【수-】로 발음함이 표준발음법이다. 한편 말에 따라서는 현실음이 명백한 『숫-』이므로 이를 『숫-』으로 발음하는 예외 규정이 있음을 유의할 필요가 있다.

원칙 : 숫놈 → 수놈　　　숫사돈 → 수사돈
　　　숫소 → 수소　　　숫꿩 → 수꿩
예외 : 수양 → 숫양　　　수염소 → 숫염소
　　　수쥐 → 숫쥐

위의 『숫-』으로 들어 놓은 예 이외에는 거의 모두 『수-』라고 생각하면 쉽게 정리 가능하다.

마. 모음조화의 깨짐

모음조화 깨짐을 인정 : 가까와 → 가까워　괴로와 → 괴로워
　　　　　　　　　　고마와 → 고마워　쌍동이 → 쌍둥이
　　　　　　　　　　보통이 → 보퉁이　오뚝이 → 오뚝이
　　　　　　　　　　바람동이 → 바람둥이

모음조화 유지 : 도와(*도워)(×)　고와(*고워)
　　　　　　　사돈(*사둔)　　삼촌(*삼춘)

바. "이" 역행동화 인정의 극소화

"이" 역행동화에서 그 쓰임의 분포가 커서 거의 보편화된 『-내기』와 그 밖의 몇몇에 한해서는 표준발음으로 인정하기로 한다.

서울내기(*서울나기)　　　신출내기(*신출나기)
풋내기(*풋나기)　　　냄비(*남비)
동댕이치다(*동당이치다)

다음 말들은 "이" 역행동화 현상이 되느냐 안 되느냐로 논란이 많은 보기들이다. 특히 『아지랑이』는 사전이나 교과서에 『아지랭이』로 고쳐서 이제까지 표준어 행세를 해왔으나 개정표준발음에서는 1936년에 정한 대로 『아지랑이』로 되돌렸으니 특히 유의해야 한다.

손잡이(*손잽이)　　　아지랑이(*아지랭이)
지팡이(*지팽이)　　　동그라미(*동그래미)
올가미(*올개미)

한편, 접미사 『-장이』의 "이" 역행동화 문제도 유의해야 한다. 『-장이』가 기술자(匠人)의 뜻일 때는 『-장이』로 하고 그 밖의 경우는 "이" 역행동화를 인정한다.

기술자(匠人) : 미장이(*미쟁이)　　　유기장이(*유기쟁이)
갓장이(*갓쟁이 : 갓 만드는 것을 업으로 하는 사람)
그 밖 : 멋쟁이(*멋장이)　　　담쟁이(*담장이)
골목쟁이(*골목장이)　　　난쟁이(*난장이)
갓쟁이(*갓장이 : 갓을 멋들어지게 쓴 사람)

사. 모음(홀소리)만이 분명히 변한 것을 표준발음으로 한 것

기존 표준어 중 한 모음만이 변함으로 말미암아 그 발음의 혼란이

극심한 것이 있다. 이러한 것 중 분명한 변화를 인정할 수 있는 것은 이를 표준발음으로 인정하고 기존 표준어를 비표준어로 처리한 것은 특히 주의를 요한다. 다음은 그러한 보기들을 나열한 것이다.

깍쟁이(*깍정이) 상추(*상치)
튀기(*트기) 미숫가루(*미싯가루, 미시가루)

이 밖에 『바라다』는 『바래다』로, 『허드레』로 혼란을 일으키기 쉬운 보기들이 눈에 띈다. 이들의 표준발음은 『바라다』, 『허드레』로 유의해서 사용해야 한다.

예) 그것은 국민의 바람입니다(*바램입니다).

아. 『웃-, 윗-』 → 『윗-』

아래/위의 대립이 있는 것은 『윗-』으로 하고,
아래/위의 대립이 없는 것은 『웃-』으로 함을 유의해야 한다.
다음 보기는 이러한 규칙에 따라 제시된 보기들이다.
아래/위의 대립이 있음 : 윗넓이(*웃넓이) 윗물(*웃물)
윗니(*웃니) 윗도리(*웃도리)
윗머리(*웃머리) 윗사람(*웃사람)
아래/위 대립이 없음 : 웃국 웃돈
어른 웃옷(출입복)

한편, 상층과 하층은 대립되므로, 상층은 (윗층)이 됨을 가정할 수 있다. 하지만 여기서 주의할 점은 개정맞춤법에서 된소리나 거센소리 앞에서는 『위-』로 쓰기로 돼 있다. 따라서 『위층』이 맞는 것이다.

이와 똑같이 된소리 · 거센소리의 경우도 개정맞춤법은 『위짝, 위턱』임을 기억해야 한다.

자. "句"는 구로 통일

"句"가 '구' 혹은 '귀'로 하는지 혼돈하는 경우가 많다. 개정맞춤법에서는 『구』로 통일하고 표준발음도 【구】로 해야 한다.

구절(*귀절)	경구(*경귀)
어구(*어귀)	인용구(*인용귀)
시구(*시귀)	절구(*절귀)

그러나 관용적으로 쓰이는 『귀』의 발음은 그대로 유지됨을 유의해야 한다.

글귀(*글귀 구)	귀글

차. 준말 문제

원말이 길기 때문에 그것이 호흡의 흐름에 잘 맞지 않을 경우에는 원말의 음절을 줄여서 준말을 만들어 편리하게 쓴다. 즉 현실적인 것과 역사적인 것으로 나눌 수가 있다.

현실적인 것이란, 원말이나 준말이 모두 임의적으로 넘나들면서 쓰이는 것을 말한다. 이러한 공존의 말은 복수표준(발음)으로 인정해야 한다.

다음 보기들은 그 예들이다 :

거짓부리/거짓불 머무르다/머물다
노을/놀 시누이/시뉘/시누
막대기/막대 망태기/망태
조이다/죄다 쪼이다/쬐다
찌꺼지/찌끼 앞과 뒤/앞뒤

역사적인 것이란, 일정한 시기동안 원말과 준말이 넘나들면서 공존하다가 어느 시대에 가서는 드디어 준말이 원말의 세력을 꺾음으로써 준말만이 표준어의 자리를 굳히는 것을 말한다. 이러한 경우에는 준말만이 단수표준발음으로 대우를 받는다.

김(*기음) 빔(*비음)(설빔, 생일빔)
똬리(*또아리) 온갖(*온가지)
무(*무우) 장사치(*장사아치)
샘(*새암)

그런데, 위와 반대 경우가 있다. 즉, 줄인말보다는 원말을 표준발음으로 인정하는 경우도 있다.

낌새(*낌) 뒤웅박(*뒝박)
부스럼(*부럼) 어음(*엄)
죽살이(*죽살)

다만, 『부럼』의 경우는 민속어로 쓰이는 "부럼깨문다" 따위에서 그대로 『부럼』이 쓰인다는 사실을 따로 기억해야 한다.

두 개의 음절을 이루는 모음충돌을 일으키는 원말이 한 음절 모음으로 줄어서 준말이 되는 경우는, 원말의 음절의 수에 해당하는 만치의 소리의 길이가 유지된다.

김: (← 기음)	똬:리 (← 또아리)
무: (← 무우)	무샘: (← 새암)

물론 예외도 있다.

장사치(*장사:치 ← 장사아치)

카. 비슷한 발음 문제

표준어 규정이란 지켜야 할 말의 법규이므로 익숙지 못하더라도 많은 연습과 주의가 필요하다. 다음 보기들을 관찰해 보면,

서(돈, 말)	(*석, *세)
석(되, 자)	(*서, *세)
시름시름	(*시늠시늠)
아궁이	(*아궁지)
-올시다	(*-올습니다)
-습니다	(*-읍니다)
천장	(*천정)

위에서 특히, 『서』나 『석』의 쓰임에 주의해야 하며, 방송 출연자 가운데 "예사높임말"에 해당하는 『올시다』를 좀 더 정중하게 나타내려는 심리에서인지 『-올습니다』("저 올습니다", "이것이 올습니다")를 쓰는 이가 많이 있다. 이것은 표준높임말법에는 없다. 즉 "예사높임"에는 『-올시다』("저올시다", "이것이올시다")와 "아주 높임"에 『-ㅂ니다』("저입니다", "이것입니다")가 있음에 유의해야 한다.

또한 개정맞춤법에서는 『-습니다』로 통일되었음을 기억해야 한다.

(2) 복수표준발음

가. 이음동의어

복수표준어란 뜻은 같지만 발음은 다른 이른바, "이음동의어"를 표준어로 삼는 것을 말한다. 다음은 보기들이다.

원칙	허용
네	예
쇠고기	소고기
(물이) 괴다	(물이) 고이다
너부렁이	나부랭이
꺼림하다	께름하다
꾀다	꼬이다

나. 소리 동화(특히 자음접변) 문제

소리의 동화란 주위 소리에 이끌리어 그와 비슷한 소리로 변동하는 것을 말한다. 이 경우 여러 가지가 표준발음의 문제로 제기되나 방송 종사자가 흔히 잘못 발음하는 것을 한두 개 지적해 보면 다음과 같다.

예를 들면, 일기예보에서 『앞바다, 먼바다』를 매일 말하는 것을 들으면, 『먼 바다 → 멈 바다』로 발음하는 경우를 보게 된다. 물론 '먼바다'는 동화되지 않는 【먼바다】와 동화되는 【멈바다】로 임의변동을 한다. 이와 같은 임의변동을 할 때는 동화되지 않는 쪽을 표준발음으로 삼음을 원칙으로 한다.

단어	표준발음(O)	비표준발음(×)
먼바다	먼:바다	멈:바다
헌법	헌:뻡	험:법
건강	건:강	겅:강
감기	감:기	강:기
산골논밭	산꼴논밭	상꼴놈밭
대한민국	대한민국	대함밍국
말한 것입니다	말한 것입니다	말항 것입니다

그 밖에도 흔히 쓰는 과【꽈(科)】, 조금【쪼금】, 건수【껀수】, 작다【짝다】, 다른【따른(사람)】 등 비표준적 된소리 문제가 심각함을 인식해야 한다.

다. 그 밖의 "ㄴ, ㄹ" 소리를 덧내는 문제

소리가 덧난 문제로 방송계마저 혼란을 일으키는 경우가 많다. 다음은 "ㄴ, ㄹ"이 덧남으로써 알쏭달쏭한 보기들을 열거해 보았다.

단어	(O)	(×)
금융	금늉/그뭉	·
늑막염	능망념	늑마겸
등용문	등용문	등뇽문
팔일오	파리로	팔리로
육이오	유기오	육니오

라. 숨의 단락(연접, 말의 이음새)과 강세점 두기

숨의 단락이란 의미의 변별성을 위하여 혹은 말의 뜻 전달의 분명성을 위하여 말과 말 사이에 날숨의 담락을 두는 것을 말한다. 넓은 뜻으로 보면, 이는 뜻 전달을 위한 호흡조절이라 할 수 있다. 다음은 날숨의 단락을 어디에 두느냐에 따라서 의미의 변별이 일어남을 보이는 몇 개의 보기들이다.

예) 학생만 + '이천 명(학생 수가 2천 명)

학생 + '만 이천 명(학생 수가 1만2천 명)

이 + '백 년 묵은 나무(수령 100년)

'이백 년 묵은 나무(수령 200년)

2) 어휘 문제

(1) 단순표준어

가. 한자어와 고유어 중 어느 것을 선택?

첫째는, 한자어보다 고유어가 널리 쓰이는 것은 고유어를 표준어휘로 삼는다.

둘째, 한자어가 더 많이 쓰이는 것은 한자어를 표준어로 삼는다.

고유어를 표준어로 :

가루약(*말약) 까막눈(*맹눈)

밥소라(*식소라) 입담배(*입초)

잔돈(*잔전) 푼돈(*푼전)

외지다(*벽지다)

한자어를 표준어로 :

겸상(*맞상) 단벌(*홑벌)

양파(*둥근파) 칫솔(*잇솔)

부항단지(*뜸단지)

나. 널리 쓰이는 것을 표준어로 사용

뜻이 같은 형태가 여러 개 있을 때에는 널리 쓰이는 것을 표준어로 사용한다.

안절부절 못하다(*안절부절하다)

주책 없다(*주책이다 *주착없다)

담배꽁초(*담배꽁치 *담배 꼬투리)

부스러기(*부스러지) 강낭콩(*강남콩)

광주리(*광우리) 사글세(*삭월세)

붉으락 푸르락(*푸르락 붉으락)

손목시계(*팔목시계 *팔뚝시계)

쇠고랑(*고랑쇠)

전봇대(*전선대)

(2) 복수표준어

가. 방언이 표준어로 편입되는 경우

방언, 곧 시골지역이라 하더라도 널리 쓰이거나 혹은 표준어보다 더 널리 쓰이는 말을 볼 수 있으니, 이것은 오늘날 빈번한 인구이동의 원인에서 찾을 수 있다.

이러한 이유로 방언이 표준어로 편입되면서 본래의 표준어와 함께 복수표준어로 사용되는 것들이 있다. 다음은 그 보기들이다(왼쪽은 방언이 표준어로 편입된 것임).

멍게/우렁쉥이　　　　물방개/선두리
애순/어린순

반면에, 방언이 더욱 우세하여짐으로써 본래의 표준어가 그 세력을 잃는 경우가 있다. 이때에는 방언을 표준어로 삼고, 본래의 표준어는 비표준어로 버리게 되는 것이다. 오른쪽 괄호안의 것은 비표준어임을 알아야 한다.

귀밑머리(*귓머리)(×)　　　　빈대떡(*빈자떡)
생인손(*생안손 : 생으로 앓는 손가락)

나. 비슷한 분포를 가진 말들

형태가 다르나 뜻이 같고 그 쓰임의 분포가 비슷한 것은 복수표준어가 된다.

다음의 비교적 많이 들어 놓은 보기들은 흔히 혼돈하기 쉬운 말들을 골라 밝혀 놓은 것이니, 복수표준어임을 알고 자유스럽게 쓸 수 있음을 기억해둬야 한다.

원칙	허용	원칙	허용
가는 허리	잔허리	가뭄	가물
개수통	설거지통	거위배	횟배
고깃간	푸줏간	넝쿨	덩굴
녘	쪽	눈대중	눈어림/눈짐작
꼬리별	살별	댓돌	툇돌
뒷갈망	뒷감당	딴전	딴청

4. 한국어의 고저장단(高低長短)

1) 의미의 구별

표음문자(소리글)는 시각적으로 보이지 않기 때문에 시각적인 표의문자에 비하여 어휘 수가 양적으로 적다.

(1) 평음과 경음에 의한 구별

* 잠자리 잠자리 : 곤충
잠짜리 : 1) 잠을 자는 자리
2) 동침의 속칭

* 산짐승 산:짐승(살아있는 짐승)
산찜승(山짐승)

* 시가	시:가(市街)	시가(詩歌)
	시:까(市價)	시까(時價)
* 문자	문자(예전부터 전하여 내려오는 어려운 문구)	
	문짜(글자)	
* 한자	한자(글자 하나)	
	한:짜(漢字)	
* 고가	고:가(古家)	
	고가(높을 고, 架)	
	고까(높을 고, 價)	

(2) 고저장단에 의한 구별

현재 발표된 동형이의어는 만 오천 단어이다. 장단음의 중요성을 이로써도 알 수 있다.

가:장(假裝)	가:정(假定)
가장(家, 우두머리 장)	가정(家庭)

5. 경어(敬語)와 수(數)의 표현

1) 방송에서의 수의 표현

(1) 한자의 보도

방송은 일과성이므로 수의 표현은 일간지, 주·월간지의 기록에서와는 다른 면이 있어야 한다. 기록에서는 아무리 복잡하고 긴 수라도 끝까지 나타낼 수 있다. 그러나 방송에서는 세 자리나 네 자리 숫자는 상세히 보도해도 시청자가 쉽게 파악할 수 있겠으나 그 이상은 생략적으로 하는 것이 효과적이다.

가령 15만 3천675원이라면 15만 3천여 원으로 족하다. 그러나 끝자리 한둘까지도 다투는 선거 표수 보도 같은 것에서는 자릿수가 아무리 복잡해도 끝까지 다 보도할 필요가 있다.

(2) 한자는 천천히, 분명하게 읽을 것

일반적인 내용에서도 생소한 말은 천천히 발음을 해서 알아듣기 쉽게 해야 하지만 한자의 경우는 더욱 그렇다. 천천히, 그리고 분명하게 읽고 전화번호 같은 것은 한 번 더 되풀이하는 것이 필요한 이에게 도움이 된다.

(3) 한자의 읽기

숫자 '1'이 첫머리에 왔을 때 어떻게 발음하는가를 살펴보자.

① 萬 단위 이하에서는 '1'을 읽지 않는다.

13,928표 → 만 삼천구백 이십팔표

1999년 → 천구백구십구 년

1,000m → 천 미터

135원 → 백삼십오 원

10원 → 십 원

② 億이 넘으면 '1'을 붙여 읽는다.

137,834,000원 → 일억 삼천칠백팔십삼만 사천 원

* 1억 원을 1억만 원으로 읽는 것은 잘못임.

단, 금강산 "일만이천봉"은 관용어임.

③ 역사상 뜻이 있는 날짜의 발음

8・15광복 【파리로】 → '8'에 힘을 주어 【팔리로】 는 잘못된 발음

6・25동란 【유기오】 → '6'에 힘을 주어 【융니오】 도 잘못된 발음

④ 나이의 표현

36세(삼십육 세) 36살(서른여섯 살)

서른 → 설흔(×) 쉰 → 쉬흔(×)

⑤ 시각의 표현

시간상의 어느 점은 시간이라기보다 시각이라고 표현해야 한다. 12시 정각이란 말은 바로 이 시각의 개념을 단적으로 나타낸 말이다. '9시 35분 20초'의 경우 '9시'는 '구시'라고도 할 수 있지만 대강은 '아홉시'라고 읽는다.

오전을 상오(上午), 오후를 하오(下午)라고도 쓰나 방송에서는 오전, 오후가 분명하다.

2

프레젠테이션의 이해

7장 프레젠테이션

1. 프레젠테이션에 대한 이해

1) 프레젠테이션의 정의

우리나라에서는 흔히 프레젠테이션을 '발표', '제시'라는 말로 풀이한다. 프레젠테이션은 한 사람의 프레젠터(Presenter, 발표자)가 자신의 생각이나 경험, 아이디어를 다수의 청중을 상대로 일방적으로 전달하는 커뮤니케이션으로, 그 내용은 프레젠터에 의해 사전 준비되고 한정된 시간 내에 해야 된다는 점이 대화처럼 주고받는 쌍방향 커뮤니케이션과 다른 주요한 특징이다.

실제로 우리가 행하는 모습으로 정의를 내리면, 프레젠테이션은 발표자가 다른 사람들에게 자신의 의견, 의지, 학설 또는 상품 등에 관하여 말이나 시청각 자료 혹은 영상을 이용하여 설명하고 제안하거나 발표하는 행위라고 할 수 있다.

프레젠테이션을 목적이나 내용에 따라 분류하면 다음과 같다.

첫째, 강의나 강연, 연설과 같은 교육이나 호소 프레젠테이션이 있으며, 둘째, 조직 내 회의에서의 보고나 브리핑, 발표 그리고 고객을 상대로 사업계획의 제안이나 신제품을 발표하는 등의 비즈니스 목적의 프레젠테이션, 셋째는 세미나, 심포지엄, 포럼 등과 같은 학술회의 프레젠테이션 등이 있다.

일반적으로 어느 정도 틀을 갖춘 프레젠테이션에는 10분~15분 정도의 프레젠테이션과 20~60분 정도의 프레젠테이션으로 나눌 수 있다. 주어진 시간에 따라 프레젠테이션하는 방법이 다르기 때문에 프레젠테이션은 시간이 짧을수록 어렵고 테크닉을 필요로 한다. 시간이 긴 경우에는 약간의 실수도 만회할 수 있는 시간적 여유가 있지만 시간이 짧을 경우에는 그렇지 못하다. 또한 청중이 얼마나 되느냐에 따라 장소가 결정되며 장소에 따라 방법도 달라진다.

2) 성공적인 프레젠테이션의 조건

프레젠테이션에서 가장 중요한 것은 메시지와 그 전달방법이다.

메시지 전달은 '기호', 즉 언어(문자와 말)와 그림, 신체언어(body language)와 같은 비언어의 형태로 이루어진다. 따라서 프레젠터는 청중의 반응을 '피드백(feedback)'이라 하며 그에 맞추어 메시지를 전달해야 한다. 이 과정에 여러 '장애' 요소가 개입되어, 전달이 잘 안 되는 '잡음'이 발생하기도 한다. 이와 같은 프레젠테이션을 이루는 요소를 한눈에 볼 수 있도록 정리해 보면 다음 표와 같다.

구성요소	내용
프레젠터(presenter)	말하는 사람
메시지(message)	말하는 내용
경로(channel)	전달방법(통로, 매체)
수신자(receiver)	듣는 사람(청중)
잡음(noise)	커뮤니케이션을 방해하는 것
피드백(feedback)	수신자의 반응을 발신자가 파악

프레젠테이션이 끝나고 자리에 일어나 돌아가는 청중의 얼굴을 보면, 그 성공여부를 알 수 있다. 시간을 다투는 비즈니스 현장이나 시간이 제한된 교육현장 등에 있어서 프레젠테이션은 복잡하고 어려운 내용, 즉 정보를 알기 쉽게 표현하고 보다 높은 '전달효율'을 실현할 커뮤니케이션 법이 요구된다.

따라서 커뮤니케이션에 있어서 중요한 것은 발신자가 말하는 정보량이 아니라 최종적으로 수신자에게 전달되는 정보량이라는 것을 꼭 기억해야 한다. 다시 말해 청중에게 쉽게 접근하는 방법이 필요하며 프레젠터가 뜻하는 바(목적)를 명확하고 구체적으로 제시할 필요가 있다. 다음의 3가지로 프레젠테이션을 할 필요가 있다.

- 흥미로운 소재로 재미있게 말한다.
- 풍부한 예시로 설득력을 높인다.
- 유익한 내용을 짜임새 있게 말한다.

따라서 성공적인 프레젠터는 다음의 7가지 역량을 기를 필요가 있다.

① 의사전달과 메시지의 목표 등 목적을 명확히 하고 목표에 맞추

어 전달방법을 정해야 한다.

② 메시지가 어떻게 청중에게 수용되고 해석될 것인가를 알기 위해 청중의 태도, 신념, 상황 등 청중의 수준을 이해해야 한다.

③ 청중보다 주제에 대한 전문적 능력을 갖추고 주제에 대한 자신 있는 말과 행동으로 뒷받침해야 한다. 다시 말해 청중이 들을만한 가치가 있는, 그래서 새롭거나 깊이가 있는 정보가 있어야 한다는 것이다.

④ 전달되는 정보의 양과 질을 적정 수준으로 조절할 줄 알아야 한다. 즉, 시간제한이나 청중의 신체적 리듬, 집중력을 감안해야 한다.

⑤ 전달 내용은 청중이 이해할 수 있는 적절한 말, 제스처, 이미지 컷 등을 사용해야 한다. 정보를 어떻게 표현하느냐가 청중의 관심, 이해와 수용에 영향을 미친다.

⑥ 청중으로부터 적절한 피드백을 얻을 수 있도록 유도해야 하며 의도했던 의미가 정확히 잘 전달되었는지를 확인해 보려는 시도가 있어야 한다. 즉, 청중의 관심과 집중을 유도하는 전략이 있어야 한다.

⑦ 프레젠테이션의 시작과 끝난 후에도 청중과 상호 신뢰하는 풍토를 만들어야 한다. 즉, 프레젠터는 프레젠테이션을 시작하기 전이나 끝난 후에도 정보전달에 신뢰감을 주는 메시지를 전달함에 있어 부족해 보이거나 시간을 때우는 행위, 깊이가 없거나 성의 없는 내용 전달 등은 청중의 비난을 받을 수 있다.

위에서 제시한 7가지 역량을 잘 갖춘다면, 프레젠터는 청중의 호응과 갈채를 받고 보람을 느낄 수 있는 성공적인 프레젠테이션을 할 수 있을 것이다.

3) 시선을 사로잡는 프레젠테이션

NOTE	
지식 습득의 약 80%는 시각적 자극으로부터 온다. 청각과 시각적 자극이 합해질 때 지식 습득은 커진다. 우리가 메시지를 청취만 한 경우는 3시간 뒤에는 70%만을 기억하고 3일 뒤에는 10%만 기억한다. 시각적인 방법에 의한 메시지는 3시간 뒤에는 72%, 3일 뒤에는 35%를 기억한다. 그러나 청각적·시각적 방법이 합해졌을 때는 85%, 65%를 각각 기억한다.	말과 몸짓으로만 정보를 전달하면 아무래도 설명하기 위해 말이 길어지고 청중도 이해하기 쉽지 않다. 정보를 그림으로 보여주거나 화면으로 보여주면 여러 말을 안 해도 단번에 청중은 쉽게 이해할 수 있다. 프레젠테이션을 할 때 보조자료로 '시각자료'를 활용하는 이유가 바로 여기에 있다. 연구결과에 따르면, '시각자료를 사용한 경우와 그렇지 않은 경우를 비교하면, 그 차이는 무려 43% 정도가 된다고 한다(민영욱 외, 2008). 시각자료에는 여러 가지가 있지만 보다 실감나게 하는 것은 각종 그림이나 도표 등의 컬러풀한 이미지가 담긴 '비주얼(VISUAL 영상)'은 다양한 색채로 청중의 눈을 자극해서 관심을 갖게 할 수 있으며 집중하게 만든다.

단, 프레젠테이션을 수행하기 전에 반드시 다음의 3가지를 먼저 고려해야 한다.

① 프레젠테이션을 어떤 내용으로 구성할 것인가?

② 준비한 내용으로 어떻게 파워포인트로 만들 것인가?

③ 만든 파워포인트로 어떻게 실행할 것인가?

다시 말해서, 첫 번째 기술은 집을 짓는 작업과 유사하다. 프레젠테이션 내용을 만드는 방법을 알고 그에 따라 만들어 가면 견실한 내용을 만들 수 있다. 기획서나 보고서 등과 같은 '문서작성'에도 적용가능하다.

두 번째 기술은 비주얼 자료를 만드는 것이다. 청중을 생각하고 청중의 욕구(needs)에 맞는 디자인 작업이 중요하다. 세 번째 기술은 메시지를 만드는 요소들이 필요하다. 즉, 프레젠터가 목소리와 몸을 사용해서 청중들에게 준비한 내용과 메시지를 실행하고 전달하고 표현하는 부분들이다. 따라서 이 기술은 지식만으로 되는 것이 아니라 '경험'으로 단련되는 것이기 때문에 평소 교육과 꾸준한 연습이 필요하다.

4) 훌륭한 프레젠터

앞서 언급하였지만 프레젠테이션에서 또 중요한 것이 바로 프레젠터이다. 프레젠테이션에서 좋은 성과를 거두는 것이 훌륭한 프레젠터라고 할 수 있는데, 이는 연습과 노력을 통하여 만들어질 수 있다. 즉, 프레젠테이션 상황이나 청중, 해당 비즈니스 특징 등 다양한 상황에 따라 대처를 잘 하는 이가 훌륭한 프레젠터라 하겠다. 따라서 성공하는 프레젠터가 되려면 자신의 프레젠테이션 스킬을 평가해 보고 자신이 어떤 유형의 프레젠터인지, 또 어떤 컬러를 지니고 있는지 확인해 보면 좋을 것이다.

(1) 효과적인 자기소개 프레젠테이션

① 목표를 명확히 하라

프레젠테이션을 준비하고 실시하면서 내가 왜 이 프레젠테이션을 하는가를 꼭 기억해야 한다. 이러한 목표를 명확하고 분명하게 생각하면 어떤 말과 어떤 행동을 해야 하는지 그리고 어떤 언행은 조심해야 하는지 구분할 수 있게 된다. 예를 들어, 내가 모 방송사의 편

성부서에서 일하고 싶다면 자기소개 프레젠테이션에서는 자신의 편성 및 기획능력을 입증하는 데 주력해야 할 것이다.

② 청중의 분석을 통해 니즈(needs)를 파악하라

프레젠테이션은 청중을 설득하기 위한 커뮤니케이션 행위이다. 만약 자기소개를 한다면, 청중에게 자신을 채용하도록 청중이 무엇을 원하는지 청중의 니즈(needs)를 생각해야 한다. 다시 말해 청중이 자기소개 프레젠테이션에서 어떤 것을 발견하기 원하는가를 아는 것이 중요하다. 프레젠테이션에 참석하는 청중은 프레젠테이션 내용을 들으면서 나에게 돌아오는 이익이 무엇인가(WIIFM, What's In It For Me?)를 생각한다(Kops, 2001; Rotondo & Rotondo, 2000). 따라서 청중이나 청중이 속한 조직의 문화를 파악하고 청중이 원하는 정보가 무엇인가를 파악하는 것이 성공의 지름길이 될 수 있다.

③ 차별화된 자기 콘텐츠를 효과적으로 전달하기

경쟁 상황에서는 나만의 차별적 요인들을 명확히 제시하는 것이 필요하다. 남들처럼 '평범하게 대학생활을 성실히 하고, 누구나 갖고 있는 자격증이 몇 개나 되는지' 등의 사실들을 나열하는 것보다 '나는 어떤 사람이며, 나는 다른 사람과 어떻게 다른지' 등을 명확히 제시하는 것이 좋다.

④ 자기의 경쟁 우위점과 명확한 근거 제시하라

자기소개 프레젠테이션에서는 자신의 경쟁 우위점(특히 지원하는 조직이나 직종에서 가장 중요하게 생각할 영역)을 명확히 제시하고 자신이 그러한 경쟁 우위점을 갖고 있다는 믿음을 줄 수 있도록 명확한 근거를 제시하는 것이 중요하다.

⑤ 쌍방향 커뮤니케이션이 중요하다

프레젠터는 현장에서 청중과 쌍방향 커뮤니케이션을 하는 것이다. 따라서 청중과의 눈 맞춤을 자주 하면서 청중의 질문에 명쾌하게 답변을 하고 동시에 청중과의 적절한 상호작용을 하는 것이 중요하다.

⑥ 적절한 비언어 커뮤니케이션을 사용하라 - 강렬하고 호의적인 인상 전달하기

프레젠터는 프레젠테이션을 통해 자신의 인상을 형성하게 된다. 이때 열정과 성의가 있는 프레젠터로서 호의적인 인상을 쌓는 것이 중요하다. 따라서 프레젠터는 밝은 표정을 지으면서 풍부한 감성을 담아 활기차게 이야기해야 한다. 또한 이미지를 스마트하고 깔끔하게 전달할 수 있도록 프레젠테이션 디자인과 내용은 물론, 자신의 의상까지도 신경을 써야 한다.

⑦ 필요한 정보만 전달하라

프레젠터는 본인을 평가하는 데 도움이 되지 않을 여러 정보를 제시함으로써 자신의 평가를 절하시킬 필요가 없다. 면접자가 필요한 정보, 즉 프레젠터의 능력을 평가하는 데 도움이 될 만한 정보만 제시하는 것이 좋다.

(2) 프레젠터의 유형과 컬러

NOTE **나는 어떤 유형인가?**	
나의 외향성과 적극성을 기준으로 프레젠터의 유형을 평가해 볼 수 있다(Mandel, 2000). 읽으면서 자신은 어떤 유형에 속하는지 스스로 평가해 보면 좋겠다.	**도피자**(avoider) 도피자는 청중 앞에 설 기회를 피하기 위해 무슨 일이든 하는 유형이다. 직업을 구할 때도 남들 앞에서 서는 일은 극구 피하려고 한다. **저항자**(resister) 저항자는 다른 사람들 앞에서 말할 때 공포를 느끼는 유형이다. 이 공포가 적지 않기 때문에 가능하면 청중 앞에 서려고 하지 않는다. 직업상 불가피하게 다른 사람들 앞에 설 때는 불편함과 꽤 힘든 고통을 느낀다.

수용자(accepter)

수용자는 남들 앞에 서는 일을 하기도 하지만, 그다지 즐겨하지는 않는다. 수용자는 때로는 프레젠테이션을 하고 스스로 잘 했다고 느끼기도 한다. 그들은 심지어 다른 사람들 앞에서 말하는 것을 즐기기도 한다.

탐색자(seeker)

탐색자는 남들 앞에서 말할 기회를 찾는 유형이다. 자주 프레젠테이션을 할 기회를 가짐으로써 커뮤니케이션 스킬을 키우고 자신감을 쌓게 된다.

4가지 프레젠터의 유형을 살펴보았다. 당신은 어떤 타입인가? 프레젠터로서 탐색자가 가장 이상적인 유형일 수 있지만 수용자라고 그다지 문제가 되지 않을 것이다. 한국적 상황에서는 탐색자는 남들 앞에서 너무 나댄다는 인상을 주지 않도록 겸손하게 처신하는 게 필요할지도 모른다. 수용자라면 남들 앞에서 프레젠테이션을 할 기회를 의도적으로 만들어 경험에 따른 스킬과 자신감을 키우면 될 것이다. 결국 성공하기 위해서는 자신을 한 단계 업그레이드 시켜야 한다고 결심하고(도피자는 저항자로, 저항자는 수용자로) 프레젠테이션에 도전해야 한다.

NOTE

나는 어떤 컬러인가?

나의 성향을 기준으로 나의 컬러를 분석할 수 있다(한정선, 1999). 다음을 읽고 다음 3가지 컬러 중 자신이 어디에 속하는지 평가해 보자.	**빨강 프레젠터** 빨강 프레젠터는 열정이 넘치는 유형으로 매우 감정적이며 직감적이다. 대담해서 카리스마가 넘치며 재미있고 창의적이라는 느낌을 준다. 이런 프레젠터는 매우 인상적이어서 주의를 끌며 친근감이 들게 하는 능력이 있다. 하지만 돌발적이고 충동적이어서 프레젠테이션이 비체계적이라는 생각이 든다. 그래서 프레젠테이션이 끝나면 프레젠터의 인상이 강하게 남을지 모르지만 들은 내용은 별로 기억이 안 남는 경우가 많다.

파랑 프레젠터

파랑 프레젠터는 이성적이고 지적인 유형으로 매우 분석적이고 논리적이어서 설득력이 강한 유형이다. 파랑 프레젠터는 프레젠테이션의 내용에 대해 잘 알고 있으며 전략에 정통하다는 인상을 준다. 따라서 의도적으로 필요한 내용만 얘기하는 자기 통제력이 강한 프레젠터로 보여 신뢰가 가지만 예리한 인상이 너무 차게 느껴져서 호감이 가지 않을 수도 있다.

회색 프레젠터

회색 프레젠터는 빨강 프레젠터의 열정이나 파랑 프레젠터의 예리함이 느껴지지 않는 그야말로 무색무취의 유형이다. 이런 유형은 매우 조심스러워서 주변 환경에 예민하게 반응하는 경우가 많다. 다른 사람의 반응에 따라 유동적이거나 타협적인 자세를 취한다. 청중에게는 중립적이거나 보수적, 전통적인 프레젠터로 받아들여진다. 별로 강한 인상을 남기지 못한다.

한정선(1999)은 프레젠터 중 가장 많은 유형은 회색 프레젠터이고 모순적이게도 이들이 사회에서 가장 오래 살아남는다고 말한다. 자기 컬러가 없다 보니 공격을 당할 일도 없기에 오래 살아남는다는 것이다. 하지만 현실에 안주하기보다는 효과적인 비즈니스 프레젠터가 되기 위해서는 파랑이나 빨강이나 회색이든 자기 나름대로의 컬러를 갖고 자기가 가진 컬러의 장점을 살리고 약점을 보완하는 것이 가장 필요할 것이다.

따라서 빨강 프레젠터는 자신의 정열적이고 카리스마 넘치며 호감과 강한 인상을 남기는 장점을 잘 살리면서 즉흥적이고 비체계적인 단점을 극복하도록 노력할 필요가 있으며, 파랑 프레젠터는 비즈니스 프레젠터로서 가장 합당한 소양을 갖고 있다고 할 수 있다. 따라서 이성적이고 논리적인 성향을 장점으로 잘 활용하되 청중이 호감을 느끼지 못하거나 심지어 적대감을 갖지 않도록 인간적인 면모를 갖출 필요가 있다. 끝으로 회색 프레젠터는 자신의 잠재적 성향이 빨강이나 파랑 중 어느 컬러인지 먼저 파악하는 것이 중요하다. 그리고 조심스럽게 지루한 느낌을 극복하기 위해서는 청중과 끊임없는 시선을 주고받고 말의 속도나 억양에 변화를 주면서 말보다는 시청각 자료를 사용하면서 변화와 다양성을 제공하면도 노력할 필요가 있을 것이다.

(3) 자연에서 배우는 계절별 색채 분류[12)]

색을 나누는 기준은 방법과 사고에 관계없이 색을 이해하기 위한 기본이다. 다음은 그 기준을 '4계절 분류'와 대조해 보자. 4계절이란 공통된 요소를 가진 색의 그룹을 '봄', '여름', '가을', '겨울'의 이미지로 나타낸 분류 방법이다. 4가지 그룹 중에서 각각 사람에게 어울리는 색 그룹이 있다. 봄과 가을은 따뜻한 계열이고 여름과 겨울은 찬 계열이다. 각자 자신은 어디에 해당하는지 살펴보기 바란다.

① 봄 사람에게 잘 어울리는 색

이 그룹에 속하는 사람은 전반적으로 밝은 색이 잘 어울리며 주로 활동적이고 경쾌하며 컬러풀한 색이 잘 어울린다.

옐로우 베이스는 잘 어울리지만 '가을'만큼 황색이 진하고 탁한 색은 어울리지 않는다. 또한 맑은 색이 어울리지만 '겨울'과 같이 어둡고 선명한 색은 얼굴이 나쁘고 무표정하게 보이며, 밝은 색도 어울리지만, '여름'과 같이 엷은 색은 피부의 탄력감이 사라지고 쓸쓸한 인상을 줄 수 있다.

주로 봄 색상은 화려한 느낌이 있지만 세련된 색이 많다. 베이지 색

12) 김경호(2012). 『이미지메이킹의 이론과 실제』, 도서출판 : 높은 오름, pp.171~177.

은 약간 투명감이 있는 깨끗한 곳으로 골라야 하며, 회색은 약간 노란색을 띤 미디엄 그레이에서 부드럽고 밝은 회색까지 베이식 컬러로 활용하면 좋다. 검정색과 같은 다른 그룹의 색으로 차려 입을 때도 얼굴 주변만큼은 반드시 봄 색깔을 사용하는 것이 포인트가 된다.

립스틱이나 볼터치는 봄을 대표하는 색으로 아이보리나 크림색의 진주색, 광택이 강한 골드 액세서리도 잘 어울린다. 또한 봄 색깔을 잘 모를 경우에는 '한층 밝은 색', '노란색을 띤 색', '투명감이 있는 색'을 고르는 것이 좋다.

② 가을 사람에게 잘 어울리는 색

가을 사람에게 어울리는 색은 약하고 도시적인 사람에게 주로 깊이가 있는 색이 어울린다. 전반적으로 가을이 어울리는 사람은 차분한 색깔이 좋은데, 갈색이 잘 어울리고 감색은 탁한 느낌이 있는 철색 베이스이다.

노란색이 강할수록 피부는 윤기가 흐르고 화려한 질감을 수반한다. 옐로우 베이스는 잘 어울리지만, '봄'에는 깨끗하고 가벼운 색이라면 색상만 돋보여서 차분한 감이 떨어질 수 있다. 어두운 색은 잘 어울리지만 '겨울'처럼 어둡고 선명한 색이 되면 얼굴에 그늘과 선이 부각되어 부드럽지 못하고 딱딱한 느낌을 준다.

수수한 인상의 가을 색이지만, 순색에 검정이 조금 들어간 색은 오히려 순백보다도 화려하게 보일 수 있으며 베이지는 탁한 색을 고르는 것이 좋다. 또 인기 있는 검정도 가을이 어울리는 사람이라면 어두운 상태를 공유하므로 잘 어울린다. 다만 얼굴 주변은 반드시 가을 색상을 사용해야 한다. 립스틱이나 볼터치도 한층 가을다운 색으로 조정하는 것이 좋다.

골드와 같은 액세서리도 잘 어울리며 노란색을 띤 블랙 펄도 개성적이고 잘 어울린다. 색상을 고를 경우에는 가을의 기본적인 특징을 이해하면 되는데, '한층 어둡고 깊이가 있는 색'이나 '노란색에 가까운 색', '탁한 색'을 고르면 좋다.

③ 여름 사람에게 잘 어울리는 색

'여름'이 어울리는 사람은 부드러운 색이 좋다. 즉, 갈색이나 베이지라도 봄과 가을에 비교하면 핑크나 로즈계열의 분위기를 내는 질감이 좋다. 감색도 조금 자주색에 가까운 가지색과 같은 감색이 잘 어울리며 탁한 색이나 밝고 부드러운 색을 입으면 얼굴에 비단 줄무늬와 같이 매끄러운 입체감을 연출할 수 있다.

청색이 강할수록 피부는 뽀얗고 시원스러운 아름다움을 준다. 블루 베이스는 잘 어울리지만 '겨울'과 같이 투명한 콘크리트는 너무 강한 느낌을 줄 수 있다. 밝은 색은 어울리지만 '봄'과 같이 화려한 색상도 너무 강한 느낌을 주며 탁한 색은 어울리지만 '가을'처럼 노란색을 띤 탁한 색은 무겁고 칙칙한 느낌을 준다.

여름 색은 전체적으로 유사계열로 은은한 인상을 주지만 청색을 띠고, 밝은 라이트 톤은 여름 성향을 가진 사람에게는 한층 시원스럽고 화려하게 연출할 수 있다. 검정색은 기본적으로 여름 성향의 사람에게는 너무 강하기 때문에 소재감이나 형태가 부드러운 것을 고르는 것이 좋다.

그리고 립스틱이나 볼터치 등 얼굴 주변은 반드시 여름 색을 사용하는 것이 좋으며 실버나 플래티늄, 핑크 골드와 같은 액세서리도 잘 어울린다. 진주나 화이트, 핑크계열이 여름 성향의 사람을 한층 돋보이게 한다. 주로 '한층 밝은 색', '청색을 띤 색', '탁한 느낌의 색'을 선택하면 좋다.

④ 겨울 사람에게 잘 어울리는 색

겨울 성향인 사람은 전반적으로 강약이 있는 색깔이잘 어울린다. 갈색이나 감색도 4계절 중에서 가장 어둡고 깔끔하게 보인다. 베이지도 청색을 조금 띤 산뜻한 베이지가 잘 어울린다. 어두운 색을 걸치면 얼굴이 작아진 느낌을 주며 깔끔하고 선명한 색은 피부에 혈색을 띠게 하고 윤기를 더해 주어 꽉 죈 느낌을 준다.

색깔이 강할수록 얼굴색도 곱고 혈기가 돌게 보인다. 블루베이스는 주로 잘 어울리지만 '여름'에 잘 어울리는 부드러운 색의 경우에는 왠지 부족하고 흐린 느낌이 든다. 그리고 어두운 색은 잘 어울리지만 '가을'과 같은 탁한 얼굴색은 겨울 성향의 사람에게는 칙칙하고 나이 들어 보인다.

따라서 겨울 색은 전체적으로 명암, 강약이 분명한 느낌이 들며, 투명감이 있는 선명한 느낌이 들지만 큰 얼음에 한 방울 물감을 떨어뜨린 듯한 엷은 색의 아이시 컬러라면 부드러운 파스텔톤의 코디네이트를 할 수 있다. 또한 무채색에 가까운 색의 조합은 세련되고 현대적인 감각을 살릴 수 있다.

검정색은 겨울 성향의 사람에게 잘 어울린다. 특히 화장하지 않은 상태에서도 검정색이 잘 어울리는 것이 바로 겨울 성향의 사람이다. 립스틱이나 볼터치를 함으로써 한층 겨울답고 곱게 가꿀 수 있으며 실버나 플래티늄 같은 액세서리도 잘 어울린다.

블랙 계통의 진주는 겨울 성향 사람에게 제격이며 주로 '명암이 뚜렷한 색'이나 '순색', '무채색', '청색을 띤 색', '투명감이 있는 색'을 고르는 것이 좋다.

Key Point

* **Primacy effect(초두효과)를 활용하기**
사람들은 처음 기억된 인상으로 타인을 평가한다. 좋은 이미지를 만들고 싶다면 처음이 중요하다.
* **비언어적 이미지 관리에 힘쓰기**
말투, 옷차림, 발음과 억양이 만들어내는 전체적인 이미지를 생각하고, 타인에게 긍정적 이미지를 주기 위한 노력을 게을리 하지 않아야 한다.
* **대중이 원하는 보편적 이미지를 구상하기**
직업과 사회적 위치에 상징적으로 사용되는 도구나 장신구를 활용할 수 있는 능력을 길러야 한다.
* **자신의 위치에 어울리는 장신구와 소품은 따로 있다.**
사회적 위치, 직업, 성격 등 구현하고자 하는 이미지에 적합한 장신구와 소품을 잘 활용한다.

2. 스토리텔링 프레젠테이션

-설득력을 2배로 높여주는 스토리 구성의 법칙

무언가를 사람들에게 각인시키는 데는 단순 정보보다 스토리가 훨씬 효과적이다. 이것이 바로 스토리가 가지고 있는 힘이다. 스토리텔링은 이야기를 뜻하는 '스토리(story)'에 말하기를 뜻하는 '텔링(telling)'의 합성어로 상대방에게 알리려는 바를 재미있고 생생한 이야기로 설득력 있게 전달하는 것을 말한다.

'스토리텔링(storytelling)' = 이야기(story) + 말하기(telling)

스토리텔링이 적용된 프레젠테이션은 청중에게 전달한 내용을 오래 기억할 수 있게 하며 청중은 이야기가 있는 프레젠테이션에 관심을 가지고 몰입하게 된다. 몰입이 시작되면 청중은 감동하게 되며 결국 감동은 행동으로까지 끄집어낼 수 있다. 따라서 프레젠테이션에 이야기가 흐르면, 청중의 감성을 좌우하여 성공적인 결과를 이끌어낼 수 있는 것이다.

1) 이야기의 3가지 특징[13]

이제는 바야흐로 호모 나랜스(Homo Narrans), 즉 이야기하는 사람의 시대이다. 미국의 영문학자 존 닐은 "인간은 이야기하려는 본능이 있고 이야기를 통해 사회를 이해한다"고 주장했다. 그의 말은 지금 현실이 되었다. 블로그나 트위터, 페이스북 등의 출현으로 이른바 디지털 수다쟁이들이 늘어난 것이다.

이야기에는 3가지 특징이 있다.

첫째, 흉내 내기이다. 사람은 타인의 이야기를 들으면 왠지 그것을 따라하고 싶은 충동을 느낀다. 따라서 청중에게 프레젠테이션을 할 때 자신의 이야기나 경험담을 구성하여 전달하면 집중을 유도하는 데 도움이 될 수 있다.

둘째, 교감이다. 어떤 상황을 감정적으로나 행동적으로 교감해서 따

13) 김태옥(2014), 『스피치 트라이앵글 법칙』 참조.

라하게 만드는 자연스러운 본능 같은 것이 이야기가 가진 힘의 원천이라 하겠다. 알고 있는 정보를 전달할 때 그것에 상상력의 숨결을 불어넣어 이야기할 수 있을 때 비로소 이야기는 생명을 갖게 되는 것이다.

셋째, 바로 설득이다. 사람들은 논리적 전개나 설명보다는 이야기를 좋아한다. 청중의 호기심이나 욕구를 자극하는 이야기는 청중들을 설득하는 데 큰 힘이 될 수 있다. 옛날 할머니의 이야기라든지 이솝 우화 등의 이야기를 통해 교훈을 얻기도 하지만 메시지를 담기 위해 이야기를 개발하기도 한다.

NOTE 스토리텔링 트레이닝	
자신만의 이야기! 스토리에 대한 정의를 내려 보자.	• 스토리란, 요리다. 맛있어야 하니까. • 스토리란, 희망이다. 삶의 질을 높여 주니까. • 스토리란, ( )다. 왜냐하면,

스토리텔링 트레이닝을 통해 단어를 강제 조합하면서 유연성을 기를 수 있다. 90초의 제한된 시간 안에 "희망을 가집시다!"라는 주제를 만드는데, '긍정어/부정어/위인' 등의 세 낱말이 한 번 씩 들어가도록 이야기를 만들어보자. 어떤 순서든 상관없고, 위 3가지 단어만 거론하면 된다. 위인 이름을 활용할 때는 유연성, 즉 해석의 기술이 필요하다. 예를 들어, '에디슨'이라면 내 친구가 될 수도 있고 카페 이름이 될 수도 있고 귀엽게 여기는 내 동생으로 만들 수 있다.

§ 스토리텔링 실전 트레이닝 §

- ❖ 실수 / 미래 / 에디슨
- ❖ 짜증 / 웃음 / 링컨
- ❖ 폭력 / 칭찬 / 아인슈타인

2) 스토리의 뼈대 구성–POSST 모델

하찮은 메시지도 좋은 틀에 넣어 전달하면 그럴 듯하게 들린다. 따라서 어떤 스토리든 그 내용을 명화처럼 빛나게 만들어줄 프레임이 필요하다. 결국 스토리의 핵심을 중심으로 처음과 끝이 대칭 관계를 이루는 POSST 모델은 모든 프레젠테이션에서 쓸 수 있는 핵심구조이다.

(1) Punch Line : 첫 마디에 청중의 관심 유도

'시작이 반이다'라는 말처럼 프레젠테이션을 시작할 때, 처음 내뱉는 말에서 청중의 관심을 끌지 못하면 사람들의 집중을 유도하기 어려워진다. 따라서 처음 시작할 때 관심을 유도할 수 있는 한마디! 예를 들어, 경구나 속담, 농담, 놀라온 통계 등 사람들의 귀와 눈을 번쩍 뜨이게 하는 것이 중요하다.

히틀러는 역사상 뛰어난 웅변가 중 한 사람이었다고 한다. 그는 단상에 오른 뒤 말을 하지 않고 잠시 동안 광장을 가득 메운 청중을 좌에서 우로 천천히 응시했다고 한다. 바로 의도적인 침묵을 활용한 것이다. 잠시 뒤 그는 속삭이는 목소리로 "We… want… peace." 이렇게 한마디를 했다.

망치를 강하게 두드리는 것처럼 한마디 내뱉는 말에 청중들은 집중하게 되며, 그의 말을 더 기다리게 된다.

(2) Overview : 무엇을 말할 것인지 미리 예고

'무엇을 말할 것인가'를 미리 언급해 주면, 청중들은 들은 마음의 준비를 하고 머릿속에 그림을 그리게 된다. 그래야 앞으로 들을 내용에 대해 체계적으로 정리할 수 있다. 즉 Overview는 이야기의 전개라고 할 수 있다. 주로 목차에 나와 있는 것을 다루되, 가장 중요한 주제어와 관련된 내용에 대한 포인트를 잡아주면 된다.

(3) Story : 사례나 경험담 등을 묶어서 3~4개의 작은 스토리 구성

스토리가 구성이 됨으로써 본인이 말할 주장에 대한 타당성이 제시되는 것이다. 이때 스토리 구성은 3~4개의 작은 이야기로 구성한다. 즉, 스토리는 매 서브 스토리마다 요약과 소결론을 내리는 것이 좋다.

스토리가 2개면 너무 성의가 없어 보일 수 있으며 5개 이상은 너무 많아서 청중이 기억하기 어렵다.

(4) Summary : 내용 요약 및 정리

청중들이 지금까지 제시한 내용들을 잊지 않도록 하기 위해 스토리를 압축·정리해 준다. 만약 주장을 한다면, 결론도 내리고 제안을 할 경우에는 제안도 이 시점에서 해야 한다.

요약을 할 경우에는 "지금까지 드릴 말씀을 요약한다면~" 하는 연결어를 먼저 제시한다. 그러면 청중들은 '이제 다 끝나가는구나'라는 생각에 더 집중을 하게 되며, 지금까지 경청한 내용들을 정리하거나 기억하려 한다. 또한 결론을 내릴 경우에도 "결론적으로 말씀드리면~"라고 하면서 하고 싶은 말을 마무리한다. 제안을 할 경우에도 "제가 제안하는 내용은 1, 2, 3안 중에서 3안입니다. 그 이유는~때문입니다"와 같이 끝내면 좋다.

(5) Touch Line : 오프닝 멘트와 연관 지어 마무리하기

이제 마무리 작업시간이다. 청중의 뇌리에 오래 기억하고 행동하게 하려면, 청중의 가슴을 터치할 수 있는 끝맺음이 필요하다. 이 맺음말은 오프닝 멘트와 연관성이 있는 것이 가장 좋다. 결국 펀치라인과 터치라인은 프레젠테이션에 힘과 생명과 여운을 줄 수 있는 중요한 부분이라고 하겠다.

개인적으로도 저자가 강연장이나 행사 MC를 볼 때마다 중요하게 생각하는 부분이 펀치라인과 터치라인이다. 터치라인에서는 주로 속담이나 격언, 아름다운 말들로 구성하는데 이때는 문장이 길면 여운을 주기 어렵기 때문에 짧은 한 문장으로 구성한다.

KEY NOTE : 가장 효과적인 스토리 구성

대부분의 스토리 구성 중 가장 기본적이면서도 이상적인 구성방식은 바로 서론, 본론, 결론으로 구성하는 것이다.

서론 : 무엇을 말하려는지 예고를 한다.
본론 : 본인이 의도하거나 주장할 핵심적인 이야기를 한다.
결론 : 지금까지 무슨 말을 했는지 요약 및 정리하여 제시한다.

이렇게 핵심내용을 청중에게 적어도 3번 반복해서 들려주면, 청중들에게 자신이 할 스토리를 각인시키는 데 매우 효과적일 수 있다.

3) 마지막을 인상 깊게 장식하기

프레젠테이션을 마무리 짓는 터치라인은 처음 시작하는 펀치라인과 상관관계를 갖는 것이 가장 이상적이다. 따라서 중요한 부분이라 할 수 있다.

(1) 공감할 만한 문구로 마무리하기

프레젠테이션을 대표할 수 있는 공감할 만한 문구로 마무리하는 방법이다. 청중은 가장 최근에 들은 내용을 잘 기억한다. 따라서 전달한 프레젠테이션 내용 중에서 가장 중요하다고 생각되는 부분을 한 번 더 언급해 주는 것도 좋다.

(2) 구체적인 행동을 지시하며 마무리하기

청중에게 구체적으로 행동으로 지시하는 방법은 설득을 위한 프레젠테이션에서 자주 사용된다. 주로 자동차 보험이나 판매 등과 같은 영업에서 종종 이 방법이 사용된다. 프레젠터의 설득이나 제안에 수긍하는 청중은 다음 단계에서 해야 할 구체적인 행동이 무엇인지 모를 수 있기 때문에 프레젠터는 마지막 부분에서 즉시 실행 가능한 행동을 구체적으로 알려주면 더 효과적일 수 있다.

(3) 시 한 편을 소개하면서 마무리하기

마무리 부분에서 감동을 줄 수 있는 방법 중 대표적인 방법이 바로 훌륭한 시 한 편을 제시하는 것이다. 어떠한 말보다도 감동적인 시 한 편은 영화만큼이나 더 큰 위력을 나타낼 수 있다. 하지만 분석형 청중에게는 이 방법이 통하지 않을 수도 있으나 대부분의 청중들에게는 감동을 줄 수 있다.

단 마무리를 하는 단계에서의 시의 조건은 첫째, 프레젠테이션의 메시지와 관련이 있어야 하며, 둘째, 감동을 전달할 수 있는 시이어야 하고, 셋째, 이해하기 쉬우면서, 넷째, 길지 않은 것이어야 한다.

이런 부분들을 잘 선택하여 활용하면 틀림없이 멋진 프레젠터의 모습으로 성공적인 프레젠테이션을 할 수 있을 것이다.

3. 청중분석

이제 프레젠테이션의 스토리 구성까지 준비되었다면, 스피치를 듣는 청중에 대한 분석이 필요하다. 청중이 존재한다는 것은 스피치가 존재하는 근본적인 이유이다. 어떤 목적을 가지든지 또는 어떤 주제를 다루든지 모든 스피치는 항상 특정 청중을 대상으로 특정한 상황에서 행해진다.

따라서 스피치를 준비하는 과정에서 청중과 상황에 대한 분석, 즉 '누구를 상대로 하는지', '어떤 장소에서 하는지', '어느 시간대에 하는지' 등에 대해 분석하는 것은 필수적인 요소라 하겠다. 청중과 상황에 대한 분석은 스피치의 목적과 내용조직, 전달방법 등을 결정하는 데 중요한 역할을 한다.

청중을 분석하는 데는 인구통계학적 요소와 심리적 요소가 도움이 된다. 가장 좋은 방법은 청중을 미리 만나서 물어보면 좋겠지만, 현실적으로 쉬운 일이 아닐 것이다. 따라서 스피치 일정을 관리하는 담당자에게 묻거나 인구 통계를 근거로 하여 추리에 의존할 수밖에 없다. 즉, 청중의 연령, 직업, 학력, 수입 등의 인구통계학적 요소를 미리 파악하고, 그것을 토대로 하여 청중의 태도나 신념, 지식, 관심사 등과 같은 심리적 요소를 추리해야 한다.

1) 인구통계학적 속성

(1) 연령

청중의 연령은 이해력, 경험, 배경 지식과 밀접하게 관련되기 때문에 연령이 비슷한지, 또는 연령층이 다양한지 알아보는 것이 중요하다.

일반적으로 나이가 많은 사람들은 현실적이고 보수적이며 변화를 싫어하는 반면 젊은 사람들은 이상주의적이고 도전적인 경향이 있다. 또 연령층이 비슷할 때에는 해당 연령층의 일반적인 경향에 맞추면 되지만 청중의 연령층이 다양할 경우에는 주가 되는 청중의 연령을 판단의 기준으로 삼으면 된다. 또한 연령층에 따라 말하는 속도나 크기 등도 함께 고려해야 한다.

(2) 학력

학교교육이나 경험교육을 다 같이 고려할 필요가 있다. 청중의 학력이나 교육수준 정도는 특히 내용구성이나 어휘선택에 많은 영향을 끼치기 때문에 청중분석에 필수적인 요소라 하겠다. 비전문가인 청중을 상대로 어려운 말을 전달하는 것도 문제이지만, 전문가를 상대로 너무 쉬운 내용으로 전달하거나 일상적인 표현으로 전달하면 청중으로부터 좋은 반응뿐만 아니라 스피커의 이미지나 공신력에도 부정적인 영향을 미칠 수 있다.

(3) 성별

남자와 여자는 흥미와 관심의 대상에서 차이가 있을 수 있다. 또 여성들 앞에서 말하기 거북한 주제가 있는가 하면, 남성 또는 남녀 혼합의 청중들에게 말하기에 부적절한 주제도 있다. 특히 성차별로 오인될 내용이나 성적 농담은 피해야 한다.

(4) 직업

청중의 직업이나 지위, 경제력에 따라 청중의 관심사항과 지식 정도를 짐작할 수 있는 기준이 되기 때문에 매우 중요하다. 같은 주제라 해도 사무직에 근무하는 직장인을 상대로 하는지, 아니면 현장에서 일하는 일반노동자를 대상으로 하는지에 따라 다르다. 그리고 청중들 간에 사회경제적 지위의 격차가 심할 때에는 공통관심사나 경험을 중심으로 공감대를 형성할 필요가 있다.

(5) 종교

공적인 자리에서 종교를 화제로 삼는 것은 되도록 피하는 것이 좋다. 왜냐하면 종교는 매우 개인적이며 주관적인 신념의 문제이기 때문이다. 청중 중에는 다른 종교를 가진 사람도 있고, 같은 종교를 가지고 있다고 해도 믿음의 정도가 다르기 때문에 논쟁의 소지가 있을 수 있다. 따라서 종교는 매우 신중하게 접근하는 것이 좋다.

2) 심리적 속성

(1) 관심과 욕구

청중들이 가장 원하는 것이 무엇이며 가장 관심을 가지는 것이 무엇인지를 알아보고 그들의 관심과 욕구를 스피치의 주제와 관련지어 검토할 필요가 있다. 일반적으로 사람들의 행동은 기본적인 관심과 욕구에 크게 좌우되기 때문이다.

(2) 지식

청중들이 스피커의 말을 얼마나 잘 이해할 수 있는가를 생각해야 한다. 청중에게 스피치 주제나 내용에 대한 배경 지식이 충분이 있다고 판단될 때에는 어려운 전문용어 사용이나 수준 높은 내용을 준비해도 되지만 그렇지 않을 경우에는 쉬운 내용으로 전개해야 한다.

(3) 태도

청중의 태도는 크게 2가지, 즉 스피치 주제에 대한 청중의 태도와 스피커에 대한 태도로 나눌 수 있다.

첫째, 스피치 주제에 대한 청중의 태도는 주제가 청중의 일상사와 관계없을 때 냉담한 반응을 보일 수 있다. 이때는 주제가 일상사와 관련이 있다는 것을 일깨워줄 필요가 있다.

둘째, 청중의 스피커에 대한 태도는 스피커의 공신력에 의해 결정된다. 즉, 스피커의 전문성, 신뢰성, 진실성, 매력성, 호감성 등이 공신력을 구성하는 중요 요소인데, 청중은 스피커를 본 순간 이런 요소들을 통해 스피커가 공신력이 있는 사람인가를 판단하게 된다는 것이다. 스피커의 공신력이 있다고 느껴지면 청중은 호의적인 태도로 관심을 갖고 스피커의 말을 듣게 된다.

따라서 스피커는 청중에게 친근하고 겸손한 태도를 보이며 적절한 유머의 사용과 청중의 능력이나 업적을 칭찬하고 청중과 공통된 경험을 말하고, 청중의 가치관이나 신념에 공감을 표시하는 방법 등으로 청중의 호감을 사는 노력을 해야 한다.

8장 비언어 커뮤니케이션

신체를 통해서 표현하는 비언어적인 요소를 흔히 보디랭귀지 또는 몸짓언어라고 부른다. 비언어적 커뮤니케이션을 연구한 대표적인 학자인 버드위스텔(R. Birdwhistell)과 메라비언(A. Mehrabian)의 연구에 의하면, 의사소통할 때 전체 의미 중 65～93%가 비언어적 요소를 통해서 파악된다고 한다.

UCLA대학의 심리학과 명예교수인 알버트 메라비언(Albert Mehrabian)은 1967년 의사소통에 대해 가장 널리 인용되고 있는 연구 발표하였다. 그의 논문 「모순적인 의사소통의 해독」에서 메시지의 전체적 영향은 우리가 대부분이라고 생각하는 말은 단 7%, 음성적인 것(어조, 억양, 그리고 목소리 등) 38%, 신체언어가 55%로 이루어진다는 것을 발견했다. 또 다른 연구로는 구연법 전문가인 존 켈트너(John W. Keltner)의 연구가 있다. 그는 개인 간의 커뮤니케이션에서 언어가 35%, 비언어적인 것이 65%의 영향력을 미친다고 하였다.

위 연구학자들의 연구결과에서 보듯 사람에게 주로 영향을 미치는 것은 언어만이 아니라 비언어, 즉 시각적인 것이 더 큰 영향을 준다는 사실을 알 수 있다. 즉 이야기를 할 때에 중요한 것은 표준말이나 세련된 표현보다도 말하는 사람의 외부적인 신체언어이다. 특히 신경 써야 할 중요한 몸짓언어에는 제스처, 표정, 시선, 자세, 거리, 용모가 있는데 이러한 몸짓언어는 언어적 요소인 단어와 마찬가지로 일정한 의미를 전달해 준다.

1. 비언어적 커뮤니케이션의 개념과 특성

비언어적 커뮤니케이션의 개념에 대해 도드(Dodd)는 몸짓이나 시간 또는 공간을 상징으로 하여 의사를 표현하는 커뮤니케이션이라고 정의하였고,[14] 골더버(Goldhaber)는 언어를 제외한 메시지를 비언어적 커뮤니케이션이라고 주장하였다.[15] 한편 사모바(Samovar)와 포터(Porter)는 비언어적 커뮤니케이션이란 커뮤니케이션 상황에서 송신자와 수신자에게 잠재적 메시지 가치를 갖는, 인간이나 환경에 의해 야기된 언어를 제외한 자극을 포함하는 개념이라고 보았다.[16]

위와 같이 비언어적 커뮤니케이션에 대한 학자들의 견해는 언어를 제외한 모든 커뮤니케이션을 비언어적 커뮤니케이션이라고 하는 점에서 일치하고 있다.

한편 콘돈(Condon)은 비언어적 커뮤니케이션의 특성을 언어적 커

14) C. H. Dodd(1982), Dynamic of Intercultural Communication(Wm. C. Brown Company Publishers), p.14.

15) G. M. Goldhaber(1983), Organization Communication(Wm. C. Brown Company Publishers).

16) L. A. Samovar, R. E. Porter and N. C. Jain(1981), Understanding Intercultural Communication(Wadsworth Publishing Co), p.156.

뮤니케이션과 비교하여 다음과 같이 말하였다.[17)]

(1) 언어가 세계의 많은 사람들에게 알려져 있고 문화 혹은 인종에 따라 다른 데 비해서 비언어적 행위는 인간의 보편적이고 자연적이며 학습되지 않은 행위들을 포함한다.

(2) 언어가 체계화되어 있는 데 비해서 비언어적 행우;l들은 체계화되기 어렵거나 체계화시킬 수 없다.

(3) 언어와는 달리 비언어적 커뮤니케이션은 수화에 관한 것을 제외하고는 사전(dictionary)이 없다.

(4) 비언어적 커뮤니케이션은 잘 알아듣지 못했거나 이해하지 못한 내용을 상대방에게 반복해서 물어볼 수 없다

(5) 언어는 자신의 목적을 위해 생각하는 내용을 의도적으로 통제하거나 왜곡해서 전달할 수 있으나 비언어적 커뮤니케이션은 통제하기 어렵다.

(6) 비언어적 커뮤니케이션 행위는 언어와 일치하지 않는 경우가 많다.

위와 같은 콘든의 주장은 언어에 비해 비언어적 커뮤니케이션 행위의 체계적 연구가 어렵다는 것을 입증해 준다. 비언어적 커뮤니케이션 행위들은 인간의 학습되지 않은 행위들을 포함하고 있고, 일반화시키기가 어려워 체계적 연구가 쉽지 않다.

여러 학자들의 비언어적 커뮤니케이션의 특성을 정리하면 다음과 같다.

---

17) J. C. Condon and F. Yousef(1975), An Introduction to Intercultural Communication(The Bobbs-Merrill Company, Inc), pp.125～127.

첫째, 비언어적 커뮤니케이션은 언어적 커뮤니케이션과 마찬가지로 의사전달의 기능을 가진다. 일시적이고 아주 작은 움직임이라도 개개의 의미를 담고 있기 때문에 상대를 좀 더 효과적으로 이해하기 위해서는 이 비언어적 단서들을 제대로 통제할 수 있어야 한다.

둘째, 비언어적 커뮤니케이션은 표현의 강도에 따라 전달의미의 단호함을 나타내고 확인의 정도를 전달할 수 있다. 미소나 얼굴을 찌푸리는 행위 또는 껴안는 정도의 강약에 따라 의미의 해석이 달라진다. 이것은 비언어적 행위를 통해 잠재된 의식이나 억제된 욕망, 두려움의 요인들이 파악될 수 있다.

셋째, 비언어적 커뮤니케이션은 상황적 해석에 근거하여 그 의미가 결정된다. 즉 같은 행위일지라도 상황에 따른 의미해석이 달라진다는 것이다. 거짓으로 누군가를 속이기 위해 한쪽 눈을 깜박이는 행위와 예쁜 아가씨를 보고 짓궂은 남자들이 보이는 행위의 의미는 서로 다르다. 하지만 가장 큰 의미의 변화는 문화적 상황이 다른 경우에서 찾아볼 수 있다. 예를 들어, 엄지를 세우는 행위는 비행기 조종사나 우주 비행사들이 '만사 OK'나 좋다는 뜻으로 사용되며, 할리우드 영화에서는 로마시대에 상대를 살려주라는 신호(혹은 엄지손가락을 아래로 하면, 상대를 죽이라는 신호)로 사용되기도 했다. 작별인사를 할 때도 미국인들은 손을 위로 올리고 손바닥을 편 상태로 팔뚝과 손 전체를 좌우로 흔들면서 하는 반면에, 유럽의 많은 나라들은 이런 행위가 '굿바이'가 아니라 '아니오'라는 뜻으로 해석된다.

넷째, 비언어적 커뮤니케이션은 신뢰도가 높은 커뮤니케이션 수단으로 여겨진다. 긍정적 단서들이 언어적 채널을 통해 표현되지만 비언어적 채널을 통해서 부정적 단서들이 표현되는 경우 의미해석은 비언어적 행위에 근거하여 전달된 메시지의 진실성을 파악하게 된다.

다섯째, 비언어적 커뮤니케이션은 언어적 커뮤니케이션과 마찬가지로 일정 규칙이 적용된다. 특정 문화 속에서 비공식적으로 익혀져 온 눈의 접촉(eye contact)이나 앉는 자세, 걸음걸이, 인사하는 방법 등에 의식적, 무의식적으로 답습된 문화적 습관들을 근거로 그 규칙들이 정형화된다. 그리고 사회가 변화하거나 대인간의 관계에 변화가 발생되었을 때는 이 규칙의 적용도 바뀌게 된다.

마지막으로 전달된 의미를 해석하는 과정에서 발생하는 애매함 또한 비언어적 커뮤니케이션의 한 특성으로 지적된다. 채널간의 표현이 언제나 같지 않기 때문에 표현과 해석의 방법에 일관성을 기대하기는 조금 힘든 특성을 지닌다.[18)]

2. 비언어적 커뮤니케이션의 기능

비언어적 커뮤니케이션은 언어에 의해 전달되기 어려운 인간의 내면적 상태나 반응을 표현하는 중요한 역할을 하는데 이런 기능들은 언어와 함께 동반되기도 하고, 언어적 메시지와 따로 기능하기도 한다.

에크먼(Ekmann)과 프리슨(Friesen)은 인간 커뮤니케이션에서 비언어적 커뮤니케이션의 역할을 다음과 같이 5가지로 나누어 설명하고 있다.[19)]

---

18) 한상원(1994), 『정보 커뮤니케이션의 이론과 실제』, 국회도서관보 31권 6호, pp.14~15.

19) A. Taylor(1977), Communication(N. J.:Prentice Hall Inc), pp.87~90.

1) 반복(repeating)

인간은 자신이 전하고자 하는 메시지를 분명히 하기 위해 비언어적 커뮤니케이션 요소를 이용한다. 즉 송신자가 어떤 메시지를 전달할 때 객관적 자료나 자신의 얼굴표정, 몸동작, 음성의 강약 및 장단 등의 비언어적 요소를 이용하여 전하고자 하는 메시지의 뜻을 보다 명백히 해주고 송신자가 의도했던 커뮤니케이션 효과를 극대화시키기 위해 그러한 요소들을 동원하여 언어적 메시지를 반복(repeating)한다.

2) 상반(contradicting)

언어적 메시지와 비언어적 메시지가 서로 상반(contradicting)될 때, 보다 신뢰할 수 있는 메시지는 비언어적 요소가 전달하는 메시지다.

3) 보완

의사소통 과정에서 수신자가 전체 메시지를 이해하기 위해 메시지를 보내는 사람, 즉 송신자와 그 사람의 기분, 태도 및 전체 분위기 등을 이용하는데, 이때 비언어적 커뮤니케이션 요소는 메시지 전달 및 해독에 보완적 역할을 한다. 즉 송신자의 외모, 표정과 몸짓, 음성과 어조 등은 그 사람의 됨됨이와 그가 말하고자 하는 화제에 대한 그의 태도뿐만 아니라 그가 보내는 언어적 메시지 자체를 이해하는 데 도움을 준다.

4) 강조(accenting)

비언어적 커뮤니케이션은 또한 언어를 강조(accenting)하기도 한다. 어떤 사람이 화가 나서 얼굴이 붉어지고 목소리가 떨리며 주먹을 휘두르고 탁자를 치고 한다면 그러한 비언어적 행동은 언어적 메시지를 강조한다.

5) 대체

인간은 가끔 자신의 의견이나 느낌을 말로는 표현하기 어려울 때가 있다. 그럴 때 우리는 종종 말을 하는 대신 무엇을 매만지거나 두드린다던가 하는 등의 비언어적 동작을 함으로써 언어적 표현을 대신(substituting)한다.

6) 규제(regulating)

규제(regulating) 기능의 비언어적 커뮤니케이션 요소는 주로 피드백 기능을 한다. 예를 들어 강연을 듣는 경우 청중들이 집중을 하지 못하고 싫증을 느끼면 청중의 얼굴과 자세에 그런 반응이 나타난다. 이런 청중의 반응은 스피커로 하여금 청중들이 그의 강연에 흥미를 느낄 수 있게 강연하도록 스피커의 행동을 규제하게 된다.

이상과 같은 비언어적 커뮤니케이션에 관한 학자들의 견해를 종합해 보면 다음과 같다. 비언어적 커뮤니케이션은 그 자체의 고유한 기능, 즉 감정이나 태도, 성격 및 반응을 잘 전달해 준다. 따라서 언어적, 비언어적 커뮤니케이션이 함께 어우러져 하나의 총체적 커뮤니케이션 체계를 이루며 작용하는 경우가 대부분이다. 다시 말해서 감정, 태도, 성격 및 반응 등을 전달하는 비언어적 커뮤니케이션의 기능은 하나의 커뮤니케이션 체계 속에서 언어와 함께 상호 보완, 규제, 강조, 상반, 대체, 반복하는 작업을 수행한다.

3. 비언어적 커뮤니케이션의 유형 분석[20]

1) 신체언어(kinesics)

신체언어는 몸의 움직임, 얼굴표정, 눈의 접촉, 자세 등의 신체적 움직임에 의한 비언어적 커뮤니케이션 행위로 '동작학'이라고도 말한다. 문화에 따른 차이점으로 인해 상호간에 오해의 원인이 되기도 하고 실수를 범할 수도 있다.

신체자세(body position)와 몸짓(movement), 팔과 손짓(hand and arm gestures)[21]을 할 경우, 발을 너무 벌리거나 뒤뚱거리면서 서 있는 자세, 기대는 자세, 그리고 몸을 구부리고 앉는 자세는 피하는 것이 좋으며 효과적인 몸짓을 사용하기 위해서는 자연스러운 몸짓 스타일

---

20) C. H. Dodd, 앞의 책, pp.14~15.

21) Mary Munter & Lynn Russell(2008), Guide to Presentations Second Edition, Prentice Hall in Advanced Business Communication.

을 발견하고 산만한 몸짓 움직임은 피하며 상황에 적응할 것을 권유한다.

눈 맞춤(eye contact)은 친근한 얼굴을 하고 생각을 마칠 때까지 상대방을 충분히 길게 보며 많은 청중들을 위해 눈 맞춤을 조절하는 것을 권한다. 여기서 청중을 봐야 하는 이유로는 다음의 3가지로 정리할 수 있다.

첫째, 청중에게 시선을 주어야 청중과의 유대감이 형성된다. 스피치를 시작하기 전에 청중을 응시한다는 것은 청중에게 인사를 하고 청중을 중요한 사람으로 인정한다는 의미가 있다.

둘째, 청중을 바라봄으로써 스피커는 청중의 반응에 적절하게 대응할 수 있다. 스피치 내용을 이해 못했을 경우, 청중의 표정을 봄으로써 그것을 다시 설명해줄 수 있는 것이다.

셋째, 청중을 볼 때 진실성과 정직성이 느껴진다. 청중이 스피치 내용을 믿어주기를 바란다면 반드시 청중과의 눈 맞춤이 필요하다.

단, 시선처리를 효과적으로 하려면 다음의 유의할 점이 있다. 첫째, 청중을 골고루 보아야 한다. 다른 방향에 있는 청중을 쳐다볼 때에는 상체와 함께 고개를 돌려야 한다. 둘째는 청중 개개인의 눈을 자연스럽게 따뜻하게 쳐다보는 것이다. 청중의 얼굴을 훑고 지나가듯이 바라보거나 머리만 쳐다보는 식의 눈 맞춤은 바람직하지 않다.

한편 신체적 커뮤니케이션에 관한 많은 연구에서 얼굴에 대해 가장 많은 연구가 이루어졌는데 결과는 다음과 같다.

첫째, 얼굴은 커뮤니케이션 당사자가 상대편을 좋게 보느냐 아니면 나쁘게 보느냐에 관한 판단을 표정으로 나타내며, 둘째, 얼굴은 다른 사람이나 주위환경에 대한 관심이나 무관심을 나타낸다. 셋째,

얼굴은 어떤 상황에 대한 몰입의 정도, 즉 강도는 나타낸다. 넷째, 얼굴은 개인이 자신의 표정에 대해 어느 정도 통제하는가의 정도를 나타낸다. 다섯째, 얼굴은 이해의 지적 요인이나 그것의 결핍을 나타낸다. 따라서 얼굴표정은 일상적인 얼굴표정 사용과 적절할 때 웃어주고, 청중과의 상호작용이 중요하며, 무엇보다도 내용에 적절한 표정을 짓는 것이 중요하다. 이렇게 내용에 어울리는 표정을 지으면서 동시에 스피커는 자신의 감정을 적절히 통제할 수 있어야 한다.

제스처는 손짓, 발짓, 몸짓 등 신체의 움직임에 의한 비언어적 커뮤니케이션 행태를 말한다. 도드는 제스처를 적응행위, 상징행위, 설명행위로 구분하는데,[22] 여기서 적응행위란 환경이나 생활에 적응하기 위해서 어려서부터 자연스럽게 학습된 행위를 말한다. 또 상징행위는 언어를 대신해서 사용하는 제스처를, 설명행위는 언어와 함께 사용되어 언어를 반복하거나 강조하는 제스처를 말한다.

스피치할 때 사용하는 제스처는 말을 통해 전달되는 메시지의 의미를 명확하게 강조하거나 강조해줄 뿐만 아니라 청중의 집중력을 높이는 역할을 한다. 제스처를 할 때 기억해야 할 것은 다음의 2가지이다.

첫째, 제스처는 역동적이어야 한다. 즉 어깨에 힘을 빼고 어깨에서 손에 이르기까지 팔 전체를 움직여야 한다. 또 허리에서 머리 사이에서 제스처를 구사하되, 양쪽 어깨로부터 옆으로 30cm 이상 벗어나지 않는 것이 좋으며, 청중의 규모가 클 때에는 먼 곳에 있는 청중들도 잘 볼 수 있도록 제스처의 크기는 커져야 한다.

---

22) C. H. Dodd, 앞의 책, pp.222~223.

둘째, 제스처는 자연스러워야 한다. 말하는 내용에 맞추어서 자연스럽게 움직이면 된다.

2) 공간언어(proxemics)

홀(Hall)은 '프록시믹스(proxemics)'라는 연구를 통해 커뮤니케이션이 어떻게 다른 경로를 통해 전달되느냐를 공간적 차원에서 분석함으로써 비언어적 커뮤니케이션 연구에 중요하고도 새로운 시각을 제공했다. 그는 「프록시믹스 행위의 기호법을 위한 체계」(A System for the Notation of Proxemic Behavior)에서 프록시믹스를 "인간이 소공간－일상생활의 접촉에서 대인거리, 주택과 공간의 구성, 도시의 레이아웃－을 어떻게 무의식적으로 구조화하느냐에 관한 연구"라고 정의하였다. 근접학 또는 공간학으로 번역되기도 한다.

개인 간의 거리에 의한 비언어적 행위를 포함하는 대인커뮤니케이션 상황에서 상대방과의 거리는 첫째, 친밀한 거리로 보통 신체적 접촉을 동반하며, 둘째, 개인적 거리로 가족이나 서로 친한 친구 사이의 거리가 여기에 속한다. 보통 손을 뻗어 접촉할 수 있는 거리를 말한다. 셋째, 사회적 거리로서 기타 사회적 집단 등 사회의 공식적, 비공식적 관계에서의 거리를 말한다. 넷째, 공적 거리로 이 거리에서의 커뮤니케이션은 큰 목소리와 제스처에 의해서 이루어진다.

3) 의사언어(paralanguage)

의사언어는 공식적 언어가 아닌 인간의 갖가지 소리를 탐구대상으로 하는 준언어학(paralinguistics)이다. 학자에 따라서 유사언어라고 부르기도 한다.

의사언어는 음질(voice qualities), 음색(vocal characterizers), 음단절(vocal segregates)의 3가지 요소로 나눌 수 있다. 음질은 음조의 범위, 입술의 조절, 리듬의 조정, 말의 속도 등에 의해 나타난다. 음색은 웃음소리, 한숨소리, 하품 등을 연구하고, 음단절은 동의나 만족감을 나타내는 '응'의 소리나 경멸이나 불신을 나타내는 '흥' 소리와 갖가지 정지음 등으로 구성된다.[23] 웃음에도 상대방을 무시하는 의미를 내포한 웃음, 허탈한 감정 상태를 나타내는 쓴웃음, 주변상황에 동화하기 위한 가식적 웃음 등 다양한 의미를 내포할 수 있다.

의사언어는 말하는 사람의 개성과 감정뿐만 아니라 듣는 사람의 이해 정도나 설득에도 큰 영향을 미친다. 음조(voice tone)에 의해서 태도와 감정이 전달되며, 악센트(accent)에 의해서도 화자의 개성과 신분에 관한 정보가 전달된다.[24] 그리고 음고(pitch)나 강세(stress)에 의해서 언어적 내용을 보충하여 전달하고자 하는 의미를 나타낸다.

그 외에도 큰소리와 작은 소리, 감탄사 역시 언어적 메시지에 영향을 미친다. 사람들은 좋은 목소리가 더 영향력 있고 실력 있고 정직하다고 느끼는 경향이 있다.[25]

또, 목소리 특성(vocal traits)[26]은 음량, 속도, 억양, 발음 등으로 분류하고 있다. 음량은 목소리의 긴장을 풀고 뒷줄까지 들릴 수 있도

---

23) G. I. Tragger(1958), "Paralanguage : A First Approximation", Studied in Linguistics 13, pp.1～12.

24) M. Copper(1984), Change Your Voice, Change Your Life(N. Y. : Macmillan), p.5

25) 김영임(1998), 『스피치 커뮤니케이션』, 서울 : 나남출판, p.174.

26) Mary Munter & Lynn Russell(2008), 앞의 책, p.112～128.

록 이야기한다. 속도는 너무 빨리 말하는 것은 불안한 사람으로 보일 수 있으므로 조금 늦은 속도와 신중하게 말하는 사람은 신뢰도가 높은 사람으로 연상되기 쉽다. 말의 높낮이는 말을 기분 좋게 하거나 불쾌하게 들이게 만들 수도 있다. 일반적으로 사람들은 너무 높음 목소리, 너무 낮은 목소리 모두 유쾌하게 생각하지 않는다. 그러나 다소 고음의 소리로 다양한 어조로 힘 있게 말하면 실력 있는 사람으로 보이는 측면도 있다.

4) 기타

인위적 기호(artificial signals) 중에는 의복, 화장품, 소지품, 머리모양, 인위적 환경 등을 들 수 있다. 우리가 입고 다니는 옷은 입는 사람의 심리상태에도 영향을 준다. 소지품의 질이나 모양 등은 어느 정도 소유주의 성품 및 취향을 대변하는 비언어적 기호이며 가구나 주택, 승용차 등은 그 사람의 사회적·경제적 지위를 나타내는 신분 상징이 되기도 한다.

여성의 의상, 장신구와 성격 간의 관계에 대한 연구결과를 보면, 심플하게 입은 사람은 자기 통제력이 강한 외향적 성격의 소유자인 반면, 화려하게 입은 사람은 사교적이고 비지성적인 경향이 있는 것으로 나타났다. 또 남과 비슷하게 유행을 따르는 타입의 사람들은 비교적 자제력 있고 순종적이며 상황에 적응하려는 성격을 가진 것으로 조사되었다.

의상 또한 상대방에 대한 인상을 좌우하는 단서가 되는데 어두운 옷을 입은 사람보다는 밝은 옷을 입은 사람을 세련된 사람, 자유분

방한 사람, 매력적인 사람으로 생각하는 경향이 있다.[27]

따라서 자신의 개성을 드러내도록 깔끔하고 교양 있는 옷차림이나 상황과 장소에 맞는 의상 착용이 중요할 것이다.

27) 김영임, 앞의 책, p.175.

3

스피치와 프레젠테이션의 적용

9장 정보 스피치

1. **정보 스피치의 개요**

스피치의 목적을 고려하면 정보 스피치, 설득 스피치, 유흥 스피치의 3가지 유형으로 분류할 수 있다. 대체로 우리가 일상생활에서 행하게 되는 스피치는 이 3가지 유형 중에서 대부분 정보 스피치 또는 설득 스피치에 해당된다.

정보 스피치는 청중이 잘 알고 있지 못하고 있는 정보나 관심 있는 분야에 대해 좀 더 심화된 정보를 알려주고 이해시키는 기능을 지니고, 반면 설득 스피치는 자신이 의도한 대로 청중의 태도를 바꾸거나 행동하게 만들려는 목적이 있다.

특히 정보 스피치는 지식의 전달을 목적으로 하는 스피치를 말하는 것으로 스피치 유형 중 일상생활에서 가장 많이 행해지는 스피치일 것이다. 교사들이 강의하고 학생들이 발표하고 공무원이나 회사원들이 주요 업무를 보고하고 건축가들이 설계도면에 대해 설명하고 군대에서 상관에게 브리핑하는 일 등은 모두 정보제공 스피치에 속한다.

따라서 정보제공 스피치의 핵심은 무엇보다도 정보가 정확하고 명확하게 소통이 되고 그 정보가 청중에게 의미 있고 흥미로워야 한다는 점에 있다. 즉 지식을 제공하는 것으로 머물러서는 안 되며 청중이 제공된 정보를 잘 이해하고 기억하도록 해야 한다. 정보제공 스피치는 사실을 파악하고 새로운 기술을 배우고 문제를 해결하는 데 많은 도움이 된다.

지금부터 정보제공 스피치의 특징과 유형에 대해 간단히 알아본다.

1) 정보제공 스피치의 특징

정보제공 스피치는 글쓰기의 진술 방식 중 설명[28]에 해당된다. 설명은 논증과 묘사, 서사와 다르다. 대상에 대한 정보를 잘 전달하기 위해서는 묘사적 설명과 서사적 설명과 같은 여러 가지 진술 방식을 활용하여 이해를 심화시킬 수 있다.

① **묘사적 설명**은 설명의 한 가지로 묘사를 이용한 설명을 가리킨다. 즉 묘사는 묘사이되 어떤 상황이나 감각적인 재생의 목적이 아니라 이해의 증대가 그 목적이 된다. 즉 사물에 대한 정보와 지식의

---

28) 설명이란 낱말은 문자적으로 어떤 주제를 진술하는 것을 의미한다. 설명은 이해에 호소한다. 논증도 이해에 호소하지만, 논증은 어떤 것에 대한 진실이나 바람직한 상태를 독자에게 환기시키는 방법에 의하는 것이다. 묘사와 서사도 이해에 근거하지만, 이들은 상상력에 의존하며, 어떤 대상이나 사건의 모습을 재창조하는 독자의 상상력에 의존하는 것이다. 설명은 가장 일반적인 진술방식으로, 단어의 정의, 가두 연설법, 식물의 구조, 시계의 원리 등과 같은 것이다 (Brooks and Warren, 『*Modern Rhetoric*』).

전달이 목적이 된다. 따라서 감각적 인상을 그려서 대상의 속성을 암시하는 일반적 묘사와는 다르다. 일반적 묘사와 설명의 차이는 다음 표와 같이 정리할 수 있겠다.

묘사적 설명	일반적 묘사
정보, 지식을 주기 위해 묘사 활용	인상을 주기 위한 묘사 자체가 목적
추상적	구상적
체계적 조직	인상 위주의 조직
비주관적 해석	주관적 해석

예문 1) 다음의 예문을 읽고 묘사적 설명인지 일반적 묘사인지 생각해 보자.

> 신라의 범종은 국내에 겨우 2구가 남았을 뿐이고, 1948년 이후, 2구가 더 발견되었으나 1구는 6·25 동란으로 파손되었고 1구는 파괴된 상태로 발견되었다. 그중 하나는 상원사 동종(국보 35호)으로 높이 167cm, 구경 91cm의 대종이다. 종신에는 상하에 견대와 구연대를 돌린 다음, 그 안에는 당초와 반원의 분양대를 돌리고 반원 안에는 1인 내지 4인의 낙천이 양주되었다.

위의 예문은 범종을 설명하기 위한 묘사 예문이다. 즉 이해를 높이기 위해 묘사를 활용한 '묘사적 설명'의 예문이다.

예문 2) 다음의 글은 춘향전의 일부이다. 묘사적 설명인지 일반적 묘사인지 구분해 보자.

중문을 도라보니, 내 손으로 쓴 글자가 '충성 충' 완연터니, '가운데 중'은 어디 가고 '마음 심' 자만 남아 있고, 와룡장자 입춘서는 동남풍에 펄렁펄렁, 이내 수심 도와 낸다.

위의 글 역시 분명히 묘사이지만 이해가 목적인지, 인상이 목적인지 구분해야 한다. 이해를 높이기 위해 묘사를 활용했으면 묘사적 설명이고 감각적 인상을 그려서 대상의 속성을 암시하는 것은 일반적 묘사이다.

즉 이 글은 돌보는 이 없이 퇴락한 모습을 보여줌으로써 주인인 월매가 경황없이 살고 있음을 나타내려 한 것이므로 인상을 강하게 하려는 묘사, 즉 '일반적 묘사'에 해당된다고 하겠다.

② **서사적 설명**은 설명을 위하여 서사를 활용하는 것이다. 사건의 제시에 중점을 두는 것은 '일반적 서사'이며 사건의 전말을 알려서 이해시키려는 것은 '서사적 설명'이다.

따라서 정보 스피치는 스피커의 주관이나 주장이 섞여 있지 않아야 하며 어떤 상황을 알기 쉽게 풀이해서 설명하여야 한다. 그래서 이 정보를 들은 청중은 시비에 대한 의견이나 논쟁거리 또는 깨달음에 의한 새로운 신념이 생기는 것이 아니라 몰랐던 새로운 정보와 지식이 생겨야 한다. 이 점이 바로 설득 스피치와 구별되는 정보제공 스피치의 특징이다. 정보제공 스피치의 특징을 정리하면 다음과 같다.

♠ 정보제공 스피치의 특징

첫째, 객관성을 띠고 있어야 한다. 장보 제공 스피치는 사실의 해명이므로 스피커의 주장이나 느낌, 추측 등이 들어가서는 안 된다.

둘째, 쉬운 말로 표현해야 한다. 즉 청중의 이해를 돕는 것이 정보제공 스피치의 목적이기 때문이다.

셋째, 일정한 순서에 따라 체계적으로 풀이해야 한다. 체계적으로 일관성 있게 전체에서 부분으로, 혹은 부분에서 전체로 일정한 순서에 따라 정보를 제공해 나가야 청중이 잘 이해할 수 있기 때문이다.

넷째, 원칙적으로 서론, 본론, 결론의 3부분으로 구성되어 있다.

〈정보제공 스피치의 구성〉

서론 : 설명할 대상이나 설명 방법, 말을 하는 이유나 동기, 목적 등을 밝힌다. 본론 : 설명할 대상으로 여러 가지 방법으로 자세하게 구체적으로 설명한다. 결론 : 설명한 내용을 간략히 요약하고 마무리하여 정리한다.

2) 정보제공 스피치의 유형

(1) 과정 스피치

과정 스피치란 일의 단계 또는 절차를 다루는 스피치를 말한다. 즉 과정에 대해서 알려줄 때 말로 설명하면서 직접 시범을 보이는 방법과 말로만 설명하는 방법이 있다.

과정 스피치는 시범을 보이면서 말을 하면 청중이 그 과정을 보다 쉽게 이해할 뿐만 아니라 집중해서 듣는다는 이점이 있다. 특히 일상생활 속에서 활용도가 높은 정보라면 가능한 그것을 실생활에 적용할 수 있도록 청중에게 따라해 보게 하면 더 오래 기억할 수 있도록 도와줄 수 있다. 하지만 과정에 대해 정보를 줄 때 언제나 시범을 보일 수 있는 것은 또 아니다.

이렇게 말로만 설명해야 하는 주제라면 그 과정을 청중이 잘 이해하도록 세밀하게 설명을 해주고 힌트를 주어야 한다. 과정에 대해 설명할 때 주의할 점은 다음과 같다.

첫째, 당연해 보이는 것이라도 모든 과정을 다 설명해야 한다. 아무리 당연하고 단순한 내용이라도 청중에 따라서는 다 이해할 수 없다는 것을 알아야 한다.

둘째, 상황에 따라 시각 자료를 활용하면 도움이 된다. 특히 과정이 복잡한 경우에는 시각자료를 활용하면 청중의 이해와 기억력을 도울 수 있다.

셋째, 청중으로 하여금 실제로 따라해 보도록 하면 더 기억에 도움이 된다. 듣거나 보기만 하는 것보다는 청중이 직접 따라해 보면 이해력과 기억력에 큰 도움이 된다(Gregory, 2002). 따라서 말로 설명하면서 시범도 보이고, 또 청중이 참여하도록 하면 스피치 효과가 더 커진다.

넷째, 과정을 천천히 설명하는 것이 좋다. 너무 빠른 속도로 말을 하게 되면 청중은 그 정보를 소화할 시간이 부복하게 된다. 따라서 천천히 이야기하면서 필요한 경우 중요한 내용은 반복하면서 설명해줄 필요가 있다.

(2) 정의 스피치

정의 스피치는 개념의 의미를 명료하게 설명하기 위해서 자주 쓰이는 방법의 스피치를 말한다. 예를 들어 질문을 던지는 것이 바로 일종의 정의를 묻는 것이다. 정의하는 방법은 다음과 같다.

첫째, 사전이나 백과사전 또는 권위 있는 저자의 책이나 논문에 소개된 정의를 사용해서 정의하는 방법으로, '사전적 정의'라고도 부른다. 즉 개념의 속성의 들어서 설명하는 방법이다.

둘째, 설명하고자 하는 개념을 유사한 개념이나 반대되는 개념과 비교하거나 대조하는 방법이다. 설명하고자 하는 것과 비슷하거나 반대되는 경우를 청중이 더 잘 알고 있을 때 이 방법을 사용하는 것이 더 효과적이다.

셋째, 개념의 기능, 역할, 용모 등을 밝혀서 설명하는 방법이다.

넷째, 개념을 구성하고 있는 하위 개념들을 열거해서 그 개념을 설명할 수 있다. 예를 들어 '대중매체란 신문, 잡지, 텔레비전, 라디오 등을 통틀어 일컫는 말이다'라고 정의하는 것이다.

다섯째, 설명하고자 하는 개념을 잘 나타낼 수 있는 적절한 예를 들어 정의할 수 있다.

(3) 묘사 스피치

묘사란 인물, 장소, 대상 또는 사건을 있는 그대로 구체적이고 감각적으로 그림을 그리듯이 표현하는 것을 말한다. 묘사를 잘 하기 위해서는 대상을 정확하고 세부적으로 관찰을 해야 한다.

특히 인물을 효과적으로 묘사하면 스피치가 더 흥미를 끌 수 있다. 그 사람의 용모나 성격, 업적 등을 생생하게 표현함으로써 그 사람의 모습이 청중에게 뚜렷하게 떠오를 수 있다.

(4) 보고 스피치

보고는 사람이나 쟁점, 개념, 상황에 대해 조사하거나 연구한 결과를 청중에게 구두로 발표하는 것을 말한다. 즉 여론조사, 시장조사, 설문조사, 학술조사 등의 결과를 보고하는 것을 들 수 있으며 직장이나 군대에서 자주 하는 짧은 브리핑도 일종의 보고에 해당된다.

보고의 핵심은 자신의 경험을 통해서가 아니라 조사나 연구를 통하여 알아낸 사실을 제시하는 데 있다. 따라서 정보제공의 목적으로 쟁점이 되는 사안에 대해 보고할 때에는 자신의 입장은 배제하고 문제의 본질, 문제에 대한 여론, 해결책 등을 그 내용으로 다루는 것이 좋다.

(5) 강의 스피치

강의란 비교적 긴 시간에 걸쳐서 특정 주제에 대한 지식이나 기술을 청중에게 가르치는 것을 말한다. 강의 내용을 단순히 나열식으로 제시하거나 두서없이 구성하면 청중의 이해를 얻을 수 없다. 따라서 반드시 청중분석에서부터 주제선택, 내용구성, 주요 아이디어 조작법, 개요서 작성, 표현기법, 전달 등과 관련해서 충분히 준비할 필요가 있다.

3) 정보제공 스피치의 방식

정보를 제공할 때에는 주로 분석과 묘사, 분류와 구분, 비교와 대조, 예시, 정의 확인 등의 방식을 활용할 수 있다.

(1) 분석

분석은 사물의 구조를 그 성분에 따라 나누어 밝히는 것으로, 어떤 복합개념을 작은 요소들로 나누어 설명하는 방식이 이 방법으로 설명하고자 할 때 사용된다. 즉 설명 대상이 몇 개의 구성요소를 복수로 지니고 있을 때에만 가능하다. 분석은 어떤 경치나 건물의 구조, 그림이나 사진의 설명뿐만 아니라 논쟁이 될 만한 철학적 문제나 영화 한 편, 그리고 일상생활에서 벌어지는 여러 사건들에 대한 깊이 있는 이해에 큰 도움을 준다.

분석의 유형으로는 기능적 분석과 연대기적 분석, 인과적 분석 3가지로 나눌 수 있다.

① 기능적 분석 : 대상의 각 구성요소가 어떻게 작용하는가에 초점을 맞추어 글을 전개해 나가는 방법이다. 예) 위장이 하는 일

② 연대기적 분석 : 사건이나 과정을 시간적 전후 관계에 따라 전개해 나가는 방법이다.

예) 3·1운동 독립의 발발 경위

③ 인과적 분석 : '이것은 어떠한 원인 때문인가?'와 같은 질문에 대한 답의 형식으로 글을 전개하여 나가는 방법이다. 예) 유전자의 인위적 조작

(2) 비교와 대조

비교와 대조는 설명이 필요한 사항에 대해 그것과 유사하거나 서로 다른 사항을 함께 설명하는 방식이다. 즉 비교가 공통점을 토대로 두 사물을 견주어 설명하는 방법이며 대조는 두 사물의 다른 점을 지적하

여 서로 어떻게 차이가 나는가를 보여주는 설명 방법이다. 따라서 다음과 같은 비교, 대조 표현을 사용하면 청중이 쉽게 이해할 수 있다.

① ~과 같이, ~처럼 : 예) 전 세계의 정부처럼 남아메리카 연방국도 그들의 시민이 높은 수준의 생활을 할 수 있도록 돕는 데 전력하고 있다.

② ~에 비교하다 : 스위스나 네덜란드에 비교하면 프랑스는 매우 큰 나라이다.

③ ~과는 다르게 : 러시아 사람이 어선을 전략적인 정보를 모으는 데 이용하는 것과는 다르게 미국 사람은 상업 선을 오로지 상업적인 용도로만 사용하고 있다.

④ 반면에 : 처음에 낯선 사람들을 만나면 영국인은 그들이 서로 사회적으로 거리가 있다고 느끼는 반면에 미국인은 처음부터 친숙한 표시로 따뜻한 악수나 심지어는 다정한 등 두드림을 하는 경향이 있다.

⑤ 어떤~다른 : 어떤 영국인은 매우 점잖고 뻣뻣하고 형식적이다. 그러나 다른 나라 사람들은 친절하고 포근하게 대해 준다.

⑥ 과 마찬가지로~그러한 식으로 : 정보제공 스피치에서 꼭 필요한 구성요소로 청중을 생각하는 것과 마찬가지로 설득 스피치에서도 청중을 그런 식으로 생각한다.

⑦ 한편 : 청각언어 이론에 의하면 정보란~한편, 인식이론에서는 학생은 다른 관점으로 설명되어져야 한다.

⑧ ~과는 대조적으로 : 독일이 넓은 땅을 농업에 쓰는 것과는 대조적으로 스위스는 낙농을 좁은 지역으로 제한한다.

(3) 예증

예증은 소주제와 관련된 사항을 구체적인 사례로 증명하는 방식이다. 즉 실례로 목격한 일, 옛날에 있었던 역사적 사실, 다른 사람에게 들었던 이야기, 신문 잡지나 일반 도서에서 읽었던 사건 등을 알맞게 제시하여 주제나 소주제를 실증적으로 설명하는 방식이다.

따라서 요점을 명료하게 하는 가장 확실하고 쉬운 방법 중의 하나가 바로 예시이다. 왜냐하면 추상적인 개념보다는 구체적인 것이 이해가 쉽기 때문이다.

(4) 분류

사람은 어떤 사물을 보면 그것에 이름을 붙이는데 이런 행동이 분류를 하는 인간의 습성을 단적으로 보여주는 것이다. 하지만 무작위로 이름을 붙이는 것이 아니고 무질서한 대상에 질서를 부여해서 체계적으로 분류해야 한다. 따라서 분류는 스피치의 주제를 효과적으로 전달하기 위한 방법이다. 즉, 분류를 구성하는 형식은 첫째, 분류의 기준을 잘 정해야 한다. 둘째, 글 전체의 주제 흐름에 맞게 전개를 한다. 셋째, 글의 전개가 끝난 후 주제와 관련해서 글을 마무지지으면 된다.

(5) 정의

정의는 어떤 사물이나 개념의 내용, 성격 등을 명확하게 규정해주는 것을 말한다. 즉 정의를 사용하는 경우는 주제와 관련된 낱말이나 어구에 대한 개념을 분명히 하지 않고서는 다른 논의나 설명이 어려울 때, 혹은 익숙한 말이라 해도 스피커 나름대로 독특한 개념을 제시하고자 할 때 사용할 수 있다. 다만 너무 많이 이용하면 스피치의 전체 흐름이 딱딱해지고 청중들이 지루하게 느낄 수 있다.

2. 정보 스피치의 실행

1) 정보제공 스피치 실행 시 주의사항

(1) 주제를 청중의 흥미나 관심과 관련시킨다

사람은 누구나 자기와 관련된 정보에만 귀를 기울이려는 경향이 있다. 즉 자기의 필요와 관심과 관련된 정보만을 선택적으로 받아들인다.

따라서 청중을 스피치 속으로 끌어들이기 위해서는 청중과도 관련 있는 내용이 필요하지만, 특히 서론이 중요하다. 그래서 스피치의 시작부터 주제가 청중과 상관이 있음을 분명히 알게 하는 것이 중요하다. 즉 스피치의 주제를 정하고 내용을 구상할 때 반드시 청중의 흥미와 관심을 고려해야 한다.

(2) 간결하게 구성한다

청중의 지식수준, 숙련도, 경험 세계에 견주어볼 때 너무 전문적이거나 복잡해서 이해하기 어려운 내용은 삭제하는 것이 좋다. 따라서 상세한 정보는 주되, 너무 장황하게 설명하지 말하는 뜻이다.

예를 들어 여러 개의 주요 아이디어나 세부 아이디어를 다 나열하는 것보다 그중에서 중요한 3~4가지만 소개하는 것이 더 효과적이다. 따라서 스피커는 내용을 간결하게 구성하고 청중이 전혀 모르고 있는 내용이나 다르게 알고 있는 정보를 제공할 때에는 내용 편집에 신경을 써서 준비해야 한다.

(3) 청중의 지식수준에 맞춘다

앞에서도 이미 언급했듯이 청중분석을 통해 먼저 청중의 지식수준을 파악하는 것이 매우 중요하다. 만약 청중이 잘 알고 있는 내용이라면 길게 설명할 필요가 없으며 청중이 잘 모르는 내용이라고 판단되면, 그 내용의 배경 지식에 대해 먼저 설명해 줘야 한다.

(4) 중요한 것을 강조한다

스피치가 끝난 후 청중은 스피치의 전체 내용 중 일부만 기억하고 나머지는 시간이 지나면서 잊어버리게 된다. 따라서 스피치가 끝난 후에도 청중이 꼭 기억했으면 하는 부분을 미리 결정하여 청중에게 중요한 부분을 강조할 필요가 있다.

즉, 정보 간의 우선순위를 고려하여 중요한 정보라고 생각되는 부분에 대해 파워포인트나 실물, 모형, 그림, 차트, 그래픽 등과 같은 시각자료를 활용해서 제시하면 청중은 관련 내용을 더 잘 기억할 수 있게 된다.

2) 자기소개의 원리와 방법

(1) 자기 소개서를 요구하는 이유

① 개인의 성장과정과 학창시절의 생활을 알기 위해서이다.
② 입사하려는 동기와 장래성을 알기 위해서이다.
③ 문장력과 필체를 알기 위해서이다.

(2) 자기를 소개할 항목 정하기

① 성장과정 : 가족 사항, 가풍, 부모님의 직업, 성장과정의 특수한 사항이나 에피소드, 자신의 성격과 개성, 특이한 버릇 등
② 학창생활 : 학교생활에서의 특수한 체험, 동아리 활동, 사회 봉사활동, 대학 전공 선택의 이유, 제일 좋아하는 과목, 선생님과의 관계, 친구와의 관계, 특기 등
③ 일상생활 및 인생관 : 자신의 인생관, 가장 영향을 주었던 인물, 사회인으로서의 마음가짐, 최근에 가장 흥미롭게 하고 있는 일, 가장 인상 깊게 읽은 책 등
④ 지망 동기와 앞으로의 포부 : 기업의 업종이나 특성을 고려하여 기술, 기업에 대한 정보를 바탕으로 업종에 대한 목표나 구체적인 계획, 자신의 적성에 맞는 일, 바람직한 직장 인상 등

(3) 발표 시 유의 사항

① 진실하고 깔끔하며 완벽하게 말한다.
② 자신만이 가지고 있는 장점을 개성적인 문체로 말한다.

③ 소개 내용에 의문을 갖게 해서는 안 된다.

④ 자신을 남에게 소개하는 어조로 말한다.

(4) 자기소개를 요령 있게 하는 방법

① 밝은 목소리로 인사한다.

② 이름을 상대방에게 기억할 수 있도록 한다.

③ 자신을 알린다 : 특기, 성격, 출신, 소속, 취미, 전공, 이 자리에 와 있는 이유, 앞으로의 계획 등

④ 이름을 말하고 끝마무리로 인사를 한다.

10장 성공적인 설득 스피치

10장 성공적인 설득 스피치
1. 설득 스피치의 정의
2. 설득 스피치의 요소
3. 설득 스피치의 유형
4. 설득 스피치의 기본원칙
5. 설득 스피치의 6가지 전략
6. 설득 스피치의 조직기법
7. 성공적인 설득 스피치의 기법

설득은 상대방이 지닌 태도나 신념, 그리고 나아가 그 사람의 가치관을 자신이 원하는 방향과 일치하도록 만드는 데 그 목적이 있다. 상대방의 기존 태도나 신념이 자신이 원하는 방향과 같을 때는 이를 계속 유지할 수 있도록 다시 강화시키고 다를 때에는 같아지도록 그 방향을 바꾸는 것이 설득의 근본 목적이라고 하겠다.

이렇게 설득은 우리의 일상생활, 즉 가장, 학교, 비즈니스, 직장 등에서 보편화되어 있다. 이런 다양한 상황에서 목적한 바를 달성하기 위해서는 상대방을 설득시킬 수 있어야 한다.

즉, 설득 스피치란 청중의 생각, 감정 또는 행동을 변화시키거나 강화시킬 목적으로 행해지는 스피치라고 할 수 있다. 물론 역사적으로 볼 때 공적으로 행해지는 설득 스피치는 인류에게 많은 영향을 미쳤는데 설득 스피치가 다른 사람의 관점뿐만 아니라 삶까지도 바꾸어 놓을 정도로 엄청난 위력이 있다는 것은 여러 가지 사례를 통해 찾아볼 수 있을 것이다.

이렇게 설득 스피치가 다른 여러 가지 스피치 유형과의 근본적인 차이점은 바로 스피커의 목적이다. 즉 앞에서 본 것처럼 정보 스피치는 정보를 제공함으로써 주제에 대한 청중의 이해를 도와 지식이나 정보를 청중과 공유하려는 데 목적이 있는 반면에, 설득 스피치는 스피커가 청중으로 하여금 자신이 의도한 바를 수긍하여 그에 따라 믿거나 행동하게 하려는 데 목적이 있는 것이다. 이런 점에서 설득 스피치의 스피커는 자신의 태도나 믿음, 행동을 옹호하는 역할을 한다고 볼 수 있다.

본 장에서는 설득을 효과적으로 하기 위해 설득의 기본이 되는 개념과 요소, 유형 그리고 설득의 전략을 중심으로 살펴보고자 한다.[29]

1. 설득 스피치의 정의

설득 커뮤니케이션이란 ① 어떤 목적을 가지고 사람들의 태도나 의견 또는 행동 등을 변용시키고자 하는 의도를 지니고 있는 개인이나 집단이, ② 그 목적의 달성을 위하여 언어나 그림 등으로 구성된 '메시지'라는 기호적 자극을, ③ 특정의 매체를 이용하여, ④ 특정 대상의 수용자들에게 전달, ⑤ 그 수용자들로부터 의도했던 반응(효과 즉 태도나 의견 · 행동 등의 변용)을 유발하는 행위 또는 그러한 행

29) 이 부분은 『스피치 커뮤니케이션』(임태섭 저)과 『설득의 심리학』(이현우 역), 『설득 마음을 움직이는 전략』(이순주 역)의 내용을 재정리한 것임.

위의 일련의 과정이라고 할 수 있다.

이러한 설득 커뮤니케이션은 작게는 일상에, 크게는 정치, 경제, 교육, 군사, 종교 등 사회에서 일어나는 모든 일에 중요한 기능을 담당하고 있다. 이처럼 설득 커뮤니케이션은 우리 사회의 모든 분야에서 중요한 기능을 수행하고 있기 때문에 때로는 잘못 이용되거나 또는 의식적으로 악용되면 인류사회에 큰 해악을 초래하기도 하는 것이다. 따라서 우리는 설득 커뮤니케이션에 관한 정확한 지식을 터득할 필요가 있다.

2. 설득 스피치의 요소

설득 커뮤니케이션 현상 전반을 그 과정의 중요 요소에 따라서 커뮤니케이터론, 메시지론, 매체론, 수용자론, 상황론, 효과론 등으로 나눌 수 있다.

1) 커뮤니케이터론

커뮤니케이션에 있어서 커뮤니케이터 또는 정보원이란 다른 개인 또는 집단과 정보를 공유하기 원하는 개인 또는 조직을 말한다. 즉 설득 커뮤니케이션의 효과는 정보원이 누구인가에 따라 크게 달라질 수 있기 때문에 정보원 또는 커뮤니케이터의 역할이 중요하다.

정보원은 화자의 기능에 따라 정보원에 대한 신뢰성 여부가 결정되는데, 이것을 정보원의 공신력이라고 한다. 정보원의 공신력은 크게 두 가지의 속성을 지니고 있다. 그것은 신뢰성과 전문성이다.

먼저 정보원에 대한 신뢰성이란 정보원이 주어진 주제나 이슈에 대해 그 어떤 편견도 가지지 않고, 순수한 동기에서 그 자신의 생각 또는 의견을 솔직하게 제시하고 있다고 수용자들이 지각하고 있는 것을 말한다. 또 정보원에 대한 전문성은 대체로 수용자가 정보원의 교육 정도, 경험, 능력, 업적, 사회적 지위 등과 같이 주어진 주제나 이슈에 대한 그의 지식 또는 식견 등을 기준으로 하여 그 정보원의 전문성을 지각, 판단하게 되는 것을 말한다.

그 외에 정보원의 속성으로 정보원에 대한 매력성을 들 수 있는데, 이것은 수용자들이 정보원에 대해 느끼는 태도라고 할 수 있다. 즉 정보원의 매력성은 크게 신체적 매력과 심리적 매력이 있는데, 신체적 매력은 정보원에 대해 잘 모르고 있을 때 더 효과적이다. 또한 심리적 매력은 여러 가지 복합적 요인에 의해 결정되는데 그 대표적인 결정요인으로 수용자가 정보원에 대해 느끼는 친근감, 유사성(similarity), 애호성(liking)을 들 수 있다.

첫째, 친근감이란 수용자들에게 친근감을 주거나 수용자들이 친근하게 느끼는 정보원의 속성을 말하며, 둘째, 유사성도 심리적 매력을 구성하는 요인으로 사람들은 자신과 비슷하다고 생각하는 사람에 대해 매력을 느끼게 된다. 마지막으로 수용자들은 좋아하는 정보원에 대해 매력을 더 느끼게 되며, 그러한 정보원에 의해 더 설득된다고 한다.

그 밖에 정보원과 관련된 변인으로 카리스마(charisma)를 생각해 볼 수 있다. 이것은 권력적 영향력이나 의견 지도력과 같은 것으로 일반적으로 위대한 인물이나 지도자들이 지니고 있는 권위적 영향력이나 위엄을 가지고 있는 사람들이 다른 사람들을 쉽게 이끌어 나가거나 설복시킬 수 있는 능력을 말한다. 따라서 정보원이 카리스마를 가지고 있다면 수용자의 의견이나 태도 변용에 중요한 영향을 미친다고 볼 수 있을 것이다.

2) 메시지론

메시지란 정보원이 수용자에게 전달하고자 하는 구체적인 정보의 내용 또는 의미라고 할 수 있다. 메시지는 3가지 요소로 구성되어 있다. 첫째, 정보원이 수용자에게 전달하고자 하는 정보나 지식, 감정, 의견 등과 같은 정신적인 메시지 내용(content)이고, 둘째, 이런 정신적인 내용을 수용자에게 전달 가능하도록 언어나 도형, 사진 등으로 기호화해 놓은 메시지 기호(symbol 또는 sign)이며, 셋째, 이런 내용이나 기호들을 수용자에게 효과적으로 전달하기 위하여 이들을 일정한 구조나 체계에 따라 조직, 배열하거나 여러 소구방법으로 사용하여 고안하는 메시지 처리(treatment)를 말한다.

첫째, 메시지 내용은 수용자들에게 전달하고자 하는 정신적 내용으로 정보원의 주장과 그 주장을 뒷받침하기 위한 사실적 정보나 지식, 또는 자신이나 다른 사람들의 의견이나 견해 등의 증거자료 및 보충자료를 말한다. 이러한 메시지 내용 중 주장이나 명제는 사실적 주장, 가치적 주장, 정책적 주장으로 나누어 볼 수 있다.

둘째, 메시지 기호란 대표적인 것으로 언어, 그림, 악보, 몸짓 등을 들 수 있다.

셋째, 메시지 처리란 메시지의 고안 과정에서 그 내용과 기호들을 취사선택하고, 이것들을 수식하고 조직, 배열하는 동시에 여러 가지 방법을 사용하여 그 메시지의 효과를 극대화하는 방법이다.

메시지 처리 방법에는 두 가지 유형이 있는데, 일면적 메시지(one-sided message) 내에서, 그리고 여러 메시지 사이에서의 처리 방법인 양면적 메시지(two-sided message)이다. 논란이 되고 있는 주제의 메시지를 처리할 때 긍정적·부정적 측면을 모두 포함시키는 것을 양면적 조직구조라고 하고 긍정적인 측면만 제시하는 것을 일면적 구조라고 한다.

양면적 조직구조는 교육수준이 높은 수용자, 커뮤니케이터의 주장과 상반되는 태도를 지닌 수용자, 반대쪽 메시지에 노출된 경험이 있는 수용자들에게 효과가 있으며 일면적 조직구조는 교육수준이 낮거나 반대쪽 메시지에 노출된 경험이 없는 수용자에게 효과가 있다. 이런 처리 방법의 효과는 선전이나 홍보, 광고 분야에도 적용되고 있다.

메시지 내용 제시 순서는 메시지 내용의 배열 또는 제시방법에 있어 어떤 방법이 가장 효과적인가와 관련된 것이다. 즉 메시지의 첫 부분에 핵심 주장을 제시하는 것은 '초두효과(primacy effect)'에 바탕을 둔 것으로 이것은 처음에 제시된 정보가 가장 효과적이다. 반면에 메시지 끝에 핵심 주장을 제시하는 것은 '최신효과(recency effect)'에 바탕을 둔 것으로 이는 나중에 제시된 주장이 설득적이라고 가정한다.

따라서 주어진 메시지의 주제와 내용에 대한 수용자들의 관심도가 낮을 경우에는 중요한 내용을 앞부분에 제시하는 역클라이막스형이 가장 효과적이고 수용자들의 관심도가 높을 때에는 클라이막스형, 즉 주요 내용을 메시지의 뒷부분에 가장 효과가 적은 것으로 나타났다.

한편 설득 메시지의 효과에 영향을 미치는 메시지 처리방식의 하나로 결말 제시 구조는 '명확한 제시'와 '암시적 제시'가 있다. 지능이 낮은 수용자에게는 커뮤니케이터가 명확하게 결론을 내려주는 것이 효과적이고, 지능이 높은 수용자에게는 암시적인 결론을 내리는 것이 효과적이다.

3) 매체론

매체(media)란 중간(middle)을 뜻하는 라틴어로부터 파생된 단어로 매체는 둘 이상의 사이에서 중개역할을 하는 것을 말하며 수용자에게 효과적으로 설득하기 위해서는 매체의 특성을 잘 파악해야 한다.

즉, 매체는 대체로 3가지 요소, 즉 ① 메시지를 담는 용기와 ② 용기를 운반하는 운반체, ③ 메시지가 흐르는 통로 또는 유통망으로 구성된 복합체로 구성되어 있다.

① 메시지 용기란 메시지를 실어서 수용자들에게 전달하는 수단을 말하는데 신문, 잡지, 라디오, 텔레비전, 영화, 서적 등을 말한다.

② 메시지 용기 운반체란 음파, 전파, 광파 등의 물리적인 신호(physical signal)를 말한다.

③ 메시지 유통통로로서의 매체란 어떤 메시지나 정보가 한 정보원으로부터 다른 수용자에게 전파되는 통로를 말한다. 즉 채널, 네트워크, 회로(circuits)라고 부른다.

이 3가지 의미를 모두 합한 것을 광의의 매체라고 하는데 이 가운데 일반적으로 매체라고 하면 메시지 용기로서의 매체, 즉 신문이나 방송, 잡지 등을 가리킨다.

매체의 유형별로 설득의 효과를 정리해 보면 다음과 같다.

① 공간적 매체(신문, 잡지 등)와 시간적 매체(라디오, 텔레비전

등) 중에서 설득효과를 비교해 보면, 신문광고와 라디오 광고 중 신문 광고의 내용을 더 많이 기억하고 있다. 이유는 메시지를 읽으면서 많이 사고하기 때문에 기억을 더 오래하는 것으로 나타났다.

하지만 매체와 수용자 특성에 따라 효과가 다르게 나타나기도 한다. 즉 인쇄매체의 경우는 문자로 되어 있어 지식수준이 높고 이성적인 수용자에게 설득력이 높은 반면에 텔레비전과 같은 영상매체는 감성적인 이해가 빠른 수용자들에게 설득력이 더 높다고 할 수 있다.

4) 수용자론

설득 커뮤니케이션에서 수용자(audience)란 커뮤니케이터가 보내는 메시지와 그 밖의 여러 자극을 받게 되는 개인이나 집단으로서 곧 설득의 대상자를 말한다. 설득커뮤니케이션 연구에서 주목받아온 것은 설득 커뮤니케이션 과정에서 자극이 커뮤니케이터로부터 수용자에게 주어지면 수용자가 어떤 과정을 거쳐 그 자극을 처리－수용하는가에 대한 것이다. 또 설득 커뮤니케이션 자극에 대한 수용자의 반응에 영향을 미쳐 결과적으로 설득 커뮤니케이션 효과를 달리 나타나게 하는 중개변인으로서의 선유성향에 대해서도 다양한 요인들이 연구되어 왔다. 즉 호블랜드는 수용자들의 개인차라는 중개변인과 선별적 노출에 따라 정보원에 대한 수용이 다름을 밝혔다. 이것은 신행동주의 심리학의 영향을 받았는데, 즉 '자극(S) → 반응(R)'의 이론이 아니라, '자극(S) → 생물체(O) → 반응(R)'의 관계, 즉 자극(S)과 반응(R) 사이에 수용자(O)가 있다는 관계에서 반응의 속성을 고찰해야 한다는 이론이다.

일반적으로 다양한 수용자의 메시지 처리－수용과정을 종합하여 정리해 보면 '① 주의 → ② 지각 → ③ 이해 → ④ 학습(정보습득) → ⑤ 태도 변용 → ⑥ 파지 → ⑦ 행동적 반응(외적 행동)'의 7단계로 나눌 수 있다. 수용자의 정보처리 과정에 나타난 개념들에 대해 간략하게 살펴보면 다음과 같다.

① 주의(attention)란 외부로부터 들어오는 여러 가지 자극들을 분류해서 선별하는 감각적 작용을 말한다. 한편 인간의 '주의'는 한계적 속성이 있는데 지속 시간상의 한계, 범위의 한계, 강도의 한계를 지닌다. 먼저 지속 시간상의 한계는 인간이 한 사물에 대해 주의를 지속하는 시간은 대개 5~8초라는 한계를 지님을 말하며 범위의 한계란 아무리 머리가 비상해도 8개 이상의 자극에 대해 동시에 주의를 기울일 수 없다는 것이다. 강도의 한계는 주의를 끌기 위해서는 수용자의 감각력을 넘어야 한다는 것이다. 그 외에도 수용자의 생리적 조건이나 흥미, 욕구, 경험, 습관 등의 선유요인들에 의해서도 외적 자극에 대한 주의가 달라진다고 할 수 있다.

② 지각(perception)은 메시지에 대한 해독을 말한다. 수용자들은 자신들이 원하는 것들에 대해서만 선별적 지각 성향을 지닌다. 이것이 밝혀짐으로써 수용자의 본질에 대한 개념이 크게 바뀌었다. 지각에는 여러 가지 속성들이 있는데, 자신이 원하는 것들만 능동적으로 지각하는 선별성, 무수한 외적 자극 중 오직 본질적인 것만을 추출하여 하나의 유의미한 형상이나 형태로 조직해서 지각하는 조직성, 어떤 사물에 대한 지각행동이 일단 정해지면 그것이 쉽게 변하지 않는 안정성, 사물을 단순하게 지각하려고 하는 간결성, 동일한 사물

에 대해서도 그 당시의 주어진 상황이나 개인들의 기대, 동기, 태도, 신념, 가치관 등의 선유요인들로 인해 지각이 달라지는 경향의 피영향성 등을 들 수 있다.

이 밖에 지각에 영향을 미치는 주요 요인들은 외적 환경 및 문화적 배경, 휴머니티, 자아의식, 사회계층, 준거집단 등이 있다.

③ 이해(comprehension)는 주어진 메시지나 정보의 의미를 파악하는 지적 작용을 말한다. 여기서 정보의 의미란 주장 및 결론, 뒷받침해 주고 있는 근거자료들의 내용을 말한다.

이해는 언어적 요인과 수용자 요인으로 나누어진다. 언어적 요인은 어휘적 요인, 문장적 요인, 문체적 요인, 문법적 복잡성으로 나누어진다. 수용자 요인은 수용자의 교육수준, 주어진 메시지의 주제에 대한 과거의 노출 경험, 그리고 주어진 내용의 메시지들을 이해하려는 수용자의 동기에 따라 달라진다.

④ 학습(learning, 정보습득)은 어떤 대상에 대한 수용자의 신념이나 태도가 처음으로 형성되거나 기존의 신념이나 태도가 변화되어 행동에 영향을 미치는 것을 말한다. 학습이론은 크게 자극-반응설, 인지설, 기능주의설로 나누어 볼 수 있다. 자극-반응설은 자극과 반응의 연결을 중시하며 인지설은 학습이 통찰로 이루어진다고 보는 것이다. 또 기능주의설은 두 가지 설의 절충이다.

⑤ 태도 변용(attitude change)이란 설득 커뮤니케이션의 결과로서 야기되는 것으로, 어떤 주제나 이슈에 대해 수용자들이 본래부터 지

니고 있던 기존 태도 그 자체가 변화하는 것뿐만 아니라 기존 태도가 강화되거나 아주 새로운 태도가 형성되는 것을 모두 말한다.

⑥ 파지(retain)란 변용된 태도가 반응을 나타내기도 하고 잠복되었다가 행동으로 나타나는 것을 말한다. 파지에 대해서는 장기적 파지와 단기적 파지가 있다. 또 기억은 감소하고 태도는 증가한다는 견해가 있다. 예를 들면 영화를 보면 내용은 기억하지 못하나 영화에서 주장한 방향으로 행동한다는 것이다. 또 맥과이어는 메시지를 받고 난 직후보다 1주일 뒤에 더 많은 변용이 일어난다고 한다. 이러한 현상을 '반향효과'라고 한다.

⑦ 행동적 반응(외적 행동 : overt behavior)이란 변용된 행동에 따라 즉시 어떤 외적 행동으로 나타나든지 나중에 나타나든지 하는 것을 말한다. 이런 외적 행동에는 태도와 행동의 일치여부가 연구대상인데 일반적으로 태도와 행동은 일치관계를 지니지만, 제3의 요인에 영향을 받는다는 것이다. 이렇게 태도가 수용자 개개인의 행동에 중요한 영향을 미치는 요인이라는 것을 입증한 사례를 보면서 설득 커뮤니케이션에 의해 변용된 수용자의 태도는 대체로 일치하는 외적 행동으로 나타난다고 보는 견해가 우세하다는 것을 알 수 있다.

5) 효과론

설득 커뮤니케이션 효과란 정보원이 전달한 설득 메시지를 통해 수용자로부터 얻은 여러 반응들 가운데 의도했던 반응을 말한다.

메시지에 대한 주의 정도를 측정하는 방법은 첫째, 메시지에 대한 수용자들의 인식의 정도를 가지고 그 메시지에 대한 노출 또는 주의를 측정하는 방법으로 메시지를 수용자들에게 보여주거나 들려준 다음 그 기억을 측정하는 방법이다. 둘째, 수용자들이 회상하는 정도를 가지고 측정하는 방법이다. 이 측정 방법에는 유목적별 회상 방법이 있는데, 예를 들어 의류나 승용차 등과 같이 유목을 제시하고 그에 관한 광고 메시지 중에서 기억나는 것이 있는지를 질문한다. 그리고 기억이 난다면 그것이 어떤 상표에 관한 것인지를 묻거나 다른 상표에 관한 것인지를 질문하여 수용자들이 광고 메시지를 기억하면서도 다른 상표에 관한 것으로 잘못 알고 있는 정도를 알아내어 그것을 통대로 메시지에 대한 수용자들의 주의 정도를 측정하는 것이다.

3. 설득 스피치의 유형

설득 스피치는 논쟁의 가능성이 있는 상황에서 일어난다. 즉 한 가지 사안에 대해 청중이 연사의 주장과 견해가 다르다거나 이의를 제기함으로써 연사의 주장을 받아들이려 하지 않을 때 설득 스피치가 필요하다.

이때 견해의 차이는 찬성과 반대라는 극단적인 입장의 대립으로 나타날 수도 있고 같은 입장이라도 정도의 차이가 있을 수도 있다. 이와 같이 견해가 다를 때 설득이 필요하게 되는 것이다.

1) 사실 스피치

사실 스피치는 참이냐 거짓이냐 또는 그러하냐 아니냐의 차원에서 논쟁을 벌이는 것이다. 예를 들어 다른 혹성에도 인간과 같은 생명체가 존재하는가, 텔레비전의 폭력 장면이 아이들을 폭력적으로 만드는가, 비타민을 일일 권장량대로 섭취하는 것이 건강에 이로운가 하는 주제로 설득 스피치를 할 수 있다, 이때 이러한 물음에 대해 어느 누구도 확실한 대답을 줄 수는 없지만 나름대로 여러 가지 논거나 증거, 추론에 근거해서 가장 가능성 있는 대답을 자신의 주장으로 내세워서 청중을 설득할 수 있다.

2) 가치 스피치

가치 스피치는 특정 대상이나 행동, 믿음을 가치나 합법성, 정당성, 도덕성과 관련지어 청중을 설득하는 스피치를 말한다. 예를 들어 "뚱뚱한 사람에게 2인에 해당하는 비행기 요금을 물리는 것은 부당하다", "비록 헤어지더라도 한 번이라도 사랑해 보는 것이 사랑을 한 번도 하지 않는 것보다 낫다", "환경보호가 경제성장보다 더 중요하다" 등의 문제는 가치 스피치에 속한다. 이때 단순히 주관적이고 즉흥적인 가치판단으로는 상대방을 설득할 수 없다.

3) 정책 스피치

어떤 행동이 바람직한가, 또는 문제를 어떻게 해결하는가, 무엇이 최상의 방안인가에 대한 논쟁은 정책에 대한 의견을 묻는 것이다. 이렇게 행동이나 문제해결과 관련해서 청중을 설득하는 스피치를 정책 스피치라고 한다.

정책 스피치를 통해 스피커는 궁극적으로 청중들로 하여금 자신과 같은 생각을 하거나 자신이 요구하는 행동을 하게 하려는 데 목적이 있다. 그런데 정책 스피치에는 대개 사실 여부와 가치판단에 대한 논의가 함께 이루어진다. 따라서 단일한 주제로 스피치를 하더라도 사실 여부, 가치판단, 그리고 정책의 문제가 함께 다뤄져야 하는데 스피치의 주된 목적에 따라 이 중 한 가지 주장에 초점을 맞춰서 주요 아이디어를 구성하면 된다.

4. 설득 스피치의 기본원칙

1) 증거를 활용한다

자신의 태도가 아무리 강하다고 해도 송신자가 아무리 다른 생각을 갖고 있다고 해도 부인할 수 없는 증거가 제시되면 그의 말을 받아들이게 된다. 따라서 설득을 할 때에는 가용한 모든 증거를 십분 활용해야 한다.

증거란 사실, 구체적인 예, 통계자료, 증언 등 주장을 입증해 주는 자료들을 통칭하는 말이다. 사실이란 실제로 존재하는 것, 실제로 일어난 사건, 그리고 객관적으로 볼 때 진실하다고 인정되는 정보 등을 가리키며 구체적인 예는 어떤 사실이나 개념이 존재한다는 것을 예증할 때 사용하는 것으로 실제로 일어났던 일이나 실례, 현실적으로 일어날 가능성이 있는 일, 즉 가상적인 예 등을 포함한다. 통계자료는 여론조사, 인구조사, 연구조사 등 각종 조사를 통해 얻어낸 수치적·계량적인 자료를 말한다. 증언이란 다른 사람의 말이나 의견을 인용하는 것으로 목격자 증언과 같은 사실 여부에 대한 증언과 전문가 의견, 그리고 여론과 같은 소견 증언이 있다.

2) 공신력을 이용한다

공신력이 설득에 절대적인 영향을 미친다는 사실을 반영하는 것인데 공신력에는 직접 공신력(direct credibility)과 이차 공신력(secondary credibility), 그리고 간접 공신력(indirect credibility)이 있다.

직접 공신력은 송신자 자신이 가진 공신력을 말하며 이차 공신력은 자신이 아닌 제자가 지닌 공신력을 말한다. 이것은 스피치를 할 때 다른 사람의 말도 인용하고 기존의 통계나 자료도 참고하는 것을 의미한다. 이때 그 말이나 자료를 제공한 정보원의 공신력을 이차 공신력이라고 한다.

간접 공신력이란 실제 행동을 통해 간접적으로 보여주는 공신력을 가리킨다.

3) 욕구를 공략한다

설득가는 수용자가 원하는 것이 무엇인지 수용자의 욕구를 파악해야 한다. 수용자의 욕구를 공략하면 예상 외로 쉽게 설득할 수가 있다.

심리학자 매슬로우(Maslow, 1954)에 의하면 인간은 크게 5가지 욕구를 가지고 있다.

① 생리적 욕구

매슬로우가 밝힌 5가지 욕구 중 첫째로 자신의 생명과 종족을 보전하고자 하는 욕구이다.

즉 자신의 생명과 종족을 보전하고자 하는 욕구이다. 이 욕구에는 먹고 자고 쉬고자 하는 욕구와 성적 욕구 등이 포함된다.

② 안전에의 욕구

안전에의 욕구는 폭력, 공포, 걱정, 위해 등으로부터 벗어나 질서 속에서 안녕과 안정을 추구하는 욕구이다.

③ 사랑에의 욕구

사랑에의 욕구는 가까운 사람들과 의미 있는 인간관계를 맺으면서 그들로부터 사랑과 인정을 받고자 하는 욕구이다. 사랑에의 욕구는 사랑을 주는 것과 받는 것 모두를 포함한다.

④ 자존 욕구

넷째는 자존 욕구로 남으로부터 존중받고자 하는 욕구와 자기 스스로를 존중하고자 하는 욕구를 포함한다.

⑤ 자아실현 욕구

다섯 번째로 자아실현 욕구는 여러 가지 제약을 벗어나 완전히 성숙되고 가치 있는 인간으로 성장해 가고자 하는 욕구이다.

매슬로우에 의하면 인간의 욕구는 5가지로 구성이 되는데, 이 욕구는 하위수준에서 상위수준으로 이어진다. 그는 초기에는 가장 하위수준의 욕구가 활성화되므로 특정 행동으로 그 욕구가 채워지면 상위수준의 욕구가 활성화된다고 주장했다. 즉 하위수준의 욕구가 충족되지 못하면 상위수준의 욕구는 활성화되지 않는다는 것이다.

매슬로우는 인간의 욕구를 체계적으로 정리했다는 점에서 많은 찬사를 받았으나 다음과 같은 점들로 인해 비판을 받았다. 첫째 욕구의 위계성에 대한 비판이 많이 제기되었다. 즉 생리적 욕구를 충족시키지 못하더라도 상위의 욕구인 사회적 욕구나 자기실현 욕구를 충족시키려는 경우가 많다는 것이다. 둘째, 성이 단지 생리적 욕구라고만 한정할 수 없다는 비판도 제기되었다. 즉 생리적 욕구가 가장 크겠지만 사회적 욕구에도 해당되며 때로는 사회적 지위 향상을 위해 성을 이용하는 경우도 있다. 이렇게 매슬로우의 모형은 당시 시점에서의 미국적 상황에만 적합하며 위계가 틀릴 수도 있다는 비판도 제기되었다(김완석, 2003).

이처럼 수용자를 설득하려면 수용자의 욕구를 파악해야 쉽게 할 수 있으며, 특히 매슬로우의 5단계 방식으로 해결해 준다면 이들의 마음을 살 수 있을 것이다. 만약 생리적 욕구조차 해결하지 못한 이들에게 자존 욕구나 사회적 욕구를 말한다는 것은 현명한 접근방법이 아닐 것이다.

4) 서두르지 않는다

너무 급하게 수용자를 설득하려고 하면 수용자의 비위를 상하게 하거나 거짓말을 하게 되거나 때 이른 양보를 함으로써 손해를 보게 된다. 따라서 다음 3가지에 주의해야 한다.

첫째, 상대방의 태도를 일시에 바꾸어 놓겠다는 생각에서 그의 잘못을 지적하거나 그의 생각과 반대되는 주장을 전개하면 상대방은 화가 나서 오히려 빗나가게 된다. 따라서 상대에 대한 비난은 삼가며 주장을 펼쳐도 상대방 생각과 유사한 부분에서부터 출발하여 점점 자신의 생각 쪽으로 이동하는 방법을 사용하는 게 좋다.

둘째, 무슨 일이 있어도 '이 자리에서' 설득하겠다는 생각이 있으면 강박관념에 빠져 마음에 없는 말이나 거짓말을 하는 경우가 생길 수 있다. 이런 방법은 단기적으로 볼 때 설득이 성공할 확률이 높을지 몰라도 자신에게 큰 부담감으로 작용하여 거짓이나 왜곡된 사실로 인해 공신력을 크게 잃을 수 있다. 한번 잃은 공신력은 다시 회복하기 어렵기 때문에 진실한 마음으로 수용자를 설득하는 것이 중요하다.

셋째, 설득을 서두르다 보면 어떤 대가를 치르더라도 반드시 성공해야겠다는 생각을 하게 된다. 그러면 불필요하게 많은 양보를 하게 되어 막상 설득에 성공하더라도 별로 남는 게 없는 상황에 처할 수도 있다. 따라서 설득을 할 때에는 서두르지 말고 한 걸음 한 걸음 상대방에게 다가가겠다는 생각을 하는 것이 좋다.

5) 이야기 준비과정

① 이야기를 통해 주장하려는 논제를 확실히 정한다

내가 무엇을 원하는지를 스스로에게 물어서 논제를 정확히 정할 필요가 있다. 브레이크의 결함으로 가장을 잃은 가족에게 정의를 실현해 주고 싶다면, 그럴 경우 논제는 제조회사의 욕심이 내 의뢰인의 죽음에 책임이 있다는 것이 될 수 있다. 따라서 논증의 핵심 즉, 논제를 통해 우리가 얻고자 하는 바를 얻을 수 있다.

② 이야기를 짜기 전에 간단한 질문부터 써본다

이야기를 준비할 때 항상 다음과 같은 간단한 질문부터 시작해 본다.

- 원하는 것이 정확히 무엇인가?
- 주장하려는 논제는 무엇인가?
- 왜 원하는 것을 얻어야 하는가? 이 논제를 뒷받침할 수 있는 어떤 사실, 이유, 정의가 있는가?
- 마지막으로 가장 잘 할 수 있는 '이야기'는 무엇인가?

③ 생각나는 대로 적어본다

현재의 직업에 불만이 있어 직업을 바꾸려 한다고 가정해 보자. 이때 "내가 원하는 것이 무엇인가?"라고 자문해볼 수 있다. 이때 논제는 무엇이 될지 생각나는 대로 적어보는 것으로 시작한다.

④ 사실 조사하기

자기가 주변 사람들에게 하고 싶은 말을 하기 전에 가장 먼저 해야 할 일이 바로 하고자 하는 내용에 대한 정보 및 사실을 많이 알아두어야 한다. 이것은 대화를 준비하는 과정으로 필요한 요소들에 대한 자료를 찾아보는 것이다.

⑤ 전체에서 알짜 고르기

사실을 익혀 감에 따라 사실을 기록해 두어야 한다. 때로는 상관없이 보이는 생각들도 기록해 두면 총체적 생각이라는 자신이 되고 또 거기에서부터 알짜를 얻을 수 있다.

⑥ 요약과 개요 정리하기

적어둔 것을 검토해 본다. 이때 적합하지 않은 것은 버리고 아이디어를 재정리해서 요약해 둔다.

예를 들어, 나는 보다 만족스러운 방법으로 내 삶을 살 권리가 있다.(논제)

-지금 있는 곳에서는 행복하지 않다.

-인생은 치약 튜브 같다.

-매일 아침 조금씩 짜진다.

-곧 나 자신을 낭비하고,

-텅 비게 된다.

⑦ 선택의 이면, 기회비용을 생각한다

내가 하고 싶은 일을 하기 위해 다른 것을 포기해야 하는 가치, 즉 기회비용은 어떻게 되는지 미리 예측해 본다.

5. 설득 스피치의 6가지 전략

1) 상호성의 원칙

'주고받기, 그리고 받기'라는 상호성의 원칙은 인간관계를 유지하기 위한 필수법칙이다. 호의를 베풀고 호의를 받는 가운데 서로간의 신뢰성이 형성되기 때문이다.

일반적으로 우리는 호의를 되갚을 수 없을 때 그 호의를 거절한다. 왜냐하면 상대방의 정신적 부담으로부터 벗어나기 위해서이다. 이러한 생각을 극복하기 위해서 고안한 것이 '일보 후퇴, 이보 전진'이라고 불리는 '양보작전'이 있다. 예를 들면 세일즈맨은 판매 요구를 거절당하면 다음과 같이 대응한다. "지금 당장 책을 구입할 수 없으시다면 선생님의 친구 몇 분이라도 소개시켜 주시지요. 이 책을 구입하는 데는 이처럼 좋은 기회는 좀처럼 다시 오지 않습니다." 그러면 우리는 몇 사람을 추천해 주는 경향이 많다. 즉 설득자의 양보가 '선심'으로 작용하여 상대방도 이에 대한 보답으로 설득자의 요구에 응해 준다.

다음 단계는 '대조작전'이 있다. 이 작전은 학생들이 용돈으로 2만 원이 필요한 경우에 5만 원을 부모에게 요구하는 전략이다. 부모님이 5만 원이 많다고 거절하면 실망한 표정을 짓다가 2만 원만 달라고 하면 부모님이 흔쾌히 주신다. 이것은 감당하기 쉬운 첫 요구와 현실적인 최종 요구를 비교해 볼 때, 최종 요구를 수용하는 것이 이롭기 때문이다. 이 작전에 말려든 피설득자는 '자신이 이익을 본다'는 착각 속에서 설득자의 최종안을 수용하게 되는 것이다. 하지만 우리는 '일보 후퇴, 이보 전진' 작전을 너무 많이 사용해서는 안 된다. 자주 사용하면 전략가라는 인상을 주기 때문이다.

이렇게 상호성의 법칙에는 긍정과 부정이 있기에 지금까지 이것에 대응할 수 있는 '양보작전'과 '대조작전'을 살펴보았다. 우리는 이제 상호성의 힘을 무력화시킬 수 있는 적절한 대응책을 마련해야 한다. 상대가 주는 선물이 호의인지, 아니면 술책인지, 즉 순수한 동기에서 선물을 하고 있는지, 아니면 계획된 행동인지를 구분할 줄 알아야 한다.

2) 일관성의 원칙

일관성이란 일단 어떤 입장을 취하게 되면 그 결정에 대해 일관된 태도를 갖는 것을 말한다. 이 원칙은 우리가 지금까지 해왔던 것처럼 일관되게 행동하고자 하는 맹목적인 욕구를 포함하고 있다. 이러한 욕구의 이면에는 두 가지 측면의 생각이 자리 잡고 있다.

우리 사회는 일관된 행동에 대해 높은 가치를 부여하고 있다. 그래서 교육수준이 높은 사람들일수록 일관성의 논리를 중시하는 경향이 많다. 또 일단 현안을 결정하고 나면 그 결정을 고수하여 정신적 에너지를 허비하고 싶지 않을 것이다.

한편 자발적인 태도변화를 유도하는 방법으로 '개입의 효과'를 이용한다. 이 개입(commitment)은 일단 상대방이 간단한 개입을 하게 되면, 나중에는 점차 그 개입의 정도가 강해져서 결국 일관성의 법칙에 휘말리게 되는 것이다. 예를 들어 자선단체들은 처음에 간단한 인터뷰에 응하게 해서 그 사람을 개입시킨다. 결국 나중에는 전 재산을 모두 헌금하게 설득한다. 즉 '문전걸치기 기법'이라고도 한다. 피설득자로 하여금 자신의 평소 신념이나 태도에 어긋난 행동을 하게 함으로써 비일관성으로 인한 심리적 부조화를 점차 해소하도록 하는 방법이다.

또 다른 방법은 약속을 하게하고 이를 지키도록 압박하는 방법인 '미끼기법'이 있다. 이 기법은 피설득자로 하여금 미리 '사주겠다, 도와주겠다, 그렇게 하겠다'는 식의 언약을 받아놓고, 다음 단계에서 이 빚을 갚으라고 독촉하는 방식이다. 미끼기법은 주로 자동차 판매나 장난감 판매 등에 자주 활용된다. 예컨대, 장난감 회사에서 크리스마스 한두 달 전에 광고를 하고 그 물량을 조금만 내보낸다. 크리스마스가 되었다. 장난감을 사주겠다고 약속한 부모들이 광고한 그 모델이 품절이 되었다는 말을 듣고 어쩔 수 없이 다른 장난감을 사준다. 장난감 회사에서 비수기가 되자 비축해 두었던 그 물건을 유통시킨다. 그 광고 모델 장난감이 가게에 나오면 아이들의 독촉 때문에 부모들은 또 장난감을 사줄 수밖에 없게 된다. 장난감 회사는 이런 방법으로 장난감을 비수기에 하나 더 팔게 되고, 반면에 부모들은 장난감을 하나 더 사주게 되는 상황이 생긴다.

3) 사회적 증거의 원칙

세일즈맨들은 '모두, 아무개의 집, 이 동네 전부, 쫘악, 싸악' 등의 의미가 애매한 용어를 활용하여 상대방이 '옆집도 앞집도 뒷집도 모두 산 것이구나, 그럼 나도' 하는 심리가 되도록 유도한다. 이것은 경쟁심을 유도하는 것으로 사회적 증거의 원칙을 이용한 세일즈맨의 화법이다.

다른 사람들이 하는 대로 행동화하려는 경향, 이것은 다수를 따라 가려는 사회적 증거의 원칙이다. 로버트 씨는 "사람들의 95%는 모방자이며 오직 5%만이 창조자이다. 사람들은 판매원들의 어떠한 판매술보다도 다른 사람들의 행동을 보며 더 쉽게 설득을 당한다"라고 말하였다. 사회과학자들이 이 증거의 원칙을 다양하게 사용하며 광고주들도 이 원칙을 사용한다. 즉 평범한 사람들을 광고의 모델로 활용하여 유사성의 조건을 맞춘다.

이것은 수많은 사람이 위기에 처해 있는 사람을 구조하지 않고 방관만 하는 것을 잘 알 수 있다. 한 연구결과에 따르면 위기에 처해 있을 때 행인 한 사람만 있다면 85%가 구조를, 행인 다섯 사람이 있을 때는 31%만이 구조를 받았다고 한다. 위기의 상황일 때 사람들은 침착한 표정관리를 하면서 사회적 증거를 찾기 때문이다. 따라서 군중 앞에서 위기를 당하면 다수가 필요한 것이 아니라 한 사람이 필요한 것이다.

4) 호감의 원칙

호감의 원칙은 우리가 좋아하는 사람뿐만 아니라 전혀 낯선 사람에게도 적용된다. 즉 당신이 상대에게 호감이 가는 시선을 보내면 그 사람은 편하게 될 것이다. 설득 전문가들은 이 호감의 원칙을 이용하여 다양한 설득 전략을 세우고 세일즈맨들은 우정의 고리를 사용하여 물건을 판다.

호감의 원칙 중에서 자주 사용하는 것이 바로 유사성 조작과 칭찬법 그리고 친밀성이다.

유사성을 조작한 한 연구에 따르면, 전쟁에 반대하는 데모에 참가하고 있는 사람에게 어떤 사람이 청원서를 요청하자 요청을 받은 사람이 요청자의 옷차림이 자신의 옷차림과 비슷한 것을 보고는 청원서의 내용을 읽어보지도 않고 바로 서명해 주었다는 것이다.

또 칭찬법을 조작한 한 연구자는 '엿듣기 기법'을 활용하였다. 이 연구에 따르면 처음부터 칭찬만 하는 것보다는 단점을 한두 가지 말한 뒤 계속 칭찬하는 것이 더욱 긍정적인 평가를 받는다는 것이다. 친밀성에 대한 한 연구에서는 사진을 가지고 실험을 했는데, 한 장은 원 모습이고, 다른 한 장은 대칭의 모습으로 만들어 당사자와 친구에게 한 장씩 선택하게 하였다고 한다. 그 결과 당사자는 대칭적인 사진을 고르고, 친구는 원 모습의 사진을 선택하더라는 것이다. 그 이유는 당사자는 거울에 익숙한 모습을 선택했고, 친구는 평소에 보던 익숙한 모습을 선택한 것이다.

5) 권위의 원칙

사람들은 권위에 복종하는 경향이 있다. 명령이 잘못된 것인 줄도 모르고 습관적으로 권위에 굴복한다.

밀그램이라는 심리학자는 사람은 권위를 갖춘 자가 명령하면 다른 사람을 죽일 수도 있을 만큼 권위에 복종한다는 사실을 실험을 통해 확인했다. 권위의 상징물로는 직함과 옷차림, 고급 자동차 등이 있다.

예를 들면, 간호사는 의사의 지시에 기계적으로 복종하는 현상이 있다. 그 이유는 의사라는 권위에 맹목적으로 복종하는 사회적 조작으로 형성된 것이다. 예컨대 미국 중서부 지역의 여러 병원의 22개의 다양한 간호 병동에 전화를 받은 간호사에게 특정 병실의 환자에게 20mg 분량의 아스트로젠이라는 약을 투여하라고 지시했다. 의사의 지시에 간호사들은 의심을 가져야 할 충분한 이유가 최소한 4가지가 존재했다. ① 환자에 대한 처방을 전화로 지시한 것, ② 아스트로젠이란 약은 완전하게 검증되지 않은 약으로 간호사 병동에 배치되지 않은 상태, ③ 하루 최대 투입량이 10mg이라고 약병에 쓰여 있음, ④ 처방 지시를 내린 의사는 간호사가 전혀 만나본 적이 없는 정체불명의 의사, 이렇게 의사가 명백히 잘못된 지시를 하고 있음에도 불구하고 95%가 넘는 간호사들이 주저 없이 의사의 지시를 따르려고 했다.

따라서 권위에 대항하는 자기방어 전략이 필요하다. 즉 권위자의 전문성을 검증해야 하며 우리가 믿고 있는 전문가를 한번 검증해 보는 일도 필요하다.

6) 희귀성의 원칙

희귀성의 원리는 금지된 것을 더욱 원하게 되어 결국 그것이 더욱 가치 있는 것이 되고 있는 사회현상에도 나타난다. '얼마 없습니다'와 같은 한정판매(소비자에게 어느 상품의 물량이 부족하기 때문에 오래 가지 않아 떨어질 것이라고 말하는 방식)라든지, '이제 곧 끝납니다'와 같은 시간제한(시간이 얼마 없다는 이유로 기존에 별 관심이 없던 그 일을 사람들에게 하도록 만드는 방법)으로 사람들에게 상실에 대한 두려움을 일으켜 그 특권을 되찾기 위해 행동하게 만드는 것이다.

우리는 희귀성의 원칙에 속아 필요 없는 물건을 자주 구매하여 과

소비하는 경우는 없는지 돌아볼 필요가 있다.

이런 희귀성 원칙에 대항하는 자기방어 전략으로 첫째, 흥분하지 말 것, 둘째, 득실을 냉정히 따져보아야 한다. 즉 희귀성의 영향력에 따라 어떤 대상에 대한 강렬한 감정적 반응이 느껴지면 오히려 우리는 그것을 신호삼아 우리의 감정을 진정시키려고 노력해야 하며, 그 대상을 원했던 최초의 이유가 무엇인가에 대한 질문을 던져야 한다.

NOTE : 타파웨어 파티(Tupperware party)에 활용되는 설득 전략

1. 간단한 게임을 통해 상품을 받는다 : 상호성의 법칙
2. 타파웨어 제품을 사용한 경험이 있는 사람들은 공개적으로 제품의 우수성에 대해 이야기한다 : 일관성의 법칙
3. 타파웨어 구매가 시작되면 자기와 비슷한 주부들이 제품을 구입하여 사용하고 있다는 사회적 증거를 활용한다 : 사회적 증거의 법칙
4. 파티를 주관한 매력 있는 친구 같은 이웃집 주부가 제품 구입 신청서에 서명을 하게 한다 : 호감의 법칙(최양호, 2006)

6. 설득 스피치의 조직기법

정보제공이 청중에게 단지 '이해'를 요구한다면, 설득의 스피치는 청중의 태도나 행동이 바뀌거나 강화되기를 원한다. 이처럼 설득 스피치는 성격에 따라 목적이 다르기 때문에 설득 스피치를 하기 위해서는 다음과 같은 단계를 거쳐야 한다.

성공적인 설득 스피치를 하려면 먼저 청중에게 '동기부여'를 하고, '자극적인 호소'를 통하여 '상대방 설득'이라는 단계를 밟아야 한다.

1) 동기부여

설득자는 청중의 필요와 그들이 원하는 것을 파악하여 그들에게 태도나 행동을 이끌 만한 동기를 부여해야 한다.

2) 자극적인 호소

자극적인 호소를 잘 하기 위해서 자신을 세일즈맨이라고 생각하고 끊임없이 자신을 팔아본다. 가족에게, 친구에게, 이웃에게, 아는 사람에게, 그리고 세상 사람에게 우리의 인성, 지식, 생각, 희망, 계획 등을 팔아본다.

설득은 하나의 예술이다. 붓이나 펜보다는 언어를 사용하는 창조적인 기술이다. 따라서 상대방을 설득시키기 위해서는 끊임없이 자기 자신을 팔아본다.

3) 상대방 설득 단계

자극적인 호소를 한 뒤 상대방을 설득시킨다. 즉 '몸무게를 줄이거나 인슐린을 복용하시오'라고 권하고 최근에는 혈당을 낮출 수 있는 광선이 개발되어 이 병에 대한 각성만 하면 치료받을 수 있음을 알린다. 끝으로 할머니는 당뇨병으로 돌아가셨지만 내 동생은 최신의 기계와 약으로 치료를 받고 있음을 알린다.

몇 가지 보편적으로 자극을 줄 수 있는 호소 방법이 있는데 그 주제에 따라 대인관계, 성취, 권력으로 나눌 수 있다. 대인관계는 사랑,

의지, 연민, 친절, 존경 등을 포함하고, 성취는 성공, 모험, 창조, 개인적인 희락 등과 관계가 있다. 권위는 권위, 우월, 공격 등 다른 사람에게 영향을 발휘하는 것과 관련된다. 따라서 각 유형에 맞게 자극적인 호소를 해야 상대방을 설득하는 데 효과가 있다.

7. 성공적인 설득 스피치의 기법

1) 미소작전

미소 짓는 사람이 최후로 웃듯이 사람은 자기를 좋아하는 사람을 싫어하기 어렵다. 미소작전(liking principle)은 이런 사람들의 심리를 이용하는 것이다. 즉 청중 또는 설득 대상에게 나는 당신을 좋아하고 있다는 메시지를 보냄으로써 그들의 호감을 사는 작전이다. 설득에 성공하려면 우선 상대방의 호감을 사도록 해야 한다. 미소작전은 단기적인 효과보다는 장기적인 효과가 더 탁월하다. 따라서 평소에 친근하고 친절하게 미소 지을 수 있도록 노력해야 한다.

2) 선심작전(Reciprocation principle)

앞에서 살펴본 것처럼 우리 사회에는 상호성의 원칙, 즉 다른 사람이 내게 잘해 주면 이에 보답해야 한다는 원칙이 있다. 선심작전은 상대방에게 미리 선심을 베풀어 빚졌다는 느낌을 갖게 한 다음, 때가 왔을 때 그로부터 도움을 요청하는 기법이다. 따라서 선심작전은 여러 측면에서 효과적인 설득기법이라고 할 수 있다. 즉 조그만

선심을 베풀고도 큰 보답을 받아낼 수도 있다.

3) 양보작전(Door in the face)

양보작전은 다단계 작전으로 처음에는 상대방이 받아들이기 힘든 커다란 요구를 하고 이를 거부할 때 한 발 양보하는 척하며 보다 작고 현실적인 요구를 제시하는 작전이다. 양보작전을 쓸 때는 첫 요구의 크기를 잘 결정해야 한다. 첫 요구와 최종요구 사이의 차이가 크면 클수록 더 많은 양보를 한 것으로 여겨지기 때문에 상대방이 느끼는 의무감도 더 커져서 최종요구안을 수용할 가능성도 그만큼 높아진다. 그러나 첫 요구가 터무니없다고 느껴지면 상대방이 아예 흥미를 잃게 되기 때문에 설득은 실패로 돌아가고 만다.

4) 침투작전(Foot-in-the-door)

침투작전 또는 미끼기법은 양보작전과 정반대의 전략을 사용하는 다단계 설득기법이다. 이 작전은 처음에는 대수롭지 않은 작은 요구를 하여 이를 수락케 한 다음 점차 요구의 크기를 늘려나간다.(Freedman & Fraser, 1966) 예를 들어 자선기금을 모으는 경우 처음부터 큰돈을 기부하도록 유도하기보다 '단돈 천 원이라도 좋습니다'라는 식으로 일단 참여를 유도한 다음, 이에 참여한 사람들을 대상으로 차후에 더 많은 돈을 희사하도록 설득해 나가는 것이 효과적이다. 이 전략은 대수롭지 않은 첫 요구를 수락한 사람들에게 접근하여 그들 스스로 '나도 저 사람들 중의 하나'라는 생각이 들도록 자기설득(self-persuasion)을 시키는 과정이다.

5) 일관성 심리 이용기법

일관성이란 두 개 이상의 요소가 서로 일치하는 정도를 말한다. 사람은 말과 말 사이의 일관성, 말과 행동 사이의 일관성, 태도나 신념 사이의 일관성, 그리고 태도나 신념과 행동 사이의 일관성이 유지되어야 마음이 편하다. 특히 교육수준이 높고 아는 것이 많은 사람일수록 일관성을 유지하려는 욕구가 강하다. 그래서 스스로 똑똑하다고 생각하는 사람들을 설득할 때는 이런 일관성 심리를 이용하는 것이 좋다.

6) 사회적 증거의 법칙(Social proof principle)

성공 사례 작전 또는 사회적 증거의 법칙은 모방심리와 안전운행 심리를 이용하는 작전이다. 이 법칙은 특별히 주어진 상황에서 우리 행동의 옳고 그름은 다른 사람들이 얼마나 많이 우리와 행동을 같이 하느냐에 의해 결정된다고 주장한다. 일반적으로 다수의 행동이 올바르다고 인정하기 때문이다. 특히 어떻게 해야 할지 또 어떤 물건을 사야 할지에 대한 확실한 아이디어가 없는 사람일수록 남이 하는 대로 따라하는 경향이 강하다. 따라서 이런 사람들을 설득할 때는 그와 비슷한 처지에 있는 다른 사람이나 그가 모델로 삼을 만한 이들이 채택하고 있다는 것을 강조하면 설득이 좀 더 쉽게 된다.

7) 권위활용기법

이미 앞에서 밝혔듯이 설득 스피치의 6가지 전략 중 권위의 법칙과 같이 우리는 어려서부터 부모님의 권위와 선생님의 권위에 복종하도록 훈련받아 거의 맹목적으로 복종하는 경향이 있다.

밀그램(Stanley Milgram)이라는 미국 심리학자의 실험에 의하면 사람들은 권위를 갖춘 자가 명령을 한다면 다른 사람을 죽일 수도 있을 정도라고 한다. 따라서 권위를 설득에 활용하는 것도 좋은 방법이 될 수 있다. 권위를 이용하는 방법은 자신의 공신력이나 다른 권위 있는 사람의 공신력을 이용하는 직접적인 방법과 직책이나 복장 또는 소유물을 통해 자신이 권위 있는 사람이라는 것을 보여줌으로써 피설득자를 압박하는 간접적인 방법이 있다.

8) 동기화기법(Appeal to motivation)

동기화기법은 청중의 욕구를 이용하는 설득기법이다. 이것은 청중이 무엇을 원하고 있는가를 파악하여 '내 말을 따라야만' 이를 무난히 성취할 수 있다고 충고하는 방식이다. 예를 들어 경제발전을 원하는 유권자들에게 'A 후보는 경제에 대해 해박한 지식을 갖고 있으므로 그가 대통령이 되면 우리 경제가 발전하게 될 것'이라고 하면서 A 후보에 대해 지지를 호소하는 것이 바로 동기화기법이다. 동기화기법에 이용되는 대표적인 욕구들은 앞에서 밝힌 4. 설득의 기본원칙 중 심리학자 매슬로우(Maslow, 1954)에 의해 밝혀진 인간의 5가지 욕구를 참조하기 바란다.

9) 공포소구

공포소구는 동기화기법 중의 하나로 상대방의 두려움을 소구의 대상으로 삼는 방법이다. 즉 상대방의 마음속에 공포를 일으켜 놓고 이러한 상황이 발생하지 않기 위해서는 지금 추천대로 따라야 한다고 주장하는 방법이다. 공포소구의 초기 연구자들은 공포를 너무 많이 주면 오히려 역효과가 날 수 있기 때문에 적당히 공포소구를 이용하는 것이 바람직하다고 주장하였다(Janis & Feshbach, 1953). 그러나 보다 최근에 이뤄진 연구에 따르면 지금 추천하는 것을 따르지 않으면 두려운 상황에 빠질 것이 확실하지만 그것을 따르기만 하면 전혀 위험이 없다는 보장이 있는 한, 공포는 많은 주면 줄수록 설득효과가 높다고 한다(Leventhal, 1970; Petty & Cacioppo, 1981).

10) 체면의식기법

우리나라 사람들은 살아가면서 체면에 많은 신경을 쓴다. 체면이 우리 생활에서 차지하는 비중이 높기 때문에 우리는 체면에 관한 한 서로 민감하게 반응하게 되는 것이다. 한국인의 체면은 체신, 인품, 품위, 역량, 성숙이라는 다섯 가지 요소로 구성되어 있다(임태섭, 1994).

체면의식도 가지고 있는 동기의 하나이므로 이를 활용하는 기법은 동기화기법 중의 하나이다.

따라서 체면의 세세한 측면을 나타내는 말들 가운데서 적절한 것을 골라 사용하면 사람을 쉽게 설득할 수 있다. 예를 들어 '다른 사람들에게 품위 있게 보이려면, 규범적인 사람이라면, 혹은 경우 바른 사람이라면 이렇게 할 것이다'라고 충고하면 된다.

11) 면역기법 : 자신의 약점을 숨기지 말 것

설득 상황에서는 설득에 유리한 정보만을 알려줘야 한다고 생각하는 사람들이 많다. 자신이나 자사 제품의 단점, 또는 경쟁자가 경쟁사의 장점을 밝히는 것은 설득에 도움이 되지 않을뿐더러 오히려 설득에 방해가 된다고 생각한다. 그러나 자신이 알리지 않아도 누군가의 입을 통해 퍼져나가게 되어 있다. 따라서 알려질 사실이라면 자기 입으로 알리는 것이 좋다. 왜냐하면 스스로 이야기하면 자신의 단점이나 상대의 장점을 자기 쪽에 유리하게 묘사할 수 있기 때문이다.

11장 토의 및 토론 스피치

1. 토의 스피치

1) 토의(discussion)의 개념

토의란 두 사람 이상이 모여 집단적 사고 과정을 거쳐 어떤 문제의 해결을 시도하는 논의방식을 말한다. 즉 다양한 문제를 제시한 후 이 방법의 해결을 모색할 수 있는 것이다. 그래서 토의는 문제에 대한 가장 좋은 해답을 가능하게 해준다.

따라서 토의의 목적은 토의 참가자들이 각기 다른 의견이나 생각의 교환으로 협동적인 사고를 함으로써 특정 문제에 대해 공통의 해결안에 도달하는 데 있다. 이때 토의에서 가장 중요한 것은 토의 참가자들이 협동적 사고를 통한 문제해결이다. 그러므로 토의를 할 때 사회자는 토의 참가자 전원이 적극적으로 참여할 수 있도록 분위기를 만들고 유도할 수 있어야 한다.

따라서 토의에서 진행자는 다음과 같은 역할을 수행해야 한다.

* 토의 전에 할 일

① 많은 자료를 모아 참석자들에게 나누어준다.

② 토의장이나 좌석을 준비해야 한다.

③ 시간을 알려 준다.

④ 많은 사람과 만나 주제에 대해 이야기를 나눈다.

* 토의의 진행

① 간단한 인사를 한다.

② 참석자들을 소개한다.

③ 토의의 목적을 미리 밝혀 전체적인 방향의 흐름을 잡아준다.

④ 이야기 중간에 토의 내용을 조금씩 정리해 주어 토의 내용 흐름에 신경을 써야 한다.

⑤ 토의내용을 요약하고 토의내용을 일목요연하게 정리하여 말해 준다.

⑥ 참석자 전원이 밝은 전망과 희망 있는 여운을 갖도록 정리하는 것이 좋다.

2) 토의의 절차

(1) 문제제시

먼저 진행자가 토의할 문제를 제시해 준다. 예를 들어 한 주제가 있으면 토의를 해야 하는 이유나 필요성을 참석자 전원에게 전달하여 문제에 대한 공감대를 먼저 조성할 필요가 있다.

(2) 문제분석

문제의 의미를 분석하는 단계인데, 토의 주제에 대한 다양한 면을 검토하여 문제의 핵심이 무엇인지, 또 그 문제를 해결하기 위하여 어떤 식으로 접근해야 할지 그 방안에 대해 정한다.

(3) 의견 제시

문제에 대한 분석이 끝난 뒤 의견을 서로 제시한다. 토의 참석자들은 추상적이거나 막연한 의견을 지양하고 합당한 근거나 필연적인 이유를 들어 구체적인 의견을 나눌 수 있도록 노력해야 한다.

(4) 최선의 해결안 선택

① 제시된 해결책들 중에서 비슷한 점과 차이점은 무엇인가?

② 다양한 해결책이 어떻게 그 문제를 충족시킬 수 있는가?

③ 더 깊이 생각해볼 때 어떤 해결책을 간직하고 어떤 것을 버려야 할까?

④ 어떤 해결책이 최종적으로 정해졌는가?

(5) 입증된 해결책 시행 방법 결정

① 계획을 실행하는 데 무엇이 필요한지, 또 다른 행동을 요구하는지 살펴본다.

② 언제, 어디서 그 해결책이 효과를 나타내는지 의논한다.

③ 이런 것을 다시 생각해 보고 최종안을 결정한다.

3) 토의의 종류

(1) 원탁토의

원탁토의는 10명 내외의 사람들이 모여 순서에 구애되지 않고 자유롭게 어떤 주제에 대해 토의를 진행하는 말하기 방식이다. 원탁토의는 자유롭게 상호관심사에 대한 의견을 나누기 때문에 보통 사회자는 정하지 않지만 이런 자유스러움 때문에 참가자들이 전문적인 지식이 없거나 토의기술이 부족한 경우 토의 자체가 흐트러질 우려가 있어 의장을 정하기도 한다.

흔히 우리가 볼 수 있는 좌담회나 정상회담, 여야정당대표회담 등이 여기에 속한다.

원탁토의를 효율적으로 진행하기 위한 5단계를 제시하면 다음과 같다.

* 1단계 : 문제설정 → 2단계 : 문제조사 → 3단계 : 문제해결안 도출 → 4단계 : 해결안 평가 → 5단계 : 해결안 실행

(2) 포럼

포럼은 원래 재판이나 공적 문제에 대해 공개 토의를 하는 공고의 광장을 말한다. 어떤 문제에 대해 직접적으로 관련이 있는 사람들이 모여 공개적으로 토의하는 것이기에 심포지엄과는 달리 처음부터 청중의 참여로 이루어지는 토의이다.

따라서 보통 전문지식을 가진 사람이 하나 혹은 두 명이 연단 위에서 강연한 뒤 청중이 질문하거나 의견을 말하는 것으로 진행된다. 이때 사회자가 질문과 대답을 적절히 조절 및 결론을 내린다. 성공적인 포럼 진행을 위해 다음의 사항에 주의해야 한다.

* 주최자의 의향에 따라 청중의 종류와 범위를 정한다.
* 주제는 시기와 그 단체에 적합한 것을 선택해야 한다,
* 연사는 해당 분야의 전문지식을 가지고 있어야 하며 친절한 성격의 소유자가 좋다.
* 사회자 역할이 중요하다. 따라서 연사의 이야기를 정리하고 질문을 유도하는 능력, 토의 분위기를 부드럽게 유지할 수 있어야 한다.
* 청중에게도 미리 준비하여 참여할 수 있도록 참고서적 등을 알려줘야 한다.

(3) 패널

패널은 배심식 토의라고도 하는데 특정 문제를 해결하거나 해명하려는 목적으로 그 문제에 특별히 관심이 있거나 경험이 있는 사람을 배심원으로 뽑아 청중 앞에서 의견을 제시하게 해서 그것을 바탕으로 공동토의를 진행하는 방식이다.

따라서 패널은 새로운 것을 알기보다는 이견을 조정하는 수단으로 자주 쓰이기 때문에 정치적 문제나 시사문제를 해결하는 데 적당하다.

패널은 배심원의 역할이 중요하기 때문에 배심원이 유의할 사항을 정리하면 다음과 같다.

* 미리 논제의 범위 방향 등에 대해 상의해서 그 윤곽을 알아야 한다.

* 말은 짧고 명확하게 한다.

* 상대방을 공격하는 토론 어투가 아니고 자기 의견을 개진하는 어투로 말해야 한다.

* 청중의 질문은 다 같이 들어야 하며 질문에 대한 대답은 짧고 간결하게 제시해야 한다.

(4) 심포지엄(symposium)

심포지엄은 학문적인 주제에 대해 전문가 3~5명이 강연식으로 주제 발표를 한 뒤, 청중도 질의 응답형식을 통해 참가하는 방식의 토의를 말한다. 따라서 심포지엄은 어떤 논제에 대해 찬성과 반대를 가리는 것이 아니고 그 논제에 대해 여러 각도의 의견을 발표하는 것이 주된 목적이다.

따라서 청중은 심포지엄을 통하여 그 문제에 대한 전문적이고 권위 있는 설명을 들을 수 있고 사회자는 연사에 대한 소개와 발언 내용을 요약·정리하여 청중의 이해를 도와야 하기 때문에 그 분야의 전문가가 맡는 것이 좋다.

심포지엄에 있어서 사회자 역할은 다음과 같다.

* 사회자는 논제를 잘 분석하여 미리 전문적인 연구자에게 할당해야 한다.

* 청중에게도 미리 논제 내용과 참고서적을 알려준다.

* 발표자의 범위를 미리 정한다.

* 먼저 발표한 사람과의 관련을 잘 갖도록 한다.

* 발표자의 이야기를 잘 요약, 정리하여 서로의 관계 및 문제의 소재를 제시해 준다.

* 연사로 하여금 발표 시간을 지키도록 유도하며 발표 도중에도 시간 경과를 알려주고 시간이 지나면 이야기를 중단할 수 있도록 진행해야 한다.

* 연사의 발표가 끝난 뒤 청중에게도 발언을 제시한다. 단 청중의 발언시간은 1분 이내로 한다.

* 전체 이야기의 줄거리를 정리·요약하여 토의의 의의를 분명하게 제시해 준다(이시은, 2004).

질문을 잘 하기 위해 필요한 지침
1. 미리 질문사항은 준비해 둔다. 질문사항은 발표자가 참가자들에게 정확하게 대답할 수 있는 질문들로 구성하는 것이 좋다. 2. 질문은 명확하고 간결하게 한다. 3. 특정인에게 질문을 할 때에는 질문에 답할 발표자 이름을 먼저 호명하고 나서 질문을 한다. 왜냐하면 호명한 발표자가 질문사항에 집중할 수 있도록 배려하는 것이다. 4. 질문을 한 뒤에는 발표자에게 생각할 시간을 주어야 한다. 왜냐하면 발표자들은 질문을 분석하고 대답을 생각해야 하기 때문이다. 또 발표자는 적절한 단어를 사용하고, 질문자가 이해하기 쉽도록 대답을 말한다. 5. 질문자는 본인이 질문한 내용에 대해 관심이 있음을 진심으로 보여야 한다. 6. 사회자는 다양하고 많은 사람들이 질문할 수 있도록 유도해야 한다.

피해야 할 질문
1. 일반적으로 '예', '아니오'로 대답할 수 있는 질문을 피하는 것이 좋다. 2. 대답하기 어려운 질문이나 인신공격, 빈정거림과 같은 질문을 피해야 한다. 3. 사적인 질문도 피해야 한다. 4. 유도하는 식의 질문도 피해야 한다.

2. 토론 스피치

1) 토론(debate)의 개념

토론은 의사결정 방법으로 주목받고 있는데 고대 그리스 아네테의 아고라(Agora) 광장에서 그 기원을 찾을 수 있다. 아고라 광장에서는 아테네 시민들이 모여 그 당시 주요 정치적·사회적 쟁점들에 대해 의견을 나누고 토론을 벌이곤 했다. 이때 토론은 "긍정과 부정, 정(正)과 반(反)의 대립을 전제로 하는 논쟁"이라고 정의될 수 있다. 영미권에서도 의사소통 교육의 방법으로 토론이라 하면 일반적으로 'debate'를 많이 사용한다. debate라 하면 주어진 형식에 따라 논제를 정해 두고 찬성과 반대 입장에서 토론을 함으로써 의사표현의 기회를 균등히 가지며 형식과 절차를 중시하는 의사소통 교육에 적합한 형태이다. 우리말의 토론의 의미 또한 어원적으로는 debate와 유사한 면을 찾을 수 있다.

전영우 교수는 '토론을 잘 하는 법'에서 토론을 "한 가지 논제에 대해 긍정하는 쪽과 부정하는 쪽으로 나뉘어 양측이 논의"를 하는 과정으로 정의하고 있다. 다시 말해 토론은 정해진 규칙에 따라 긍정(찬성)과 부정(반대)으로 대응하는 두 팀 간에 주어진 논제에 대해서 논거에 의한 주장과 검증을 거듭하여 의논을 되풀이함으로써 이성적 판단을 내리는 과정이라 하겠다. 따라서 토론(debate)의 개념을 정리하면, 주어진 논제에 대해 일정한 형식과 절차에 따라 찬성과 반대의견을 가진 사람 혹은 둘이 각자 자신의 의견을 합리적으로 주장하여 상대방과 청중을 설득하는 행위이다.

이렇게 토론은 어떤 문제에 대해 찬성과 반대의 상반된 의견을 가진 사람들이 모여서 하는 논쟁이다. 즉 어떤 사상이나 문제에 대해 입장이 다른 사람들이 모여서 각기 상대방의 논거가 부당함을 말하고 자신의 주장을 논리적으로 전개함으로써 상대방을 설득시키고자 하는 말하기 형식이다. 여기에서 문제라는 말은 잘못된 일, 사고, 장애 등과 같이 부정적인 사안에만 한정되는 것이 아니라 한 집단에 부과된 모든 일을 포함하는 것이다.

예를 들어 "보신탕은 없어져야 하는가"라는 논제에 대해 "그렇다"라고 보는 입장과 "그렇지 않다"라고 보는 상반된 견해가 있을 수 있다. 이런 상반된 생각을 가진 사람들이 모여 자신의 견해가 더 타당함을 주장하여 상대방을 설득하는 것이다.

토론이 토의와 마찬가지로 의견의 일치에 도달하고자 하는 것은 동일하지만 토의가 더 좋은 결과를 얻어내고자 하는 협동적 말하기라면, 토론은 상대방의 주장을 논파하려는 의도가 있다는 점에서 큰 차이가 있다.

따라서 토론은 상대방의 지적에 대해 논리적으로 반박을 해야지 감정을 앞세우거나 논리적 뒷받침이 없는 억지 주장을 강조해서는 안 된다. 또 토론을 마칠 때에는 어떤 방식이든지 판정이 내려져야 한다.

한편 토론에서는 사회자의 역할이 중요하다. 즉 사회자는 토론 참가자들의 행위를 인도해야 하며 행동을 통제하고 토론의 주제 속으로 안내해야 한다. 또 참여를 유도하고 때로는 강압을 사용하기도 한다. 사회자의 역할이 제대로 수행되지 못하면 토론이 길거리의 말싸움과 비슷해질 경우가 생긴다. 따라서 사회자는 중간적인 입장에서 토론의 방향을 요령 있게 잘 이끌어 나가야 토론의 목적을 달성할 수 있다.

토론에서의 사회자가 해야 할 일
1. 토론 준비 토론장소나 토론 참가자의 좌석을 미리 정해서 토론의 진행에 만전을 기한다. 즉 토론의 성격과 목적이 부합되게 적절한 장소를 선택하고 토론이 잘 진행되도록 좌석 배치를 한 후 참가자들에게 알려 주어야 한다. 2. 토론의 시작 토론이 시작되면 문제를 소개한다. 토론이 시작되면 토론의 진행이 잘 이루어질 수 있도록 토론의 줄기를 잡아준다. 3. 토론 진행 양방의 주장이 대립할 경우에는 논점을 간결하게 정리하여 참가자들에게 알려주어 주의를 새롭게 환기시켜 준다. 또한 발언을 정리해 주기도 하며 참여자의 발언 내용이 어렵거나 불분명할 경우에는 내용을 이해하기 쉽게 제언해 주어야 한다. 4. 토론 끝맺음 제시된 해결책에 대해 다른 사람의 평가를 요구하며 참여자들이 의견과 해결책을 제시하면 필요한 경우 종합해서 정리한다.

2) 토론과 의사소통 교육

토론은 자신의 주장에 관한 반대나 비판에 대해 개방적이며 적극적으로 대처하고 반대의견에 대한 오류를 지적할 때 자신의 주장은 더 강해진다. 이런 점에서 토론은 의사소통 교육의 중요한 수단이 될 수 있다.

따라서 토론은 다음과 같은 교육효과가 있다.

첫째, 토론은 비판적 사고력을 함양한다. 현명한 의사결정은 비판적 사고력으로부터 나온다. 비판적 사고란 주어진 주장에 관해 합리적 결정을 내리는 과정이다. 의사결정은 정확한 증거나 합리적이고 타당한 추론에 근거한 판단이어야 한다. 즉, 토론은 질의와 응답을 하는 형식으로 진행되는데 질의와 응답과정에서 비판적 사고는 필수적이다. 따라서 토론을 통해 자신의 주장에 대한 오류를 교정해가며 주어진 논제에 대한 정확하고 구체적인 이해를 증진하게 된다.

둘째, 토론은 의사소통 능력을 길러준다. 방대한 자료를 갖고 명료하게 입론을 구성하거나 질문과 반박에서 즉흥적인 반론을 제시해야 하기 때문에 자료를 체계적으로 정리하는 습관을 갖게 된다. 또 자기의 주장을 전개하는 과정에서 목소리, 눈 맞춤, 자세와 동작은 물론 얼굴표정까지 청중이나 심사자들이 어떻게 받아들일 것인가를 점검함으로써 자신의 의사소통 능력을 함양할 수 있다.

셋째, 토론은 직접 얼굴을 대하고 말하는 상호작용이며 글쓰기 교육에도 도움이 된다. 따라서 자신의 주장을 강하게 하기 위해 명확하고 간결하며 설득력 있는 어휘나 구절에 대한 감각을 익히게 된다.

넷째, 토론은 지식을 통합하는 방법을 함양한다. 주어진 논제에 대해 찬성 혹은 반대 어느 입장이건 자기의 주장의 논거를 전개하는 훈련을 함으로써 지식의 통합을 가져온다.

다섯째, 비판적 듣기 능력도 향상시킨다. 교차질문은 몇 분간의 상대방 발언 사이에 만들어지며 이에 대한 응답도 이때 이루어지기 때문에 즉각적인 순발력을 요구한다.

여섯째, 토론은 합리적인 절차와 형식에 따라 토론학습을 함으로써 민주적 의사과정과 절차를 존중하는 소양을 기르게 된다. 자신의 주장에 대해 검증과 반박을 받을 준비 자세를 가짐으로써 민주 시민으로서 성숙한 자질을 길러준다.

일곱째, 토론의 논제들은 공동체의 현안으로 이루어져 있어 공동체에 대한 이해와 관심을 넓히게 된다.

3) 토론의 절차

토론은 어떤 문제에 대해 적극적으로 긍정하는 사람과 부정하는 사람이 자기주장을 전개하여 상대방뿐만 아니라 청중까지 자기의 의견에 공감하게 하는 것을 목적으로 한다. 따라서 각 토론자에게는 자신의 견해를 주장할 수 있는 기회가 고르게 제공되어야 한다. 그러므로 토론의 규칙을 잘 지켜야 한다. 각각의 방식에 따라 다소간의 차이가 있을 수 있지만 대체로 다음과 같은 과정을 거치면서 진행된다.

첫째, 먼저 쟁점이 되는 논제를 설정한다. 논제는 대립되는 논점이 있어야 하며 일관된 주장을 담고 있는 것이 좋다. 즉, 논지의 대립이 있어야 하는데 보통 정책명제(-해야 한다)나 사실에 관한 것(-이다,-인가)으로, 각기 주장하는 바는 하나로 한정하는 것이 좋다.

예를 들어, “신세대 문화는 퇴폐적이다”, “자율학습은 폐지되어야 한다”, “교복은 자율화되어야 한다”, “낙태는 전면 금지되어야 한다”, “조기 교육 과연 좋은가”와 같은 것이 있을 수 있다.

둘째, 논제가 결정되면 토론 참가자는 각각 자신의 주장(찬성과 반대)을 제시한다. 정해진 논거에 대해 토론 참가자는 사실자료 및 소견자료, 통계자료 등 자신의 주장을 뒷받침할 수 있는 논리적인 근거나 합리적인 이유를 들어 이야기를 한다.

한편 토론에서는 무조건 자기주장만을 해서는 안 되며 상대방의 주장 중에서 합당한 부분은 인정할 줄 아는 자세도 필요함을 기억해야 한다.

셋째, 사회자는 토론의 내용을 요약하고 정리해 준다. 이를 바탕으로 어느 쪽의 주장이 더 타당한지 나름대로 판단하게 된다. 청중은 토론자의 설득력, 주장의 일관성, 그리고 제시된 자료의 정확성, 발표 태도 등을 판단 기준으로 삼게 된다.

4) 토론의 유형

토론은 참가하는 인원 및 유형에 따라 2인 토론형식과 직파 토론, 반대 신문식 토론이 있다.

(1) 2인 토론형식

2인 토론은 사회자의 중재에 의해 찬반의 주장을 가지는 두 사람이 벌이는 말하기를 뜻한다.

① 목적 : 짧은 시간에 간단하게 한쪽을 선택하고자 한다.

② 형식 : 두 명의 토론자와 한 명의 사회자로 진행된다.

③ 방법 : 시간 할당은 한 사람당 15분간으로 주어진다. 긍정자가

10분간 자기주장을 말하고 부정자는 다음 15분간 긍정자의 주장을 논리적으로 논박하면서 자신의 주장으로 끝을 맺는다. 그리고 긍정자가 다시 5분간 논박하고 자기의 주장을 재강조하여 끝을 맺는다.

이 형식은 학교 수업시간에 알맞은 길이로서 토론이 끝난 뒤에 다시 토론하고 질의 응답할 수 있는 시간의 여지가 있다.

(2) 직파토론(直破討論)

직파토론은 논의 영역의 핵심을 발견하고 토론시간을 논쟁점에 집중시키는 것으로 두세 사람이 짝을 이루어 진행한다. 동일 범주의 여러 가지 안건을 대상으로 하여 안건 하나하나를 그때그때 해결해 나간다. 보통 2인조가 되어 진행하기 때문에 2인조 토론이라고도 한다.

직파토론에서는 사회자가 토론을 중단할 수 있는 권한을 가지고 있는 것이 특징이다. 또 직파토론은 논쟁되는 주제의 세부사항들을 하나씩 풀어가는 방식이기 때문에 한 주제에 대한 토론이 어느 정도 결론점이 나왔다고 판단되면 다음 주제로 넘어가는데 이 과정에서 사회자는 한 주제의 토론을 종결시킬 수 있다.

① 목적 : 논의 핵심을 발견하고 논쟁점에 집중시킨다.

② 형식 : 두 사람 또는 세 사람이 짝을 이루어 대항한다.

③ 방식 : 2인조일 경우에는 다음과 같다.

<시간이 50분일 때>

* 제1긍정자 : 주장, 용어의 범위를 한정하고 긍정적 주장의 논거를 제시한다. (10분간)

* 제1부정자 : 제1긍정자의 내용을 반박하고 부정적인 주장의 논거를 제시한다. (10분간)
* 제2긍정자 : 제1부정자의 논박과 긍정 주장에 대해 보완한다. (10분간)
* 제2부정자 : 부정적 반박과 주장에 대해 보완한다. (10분간)

(3) 반대 신문식 토론

반대 신문식 토론은 일반적인 토론의 형식에 법정에서 보이는 신문 형식을 첨가한 것을 말한다. 이런 형태는 주로 청문회에서 찾아볼 수 있다. 실제 법정에서와 같은 구속력은 없지만 질문을 받는 쪽에서 상대편의 질문에 대해 자신의 입장을 방어하지 못하게 되면 자신의 주장을 철회하게 되는 방식으로 토론이 진행된다. 따라서 이 토론은 무엇보다 참가자의 능력이 요구된다고 하겠다.

또한 반대 신문식 토론은 청중에게 흥미가 있고 토론자에게는 더욱 충분한 준비를 요구하고 논박도 세밀한 것이 특징이다. 일반 토론 속에 법정에서 행해지는 반대 신문을 추가한 것으로 대체로 유능한 토론자들에게 효과적인 토론이다. 그렇지 않은 미성숙자가 토론에 임할 때에는 인신공격에 빠지기 쉽다.

① 목적 : 청중의 관심을 적극적으로 유발한다.

② 형식 : 토론의 법정에서 행하는 신문을 첨가한다.

③ 방법

-긍정자 : 주장과 의견을 발표한다. (10분간)

-부정자 : 긍정자에게 반대 신문한다. (5분간)

-청중 : 긍정자에 대한 청중의 질문을 한다. (5분간)

-부정자 : 자기의 주장을 한다. (10분간)

-긍정자 : 부정자에 대한 반대 신문한다. (5분간)

-청중 : 부정자에 대한 청중의 질문을 한다. (5분간)

-부정자의 답변(3분간), 긍정자의 답변 (3분간)

-신문은 '예', '아니오'의 답변을 유도한다.

이렇게 토론이 이루어지기 위해서는 토론에 참가하게 되는 부정 측과 긍정 측이 동일한 조건을 가져야 한다. 참가인원 수가 동일하거나 발언의 시간을 제한하고 동등하게 배분하는 것과 같은 엄격한 규정이 필요한 것이 바로 토론이라고 할 수 있겠다.

그 외 토론에서의 심사기준은 다음과 같다.

① 설득력, ② 시종 일관성을 보이는지, ③ 결론이 뚜렷한가? ④ 상대편의 토론을 논파하고 있는가? ⑤ 자료의 정확성, ⑥ 시간과 횟수의 규칙, 의사법 등을 범하지 않는가? ⑦ 발성과 용어, 태도 등이 적당한가? 등에 대하여 심사의 기준으로 삼는다.

5) 토론의 형식

Key Point : 토론의 주요 용어 정의

• CEDA(Cross Examination Debate Association) **형식**
정책토론의 가장 보편적인 형태로 현재 미국의 대학 간 토론 대회에서 가장 널리 사용되고 있는 토론형식이다. 찬·반 혹은 긍정·부정 양 팀은 각각 두 사람으로 구성되며 토론자 개개인은 각각 세 번의 발언 기회를 갖게 된다. 즉, 각각 한 번씩의 입론과 반박, 그리고 한 번씩의 교차 조사를 하게 되는 토론방식이다.

• **플로차트**
플로차트는 CEDA 형식의 토론이 전개되는 상황을 단계별로 보여주는 흐름이다. 즉, 토론이 진행되는 동안 주장, 논박, 수용의 흐름을 철저히 분석할 수 있게 해주는 장점이 있다.

• **링컨-더글러스 토론(Lincoin-Douglas Debate)형식**
링컨-더글러스 토론은 가치토론의 가장 대표적인 형식이다. CEDA와는 달리 이 토론 형식은 가치평가의 대상 규정, 주요평가 개념 정의, 평가항목과 기준 설정, 가치구조의 설정과 정당화 등을 필수쟁점으로 삼는다.

• **의회 토론(Parliamentary Debate)형식**
1820년대에 생긴 옥스퍼드와 캠브리지의 학생회가 행하던 토론형식에 기초를 둔 것으로, 영국 의회의 특징을 반영한다. 보통 한 쪽 팀에 두 사람이 참여하며 그중 한 사람(수상과 야당 당수)이 각각 두 번의 발언 기회를 갖고 다른 한 사람(여당 의원과 야당 의원)이 한 번의 발언 기회를 갖는 것이 보편적 형태이다. 그러나 세 명의 토론자가 참여하여 각각 한 번씩의 발언기회를 갖는 형식도 가능하다.

• **칼 포퍼 토론(Karl Popper Debate)형식**
칼 포퍼 토론은 철학자 칼 포퍼의 이념에 기초를 두고 1994년에 만들어진 토론방식이다. 주로 고등학생들에게 비판적 사고, 자기표현 그리고 다른 의견에 대한 관용의 자세를 길러주기 위해 만들어진 것으로 세 명이 한 팀을 이루어 각 팀이 한 번의 입론과 두 번의 반론을 하며 마지막 반론을 제외하고는 매 스피치마다 교차조사가 진행되는 토론방식이다.

6) CEDA 형식

위에서 언급한 토론형식 중에서 정책토론의 가장 보편적인 형태인 CEDA(Cross Examination Debate Association) 방식에 대해 살펴보고자 한다.

1947년 이래로 미국의 전국토론대회의 방식에 토론자들 간의 교차 질문을 가미하여 토론자들 간의 직접적인 의사소통을 강조하는 토론형식으로 발전된 것이다. 현재 CEDA 방식의 구조는 미국의 대학 간 토론 대회에서 가장 널리 사용되고 있는 토론형식이다. 주로 논제와 관련된 자료조사와 제기된 주장을 뒷받침할 수 있는 증거 제시에 큰 비중을 두고 있으며 각 팀은 두 사람으로 구성되고 토론자 개개인은 입론, 교차조사, 반박의 총 3번 발언 기회를 가진다.

다음은 CEDA 형식의 구성을 발언자 순으로 보여주는 것이다.

① 긍정 측 1 입론

논제에 등장하는 주요 개념들 정의, 논제가 등장한 배경이나 역사, 논제의 현상 및 문제에 관한 분석을 명시하며 자신의 주장을 펼친다.

② 부정 측 2 교차조사

상대방 논리상에 나타나는 문제를 부각시킬 수 있는 심문과정이다. 따라서 상대방 입론에서 주장한 내용만을 가지고 상대방의 논리적 허점, 오류 등을 부각시킴으로써 토론을 유리하게 이끌어야 한다.

③ 부정 측 1 입론

토론을 생산적으로 만드는 데 아주 중요한 역할을 한다. 즉, 교차조사에서 드러난 논리적인 문제들을 중심으로 긍정 측이 제시한 개념의 정의, 역사, 현황 등의 문제점들을 적극적으로 개진해야 한다.

④ 긍정 측 1 교차조사

2에서 제시한 것과 긍정 측, 부정 측의 역할을 바꾸면 동일한 형태이다. 즉, 부정 측의 주장 중에서 증거가 불충분하다고 판단되거나 나중에 문제 삼을 부분에 대해 부정 측의 분명한 입장을 들어볼 수 있는 기회로 삼아야 한다.

⑤ 긍정 측 2 입론

첫 번째 입론자의 논제정의, 역사, 배경 등은 제시할 필요가 없다. 따라서 교차조사에 드러난 부정 측 주장의 논리적 허점이 무엇인지를 지적하면서, 첫 번째 입론자가 하지 못한 나머지 주장을 설득력 있게 제시하면 된다.

㉮ 부정 측 첫 번째 입론자의 주장을 논리적으로 재논박

㉯ 긍정 측 첫 번째 토론자의 입론 가운데 부정 측에 의해 논박되지 않은 내용을 정리함.

㉰ 추가적인 근거나 자료를 통해 이 문제에 관한 긍정 측의 첫 번째 입론을 보강

⑥ 부정 측 1 교차조사

2번에서 제시한 방법에서 긍정 측, 부정 측의 역할을 바꾸면 동일하다.

⑦ 부정 측 2 입론

자기 편 첫 번째 토론자의 입론 중 긍정 측에 의해 논박되지 않은 것들을 정리하고 직전의 교차조사에서 드러난 긍정 측 주장의 논리적 오류나 문제점들을 지적한다. 따라서 이 시간대를 통해 부정 측은 집중적으로 긍정 측의 주장을 공략할 수 있다.

⑧ 긍정 측 2 교차조사

위 2에서 제시한 긍정 측, 부정 측의 역할을 바꾸면 동일하다.

⑨ 부정 측 1 반박

앞서의 자기 편 두 번째 토론자가 미처 다 다루지 못한 부정 측의 처음 주장에 대한 긍정 측의 답변을 다시 공격하게 된다.

⑩ 긍정 측 1 반박

부정 측이 제시한 모든 주된 주장을 효과적으로 반박해야만 한다.

⑪ 부정 측 2 반박

부정 측의 마지막 발언 기회이다. 따라서 긍정 측 주장의 허점을 명료하게 요약하고 부정 측이 제시한 대체 방안을 효과적으로 요약해야 한다. 그래서 부정 측이 왜 토론에서 승리했는지 그 이유를 말하면 된다.

⑫ 긍정 측 2 반박

전체 토론의 마지막 스피치이다. 따라서 긍정 측 2는 부정 측 토론자가 입론에서 제시한 논리와 반박한 내용을 중심으로 다시 부정 측의 필수쟁점이 모두 성공적으로 방어되었다는 점을 확인시키면 된다.

⑬ 준비시간

준비시간은 양 팀에게 동등하게 주어진다. 필요 시 심사위원에게 준비시간을 요청할 수 있는데 각각의 발언 기회 사이에만 이루어질 수 있으며 자신이 속한 팀이 다음 순서에서 발언권을 갖고 있는 경우여야 한다. 이 준비시간을 잘 사용하여 자기 팀의 대응전략을 강구할 수 있어야 한다.

팀당 10분으로 제한 또는 1분 단위로 자유롭게 나누어 쓸 수도 있으며, 2/3/5 또는 1/2/3/4 등으로 사전에 정해 놓은 단위로 쓰게 하는 방법 중 하나를 선택하면 된다.

3. 토론 내용의 구성

1) 긍정 측의 입론 내용구성 방법

(1) 주요 용어 개념 및 문제의 역사적 배경과 이념적·철학적 근거

① 주요 용어 및 개념 : 용어 정의의 방법을 결정, 사례를 통한 정의, 권위나 인용을 통한 정의, 어원에 의한 정의

② 역사적·이념적·철학적 배경 : 논제가 포함하고 있는 이념적 철학적 근거 점검

(2) 정당화/당위성

① 중요성 : 논제가 제시한 사안이 충분히 중요하다.

② 심각성 : 문제가 현저하고 명백히 존재하며, 조치를 취하지 않으면 심각한 폐해 낳는다.

③ 즉시성 : 문제에 대한 즉각적 관심을 기울여야 한다.

④ 지속성 : 문제가 스스로 해결되지 않으며 문제는 조치를 취하지 않으면 지속된다.

(3) 방안

① 실행가능성 : 긍정 측－인적자원, 물적자원, 자연자원, 사회제도, 사회적 인식 및 가치, 변화대상의 의지를 바꾸어 놓을 수 있는 방안을 가진다.

② 해결성 : 긍정 측 방안으로 문제는 해결될 것이며 명확한 결과를 공동체에 가져올 것이다.

(4) 이익과 부작용

긍정 측이 제시한 방안은 확연한 이익을 가져올 것임을 강조한다. 즉, 부작용을 점검하며 부작용이 있을 수 있지만 이익이 더 큼을 강조한다.

2) 부정 측 입론 내용구성 방법

(1) 부정 측 주요 용어 개념 및 이념적·철학적 근거

① 주요 용어 및 개념 : 부정 측에 유리한 용어나 개념정의의 방법을 결정

② 역사적·이념적·철학적 배경 : 논제가 포함하고 있는 이념적·철학적 근거의 취약점 점검

(2) 정당화, 당위성에 대한 부정

① 중요성 : 긍정 측이 제시한 주장은 충분히 중요하지 않다.

② 심각성 : 문제가 있지만 심각하지 않다.

③ 즉시성 : 문제에 있지만 지금 조치를 취하지 않아도 된다.

④ 지속성 : 문제가 줄어들 수도 있다.

(3) 방안에 대한 부정

① 실행 가능성 : 부정 측(긍정 측의 방안의 실효성을 점검, 반박 제기 가능)

i) 인적 자원 부족하다, ii) 물적자원이 부족하다, iii) 자연자원이 부족하다, iv) 법적사회 제도가 방안을 실천하기에 미비하다, v) 긍정 측 방안은 그럴 듯하지만 사회적 인식이나 가치가 변화하기에는 아직 이르다, vi) 긍정 측 방안은 변화대상의 의지를 바꾸어 놓을 수 없다.

② 해결성 : 긍정 측 방안으로 문제는 해결가능성이 희박하다. 혹은 해결가능성이 확실하지 않다.

(4) 이익과 부작용

긍정 측이 제시한 방안은 이익을 가져올 수도 있지만 부작용이 더 크다. 긍정 측 이익을 강조하는 주장에 인과관계가 결여되어 있다.

(5) 부분개선

부분개선을 부정 측이 먼저 제시한다면 논제관련성을 위배할 위험을 갖고 있으며, 이후(필요 시) 토론은 긍정 측이 유리하게 전개될 수 있다. 따라서 부정 측은 부분개선이 논제가 제시하는 방향과 반드시 일치하지 않지만 현 상태의 문제를 해결하는 최소의 방법이며 가장 효율적인 방안이라는 것을 입증해야 한다.

(6) 대체 방안

부정 측이 대체방안을 제시한다면 이는 논제가 밝힌 문제를 인정하는 것으로 대립토론(필요 시)의 원칙을 위배하는 위험을 안고 있다. 부정 측 대체방안이 긍정 측 방안보다 나은 것이며 대체방안은 긍정 측 방안과 함께 채택하는 것보다 완전히 대체하는 것이 낫다는 것을 입증해야 한다.

3) 교차조사 내용구성 방법

(1) 교차조사 시 질문 요령

① 토론의 윤리를 지킨다－질의응답 과정에서 흥분하지 말아야 한다.

② 공격을 하되 질의 점잖게 한다－비아냥거리는 어구나 발언은 삼간다.

③ 인신 공격성 발언은 삼간다.

④ 질의는 상대의 자료를 단순 공격하는 것이 아니다.

-상대주장의 전제, 권위, 사실, 인용 등의 허점을 공격하는 것임.

⑤ 상대방이 결정적으로 짧게 대답하는 경우를 제외하고는 개방형질문은 삼간다.

-(어떻게 생각하세요?)

⑥ 질문의 목적은 심사자들・청중의 판단에 도움이 되도록 한다.

⑦ 상대의 대답을 추정할 수 있는 질문으로 구성한다.

⑧ 질문자는 교차조사 시간을 주도하고 있어야 한다.

⑨ 전체 질문의 흐름을 전략적으로 구성해야 한다.

⑩ 논리적으로 결론에 도달할 수 있게 한다.

⑪ 짧고 단순한 어구나 문장으로 구성해야 한다.

⑫ 질문은 상대의 허약한 부분을 공략하는 것이다.

(2) 교차조사 답변 요령

① 감정조절을 잘 한다. 얼굴이 붉어지거나 약한 한숨소리 등 비언어적 행위 절제해야 한다.

② 여유를 가진다. 입론시간에 대답을 보완하거나 반박시간에 자신의 입장 보완 가능하다.

③ 대답 과정에서 말을 돌리면서 시간을 끄는 전략은 피한다.

④ 응답자가 질문자에게 역질문을 하는 사례는 피한다.

⑤ 응답자가 질문자가 파놓은 함정을 명심하며 대답에 임한다.

⑥ 질문에 대한 대답이 길어질 경우, '대답이 길어짐'을 양해 구하는 것은 효율적인 전략이다.

⑦ 질문자가 요청한 자료나 근거에 대한 제시는 솔직한 것이 좋다.

⑧ 질문자가 흥분하여 말을 빨리하거나 감정이 내재된 질문은 재치 있는 대답으로 역공이 가능하다.

⑨ 응답과정도 설득의 의사소통 과정임을 상기해야 한다.

4) 반박 내용구성 방법 : 반박(토론의 최후 발언)

반박은 토론한 주장과 쟁점 중에 어떤 것이 중요한가를 가려내어 주장의 우위를 점검하고 청중을 설득하는 시간이다. 즉, 시간이 짧고 쟁점들을 분류해서 어떤 쟁점이 자신의 입장에 유리한가를 선택하여 그 쟁점들을 중심으로 자신의 주장을 강화하며 마무리하는 단계이다.

반박에서 어느 토론자가 무엇을 주장하였으며 무엇을 주장하지 않았는가를 밝히며 자신의 주장이 우위에 있다는 것을 설파해야 한다. 그리고 반박에서는 새로운 주장을 하는 것을 원칙적으로 하지 말아야 하며 반박에서 이길 수 있는 쟁점을 중심으로 주장을 확장해야 한다.

(1) 반박 구성 시 주의사항

첫째, 정리되어 있어야 한다. 준비과정에서 반박에 활용할 쟁점과 그에 대한 근거나 증거들을 요약해 두어야 한다.

둘째, 모든 쟁점을 다 논하려 하지 않는다. 쟁점에 대한 자신들의 주장이 우위에 있다는 것을 청중에게 제시하며 설득적으로 전달함.

셋째, 단순히 증거를 제시하는 것으로 끝나면 안 된다. 자신들이 제시한 증거나 근거가 보다 신뢰성 있으며 타당성이 높다는 것을 제시해야 한다.

넷째, 입론의 주장을 반복해서는 안 된다. 자신들의 주장이 더 타당하며 신뢰가 있다는 근거를 제시해야 한다.

다섯째, 반박에서 새로운 주장을 하는 것을 원칙적으로 금한다. 하지만 자신의 주장을 강화할 새로운 증거는 제시해도 된다.

여섯째, 반박의 시간이 짧으므로 말은 빠르게 하되 청중에게 전달될 수 있는 범위 내에서 한다.

일곱째, 주장에 대한 설명을 길게 하지 않는다. 쟁점사안별로 내용을 구성하며 각 쟁점을 비교하는 것이 효율적이다.

여덟째, 팀원 간 쟁점에 대한 역할 분담을 효율적으로 한다.

4. 토론의 실습

토론은 여론을 만들고 여론은 세상을 만든다. 토론실습은 다른 사람의 주장을 경청하며 자신의 주장을 정확하게 표현하는 것을 목적으로 한다. 이런 점에서 토론실습은 토론문제를 비판적으로 분석해서 최선의 안을 도출해내는 자세를 기를 수 있기 때문에 참가자들의 '공적 의사소통 능력'을 크게 신장시킬 수 있다는 장점이 있다. 위에서 언급한 토론형식 외에 다음과 같은 토론방식이 있다.[30]

1) 핑퐁 토론

핑퐁 토론은 참석자가 20명이든 80명이든 인원에 상관없이 언제든 가능한 토론법이다. 주제와 관련하여 한 사람이 의견을 내놓으면 진행자는 다른 사람에게 그 의견을 반박하라고 요구하거나 참석자

---

30) 김태옥(2014), 『스피치 트라이앵글 법칙』 참조.

중 자청하여 반론을 제기할 수도 있는 방식이다. 이 토론법은 로스쿨의 수업방식을 활용하는 것으로 창의성, 문제해결 능력, 토론의 기술을 동시에 함양시킬 수 있는 독특한 방법이다.

정해진 주제를 가지고 무작위로 질문과 대답을 핑퐁식으로 주고받는 토론을 하다 보면, 참석자들의 다양한 의견 청취가 가능하며 확산적 사고를 할 수 있는 장점이 있다.

2) 신호등 토론

신호등 토론은 교통신호등의 원칙을 원용하여 빨간색과 노란색 그리고 초록색의 신호등 색깔 카드를 가지고 진행자가 토론을 전개시켜 나가는 방식이다. 이 방법은 학습목표에 적합한 질문을 선정하는 것이 중요하며, 진행자가 토론을 이끄는 기술이 필요하다. 이 토론의 장점은 모든 사람이 말하게 된다는 점과 근거를 체계적으로 관리할 수 있다는 점, 그리고 신호등 카드로 각자의 의견을 피력할 수 있어 한눈에 파악할 수 있다는 점이다.

신호등 토론방식은 먼저 3가지 색의 카드를 참가자 수만큼 준비하여 한 세트씩 배부한다. 토론이 시작되면 진행자가 제기하는 질문에 대하여 참가자 자신의 의견이 찬성일 경우에는 초록색을 들어 보이고, 반대일 경우에는 빨간색을, 판단이 서지 않을 때에는 노란색 카드를 들어 보인다. 이때 진행자는 학습목적에 적합하도록 미리 준비한 신호등 토론용 질문들을 가지고 하나씩 질문을 던진다. 또한 다수가 찬성인데 몇 사람이 반대라면 지목하여 그 이유를 물으면 된다. 다음은 신호등 토론을 진행할 수 있는 질문 사례이다.

토론의 질문 사례

* 담배가격을 두 배로 올리는 것에 대한 의견? 찬/반
* 대학의 기부금 입학제도 허용해야 하나? 찬/반
* TV 중간 광고는 허용되어야 한다. 찬/반
* 외국어는 조기 교육이 절대적으로 필요하다. 찬/반
* 선행학습 폐지법에 대한 의견은? 찬/반
* 사형제도는 폐지해야 한다. 찬/반
* 항공기 안전을 위해 공항에 전신 스캐너를 설치하자. 찬/반
* 초중고 학생 학업 성취도 평가 공개는? 찬/반
* 학교 내 체벌을 허용해야 한다. 찬/반
* 유치원 내 CCTV 설치해야 한다. 찬/반

지금까지 제시한 다양한 방식으로 토론을 실습해 보기 바란다. 그리고 토론에서 중요한 사람이 바로 사회자이다. 토론에서는 1명의 사회자가 이끄는데 사회자는 시간을 규제하고 토론이 주제에서 벗어나지 않도록 학생들의 토론을 유도해야 한다. 토론이 진행되는 중간에는 준비한 자료나 원고, 간단한 메모는 참고할 수도 있다. 마지막으로 토론의 평가기준은 토론대회마다 조금씩 다르지만 보통 발표력 20%, 논리력 20%, 태도 및 시간준수 20%, 자료수집 및 분석능력 20%, 협동심과 소통능력 20%로 볼 수 있다.

스피치는 목표를 세우고 연습의 노력과 열정만 있으면 누구나 멋진 프레젠터가 될 수 있다.

여러분이 더 멋진 프레젠터가 될 수 있도록 좀 더 쉽게 다가가는 길을 연구하겠습니다.

〈부록〉 표준발음법 :
1989년 개정, 7장 30항으로 구성

제1장 총칙

제1항 표준발음법은 표준어의 실제 발음을 따르되, 국어의 전통성과 합리성을 고려하여 정함을 원칙으로 한다.

제2장 자음과 모음

제2항 표준어의 자음은 다음 19개로 한다.
ㄲ ㄴ ㄷ ㄸ ㄹ ㅁ ㅂ ㅃ ㅅ ㅆ ㅇ ㅈ ㅉ ㅊ ㅋ ㅌ ㅍ ㅎ

제3항 표준어의 모음은 다음 21개로 한다.
ㅏ ㅐ ㅑ ㅒ ㅓ ㅔ ㅕ ㅖ ㅗ ㅘ ㅙ ㅚ ㅛ ㅜ ㅝ ㅞ ㅟ ㅠ ㅡ ㅢ ㅣ

제4항 'ㅏ ㅐ ㅓ ㅔ ㅗ ㅚ ㅜ ㅟ ㅡ ㅣ'는 단모음(單母音)으로 발음한다.
[붙임] 'ㅚ, ㅟ'는 이중모음으로 발음할 수 있다.

제5항 'ㅑ ㅒ ㅕ ㅖ ㅘ ㅙ ㅛ ㅝ ㅞ ㅠ ㅢ'는 이중모음으로 발음한다.

다만 1. 용언의 활용형에 나타나는 '져, 쪄, 쳐'는 [저, 쩌, 처]로 발음한다.
가지어 → 가져[가저]　　찌어 → [쩌]　　다치어 → 다쳐[다처]

다만 2. '예, 례' 이외의 'ㅖ'는 [ㅔ]로도 발음한다.
계집[계:집/게:집]　　계시다[계:시다/게:시다]

시계[시계/시게](時計)　　연계[연계/연게](連繫)
메별[메별/메별](袂別)　　개폐[개폐/개페](開閉)
혜택[혜:택/헤:택](惠澤)　　지혜(지혜/지헤](智慧)

다만 3. 자음을 첫소리로 가지고 있는 음절의 'ㅢ'는 [ㅣ]로 발음한다.
늴리리　닁큼　무늬　띄어쓰기　씌어　틔어
희어　희떱다　희망　유희

다만 4. 단어의 첫음절 이외의 '의'는 [ㅣ]로, 조사 '의'는 [ㅔ]로 발음함도 허용한다.
주의[주의/주이]　협의[혀븨/혀비]　우리의[우리의/우리에]
강의의[강:의의/강:이에]

제3장 소리의 길이

제6항 모음의 장단을 구별하여 발음하되, 단어의 첫 음절에서만 긴소리가 나타나는 것을 원칙으로 한다.

(1) 눈보라[눈:보라]　말씨[말:씨]　밤나무[밤:나무]
　많다[만:타]　멀리[멀:리]　벌리다[벌:리다]
(2) 첫눈[천눈]　참말[참말]　쌍동밤[쌍동밤]
　수많이[수:마니]　눈멀다[눈멀다]　떠벌리다[떠벌리다]

다만, 합성어의 경우에는 둘째 음절 이하에서도 분명한 긴소리를 인정한다.
반신반의[반:신바:늬/반:신바:니]　재삼재사[재:삼재:사]

[붙임] 용언의 단음절 어간에 어미 '-아/어'가 결합되어 한 음절로 축약되는 경우에도 긴소리로 발음한다.
보아 → 봐[봐:]　기어 → 겨[겨:]　되어 → 돼[돼:]
두어 → 둬[둬:]　하여 → 해[해:]

다만, '오아 → 와, 지어 → 져, 찌어 → 쪄, 치어 → 쳐' 등은 긴소리로 발음하지 않는다.

제7항 긴소리를 가진 음절이라도, 다음과 같은 경우에는 짧게 발음한다.

1. 단음절인 용언 어간에 모음으로 시작된 어미가 결합되는 경우

감다[감:따]-감으니[가므니]　　　밟다[밥:따]-밟으면[발브면]

신다[신:따]-신어[시너]　　　알다[알:다]-알아[아라]

다만, 다음과 같은 경우에는 예외적이다.

끌다[끌:다]-끌어[끄:러]　　　떫다[떨:따]-떫은[떨:븐]

벌다[벌:다]-벌어[버:러]　　　썰다[썰:다]-썰어[써:러]

없다[업:따]-없으니[업:쓰니]

2. 용언 어간에 피동, 사동의 접미사가 결합되는 경우

감다[감:따]-감기다[감기다]　　　꼬다[꼬:다]-꼬이다[꼬이다]

밟다[밥:따]-밟히다[발피다]

다만, 다음과 같은 경우에는 예외적이다.

끌리다[끌:리다]　　　벌리다[벌:리다]　　　없애다[업:쌔다]

[붙임] 다음과 같은 합성어에서는 본디의 길이에 관계없이 짧게 발음한다.

밀-물 썰-물　　　쏜-살-같이　　　작은-아버지

제4장 받침의 발음

제8항 받침소리로는 'ㄱ, ㄴ, ㄷ, ㄹ, ㅁ, ㅂ, ㅇ'의 7개 자음만 발음한다.

제9항 받침 'ㄲ, ㅋ', 'ㅅ, ㅆ, ㅈ, ㅊ, ㅌ', 'ㅍ'은 어말 또는 자음 앞에서 각각 대표음 [ㄱ, ㄷ, ㅂ]으로 발음한다.

닦다[닥따]　키읔[키윽]　키읔과[키윽꽈]　옷[옫]
웃다[욷:따]　있다[읻따]　빚다[빋따]　꽃[꼳]
쫓다[쫃따]　솥[솓]　뱉다[밷:따]　앞[압]　덮다[덥따]

제10항 겹받침 'ㄳ', 'ㄵ', 'ㄼ, ㄽ, ㄾ', 'ㅄ'은 어말 또는 자음 앞에서 각각 [ㄱ, ㄴ, ㄹ, ㅂ]으로 발음한다.

넋[넉]　넋과[넉꽈]　앉다[안따]　여덟[여덜]
넓다[널따]　외곬[외골]　핥다[할따]　값[갑]

다만, '밟-'은 자음 앞에서 [밥]으로 발음하고, '넓-'은 다음과 같은 경우에 [넙]으로 발음한다.

(1) 밟다[밥:따]　밟소[밥:쏘]　밟지[밥:찌]
　밟는[밥:는 → 밤:는]　밟게[밥:께]　밟고[밥:꼬]
(2) 넓-죽하다[넙쭈카다]　넓-둥글다[넙뚱글다]

제11항 겹받침 'ㄺ, ㄻ, ㄿ'은 어말 또는 자음 앞에서 각각 [ㄱ, ㅁ, ㅂ]으로 발음한다.

닭[닥]　흙과[흑꽈]　맑다[막따]
늙지[늑찌]　삶[삼:]　젊다[점:따]
읊고[읍꼬]　읊다[읍따]

다만, 용언의 어간 발음 'ㄺ'은 'ㄱ' 앞에서 [ㄹ]로 발음한다.

맑게[말께]　묽고[물꼬]　얽거나[얼꺼나]

제12항 받침 'ㅎ'의 발음은 다음과 같다.

1. 'ㅎ(ㄶ, ㅀ)' 뒤에 'ㄱ, ㄷ, ㅈ'이 결합되는 경우에는, 뒤 음절 첫소리와 합쳐서 [ㅋ, ㅌ, ㅊ]으로 발음한다.

놓고[노코]　좋던[조:턴]　쌓지[싸치]
많고[만:코]　않던[안턴] 닳지[달치]

[붙임 1] 받침 'ㄱ(ㄺ), ㄷ, ㅂ(ㄼ), ㅈ(ㄵ)'이 뒤 음절 첫소리 'ㅎ'과 결합되는 경우에도 역시 두 소리를 합쳐서 [ㅋ, ㅌ, ㅍ, ㅊ]으로 발음한다.

각하[가카] 먹히다[머키다] 밝히다[발키다]
맏형[마텽] 좁히다[조피다] 넓히다[널피다]
꽂히다[꼬치다] 앉히다[안치다]

[붙임 2] 규정에 따라 'ㄷ'으로 발음되는 'ㅅ, ㅈ, ㅊ, ㅌ'의 경우에는 이에 준한다.

옷 한 벌[오탄벌] 낮 한때[나탄때] 꽃 한 송이[꼬탄송이]
숱하다[수타다]

2. 'ㅎ(ㄶ, ㅀ)' 뒤에 'ㅅ'이 결합되는 경우에는 'ㅅ'을 [ㅆ]으로 발음한다.

닿소 [다쏘] 많소[만:쏘] 싫소[실쏘]

3. 'ㅎ' 뒤에 'ㄴ'이 결합되는 경우에는 [ㄴ]으로 발음한다.

놓는[논는] 쌓네[싼네]

[붙임] 'ㄶ, ㅀ' 뒤에 'ㄴ'이 결합되는 경우에는 'ㅎ'을 발음하지 않는다.

않네[안네] 않는[안는] 뚫네[뚤네 → 뚤레]
뚫는[뚤는 → 뚤른]

* '뚫네[뚤네 → 뚤레], 뚫는[뚤는 → 뚤른]'에 대해서는 제20항 참조

4. 'ㅎ(ㄶ, ㅀ)' 뒤에 모음으로 시작된 어미나 접미사가 결합되는 경우에는 'ㅎ'을 발음하지 않는다.

낳은[나은] 놓아[노아] 쌓이다[싸이다]
많아[마:나] 않은[아는] 닳아[다라] 싫어도[시러도]

제13항 홑받침이나 쌍받침이 모음으로 시작된 조사나 어미, 접미사와 결합되는 경우에는 제 음가대로 뒤 음절 첫소리로 옮겨 발음한다.

깎아[까까] 옷이[오시] 있어[이써] 낮이[나지]
꽂아[꼬자] 꽃을[꼬츨] 쫓아[쪼차] 밭에[바테]
앞으로[아프로] 덮이다[더피다]

제14항 겹받침이 모음으로 시작된 조사나 어미, 접미사와 결합되는 경우에는 뒤엣것만을 뒤 음절 첫소리로 옮겨 발음한다(이 경우, 'ㅅ'은 된소리로 발음함).

넋이[넉씨] 앉아[안자] 닭을[달글] 젊어[절머] 곬이[골씨]
핥아[할타] 읊어[읊퍼] 값을[갑쓸] 없어[업:써]

제15항 받침 뒤에 모음 'ㅏ, ㅓ, ㅗ, ㅜ, ㅟ' 들로 시작되는 실질형태소가 연결되는 경우에는 대표음으로 바꾸어서 뒤 음절 첫소리로 옮겨 발음한다.

밭 아래[바다래] 늪 앞[느밥] 젖어미[저더미] 맛없다[마덥다]
겉옷[거돋] 헛웃음[허두슴] 꽃 위[꼬뒤]

다만, '맛있다, 멋있다'는 [마싣따], [머싣따]로도 발음할 수 있다.

[붙임] 겹받침의 경우에는 그중 하나만을 옮겨 발음한다.

넋 없다[너겁따] 닭 앞에[다가페] 값어치[가버치] 값있는[가빈는]

제16항 한글 자모의 이름은 그 받침소리를 연음하되, 'ㄷ, ㅈ, ㅊ, ㅋ, ㅌ, ㅍ, ㅎ'의 경우에는 특별히 다음과 같이 발음한다.

디귿이[디그시] 디귿을[디그슬] 디귿에[디그세]
지읒이[지으시] 지읒을[지으슬] 지읒에[지으세]
치읓이[치으시] 치읓을[치으슬] 치읓에[치으세]
키읔이[키으기] 키읔을[키으글] 키읔에[키으게]
티읕이[티으시] 티읕을[티으슬] 티읕에[티으세]
피읖이[피으비] 피읖을[피으블] 피읖에[피으베]

히읗이[히으시]　히읗을[히으슬]　히읗에[히으세]

제5장 소리의 동화

제17항 받침 'ㄷ, ㅌ(ㄾ)'이 조사나 접미사의 모음 'ㅣ'와 결합되는 경우에는 [ㅈ, ㅊ]으로 바꾸어서 뒤 음절 첫소리로 옮겨 발음한다.

곧이듣다[고지듣따]　　　굳이[구지] 미닫이[미다지]

땀받이[땀바지]　　　밭이[바치] 벼훑이[벼홀치]

[붙임] 'ㄷ' 뒤에 접미사 '히'가 결합되어 '티'를 이루는 것은 [치]로 발음한다.

굳히다[구치다]　　닫히다[다치다]　　묻히다[무치다]

제18항 받침 'ㄱ(ㄲ, ㅋ, ㄳ, ㄺ), ㄷ(ㅅ, ㅆ, ㅈ, ㅊ, ㅌ, ㅎ), ㅂ(ㅍ, ㄼ, ㄿ, ㅄ)'은 'ㄴ, ㅁ' 앞에서 [ㅇ, ㄴ, ㅁ]으로 발음한다.

먹는[멍는]	국물[궁물]	깎는[깡는]
키읔만[키응만]	몫몫이[몽목씨]	긁는[긍는]
흙만[흥만]	닫는[단는]	짓는[진:는]
옷맵시[온맵시]	있는[인는]	맞는[만는]
젖멍울[전멍울]	쫓는[쫀는]	꽃망울[꼰망울]
붙는[분는]	놓는[논는]	잡는[잠는]
밥물[밤물]	앞마당[암마당]	밟는[밤는]
읊는[음는]	없는[엄:는]	값매다[감매다]

[붙임] 두 단어를 이어서 한마디로 발음하는 경우에도 이와 같다.

책 넣는다[챙넌는다]　　　흙 말리다[흥말리다]

옷 맞추다[온마추다]　　　밥 먹는다[밤멍는다]

값 매기다[감매기다]

제19항 받침 'ㅁ, ㅇ' 뒤에 연결되는 'ㄹ'은 [ㄴ]으로 발음한다.

담력[담:녁]　　침략[침냑] 강릉[강능]
항로[항:노]　　대통령[대:통녕]

[붙임] 받침 'ㄱ, ㅂ' 뒤에 연결되는 'ㄹ'도 [ㄴ]으로 발음한다.
막론[막논 → 망논]　　백리[백니 → 뱅니]
협력[협녁 → 혐녁]　　십리[십니 → 심니]

제20항 'ㄴ'은 'ㄹ'의 앞이나 뒤에서 [ㄹ]로 발음한다.
(1) 난로[날:로]　　신라[실라]　　천리[철리]
광한루[광:할루]　　대관령[대:괄령]

(2) 칼날[칼랄]　　물난리[물랄리]　　줄넘기[줄럼끼]　　할는지[할른지]

[붙임] 첫소리 'ㄴ'이 'ㅀ', 'ㄾ' 뒤에 연결되는 경우에도 이에 준한다.
닳는[달른]　　뚫는[뚤른]　　핥네[할레]

다만, 다음과 같은 단어들은 'ㄹ'을 [ㄴ]으로 발음한다.
의견란[의:견난]　　임진란[임:진난]　　생산량[생산냥]
결단력[결딴녁]　　공권력[공꿘ㄴ녁]　　동원령[동:원녕]
상견례[상견녜]　　횡단로[횡단노]　　이원론[이원논]
입원료[이뷔ㄴ뇨]　　구근류[구근뉴]

제21항 위에서 지적한 이외의 자음동화는 인정하지 않는다.
감기[감:기](×[강:기])　　옷감[온깜](×[옥깜])
있고[읻꼬](×[익꼬])　　꽃길[꼳낄](×[꼭낄])
젖먹이[전머기](×점머기])　　문법[문뻡](×[뭄뻡])
꽃밭[꼳빧](×[꼽빧])

제22항 다음과 같은 용언의 어미는 [어]로 발음함을 원칙으로 하되, [여]로

발음함도 허용한다.

피어[피어/피여]　　　　되어[되어/되여]

[붙임] '이오, 아니오'도 이에 준하여 [이요], [아니요]로 발음함을 허용한다.

제6장 된소리되기

제23항 받침 'ㄱ(ㄲ, ㅋ, ㄳ, ㄺ), ㄷ(ㅅ, ㅆ, ㅈ, ㅊ, ㅌ), ㅂ(ㅍ, ㄼ, ㄿ, ㅄ)' 뒤에 연결되는 'ㄱ, ㄷ, ㅂ, ㅅ, ㅈ'은 된소리로 발음한다.

국밥[국빱]　　깎다[깍따] 넋받이[넉빠지]

삯돈[삭똔]　　닭장[닥짱] 칡범[칙뻠]

뻗대다[뻗때다]　　옷고름[옫꼬름]　　있던[읻떤]

꽂고[꼳꼬]　　꽃다발[꼳따발]　　낯설다[낟썰다]

밭갈이[받까리]　　솥전[솓쩐]　　곱돌[곱똘]

덮개[덥깨]　　옆집[엽찝]　　넓죽하다[넙쭈카다]

읊조리다[읍쪼리다]　　값지다[갑찌다]

제24항 어간받침 'ㄴ(ㄵ), ㅁ(ㄻ)' 뒤에 결합되는 어미의 첫소리 'ㄱ, ㄷ, ㅅ, ㅈ'은 된소리로 발음한다.

신고[신:꼬]　　껴안다[껴안따]　　앉고[안꼬]

얹다[언따]　　삼고[삼:꼬]　　더듬지[더듬찌]

닮고[담:꼬]　　젊지[점:찌]

다만, 피동, 사동의 접미사 '-기-'는 된소리로 발음하지 않는다.

안기다　　감기다　　굶기다　　옮기다

제25항 어간받침 'ㄼ, ㄾ' 뒤에 결합되는 어미의 첫소리 'ㄱ, ㄷ, ㅅ, ㅈ' 은 된소리로 발음한다.

넓게[널께]　　핥다[할따]　　훑소[훌쏘]　　떫지[떨찌]

제26항 한자어에서, 'ㄹ' 받침 뒤에 결합되는 'ㄷ, ㅅ, ㅈ'은 된소리로 발음

한다.

갈등[갈뜽]　　발동[발똥]　　절도[절또]
말살[말쌀]　　불소(弗素)[불쏘]　　일시[일씨]
갈증[갈쯩]　　물질[물찔]　　발전[발쩐]
몰상식[몰쌍식]　　불세출[불쎄출]

다만, 같은 한자가 겹쳐진 단어의 경우에는 된소리로 발음하지 않는다.
허허실실[허허실실](虛虛實實) 절절－하다[절절하다](切切-)

第27항 관형사형 '-(으)ㄹ' 뒤에 연결되는 'ㄱ, ㄷ, ㅂ, ㅅ, ㅈ'은 된소리로 발음한다.

할 것을[할꺼슬]　　갈 데가[갈떼가]　　할 바를[할빠를]
할 수는[할쑤는]　　할 적에[할쩌게]　　갈 곳[갈꼳]
할 도리[할또리]　　만날 사람[만날싸람]

다만, 끊어서 말할 적에는 예사소리로 발음한다.

[붙임] '-(으)ㄹ'로 시작되는 어미의 경우에도 이에 준한다.
할걸[할껄]　　할밖에[할빠께]　　할세라[할쎄라]　　할진대[할찐대]
할수록[할쑤록]　　할지라도[할찌라도]　　할지언정[할찌언정]

第28항 표기상으로는 사이시옷이 없더라도 관형격 기능을 지니는 사이시옷이 있어야 할(휴지가 성립되는) 합성어의 경우에는 뒤 단어의 첫소리 'ㄱ, ㄷ, ㅂ, ㅅ, ㅈ'을 된소리로 발음한다.

문－고리[문꼬리]　　눈－동자[눈똥자]　　신－바람[신빠람]　　산－새[산쌔]
손－재주[손째주]　　길－가[길까]　　물－동이[물똥이]　　발－바닥[발빠닥]
굴－속[굴:쏙]　　술－잔[술짠]　　바람－결[바람껼]　　그믐－달[그믐딸]
아침－밥[아침빱]　　잠－자리[잠짜리]　　강－가[강까]　　초승－달[초승딸]
등－불[등뿔]　　창－살[창쌀]　　강－줄기[강쭐기]　　물－줄기[물쭐기]

제7장 소리의 첨가

제29항 합성어 및 파생어에서 앞 단어나 접두사의 끝이 자음이고 뒤 단어나 접미사의 첫 음절이 '이, 야, 여, 요, 유'인 경우에는, 'ㄴ' 소리를 첨가하여 [니, 냐, 녀, 뇨, 뉴]로 발음한다.

솜-이불[솜니불] 홑-이불[혼니불] 막-일[망닐]
삯일[상닐] 맨-입[맨닙] 꽃-잎[꼰닙]
내복-약[내:봉냑] 한-여름[한녀름] 남존-여비[남존녀비]
신-여성[신녀성] 색-연필[생년필] 직행-열차[지캥녈차]
늑막-염[능망념] 콩-엿[콩녇] 담-요[담:뇨]
눈-요기[눈뇨기] 영업-용[영엄뇽] 식용-유[시굥뉴]
국민-윤리[궁민뉼리] 밤-윷[밤:뉻]

다만, 다음과 같은 말들은 'ㄴ' 소리를 첨가하여 발음하되 표기대로 발음할 수 있다.

이죽-이죽[이중니죽/이주기죽] 야금-야금[야금냐금/야그먀금]
검열[검:녈/거:멸] 욜랑-욜랑[욜랑뇰랑/욜랑욜랑]
금융[금늉/그뮹]

[붙임 1] 'ㄹ' 받침 뒤에 첨가되는 'ㄴ' 소리는 [ㄹ]로 발음한다.

들-일[들:릴] 솔-잎[솔립] 설-익다[설릭따]
물-약[물략] 불-여우[불려우] 서울-역[서울력]
물-엿[물렫] 휘발-유[휘발류] 유들-유들[유들류들]

[붙임 2] 두 단어를 이어서 한 마디로 발음하는 경우에는 이에 준한다.

한 일[한닐] 옷 입다[온닙따] 서른 여섯[서른녀섣]
3연대[삼년대] 먹은 엿[머근녇] 할 일[할릴]
잘 입다[잘립따] 스물 여섯[스물려섣] 1연대[일련대] 먹을 엿[머글렫]

다만, 다음과 같은 단어에서는 'ㄴ(ㄹ)' 소리를 첨가하여 발음하지 않는다.

6·25[유기오] 3·1절[사밀쩔] 송별연[송:벼련] 등용-문[등용문]

제30항 사이시옷이 붙은 단어는 다음과 같이 발음한다.

1. 'ㄱ, ㄷ, ㅂ, ㅅ, ㅈ'으로 시작하는 단어 앞에 사이시옷이 올 때는 이들 자음만을 된소리로 발음하는 것을 원칙으로 하되, 사이시옷을 [ㄷ]으로 발음하는 것도 허용한다.

냇가[내:까/낻:까] 샛길[새:낄/샏:낄]
빨랫돌[빨래똘/빨랟똘] 콧등[코뜽/콛뜽]
깃발[기빨/긷빨] 대팻밥[대:패빱/대:팯빱]
햇살[해쌀/핻쌀] 뱃속[배쏙/밷쏙]
뱃전[배쩐/밷쩐] 고갯짓[고개찓/고갣찓]

2. 사이시옷 뒤에 'ㄴ, ㅁ'이 결합되는 경우에는 [ㄴ]으로 발음한다.

콧날[콛날 → 콘날] 아랫니[아랟니 → 아랜니]
툇마루[퇻:마루 → 퇸:마루] 뱃머리[밷머리 → 밴머리]

3. 사이시옷 뒤에 '이' 소리가 결합되는 경우에는 [ㄴㄴ]으로 발음한다.

베갯잇[베갣닏 → 베갠닏] 깻잎[깯닙 → 깬닙]
나뭇잎[나묻닙 → 나문닙] 도리깻열[도리깯녈 → 도리깬녈]
뒷윷[뒫:뉻 → 뒨:뉻]

참고문헌

가나이 히데유키, 『3분 스피치』, 북뱅크.
강태완 · 김태용 · 이상철 · 허경호(2001), 『토론의 방법』, 커뮤니케이션북스.
국립국어원 · MBC(2006), 『TV뉴스 문장쓰기』, 시대의 창.
김병철 · 안종묵(2005), 『커뮤니케이션 이론과 실제』, 한국외국어대학교 출판부.
김상규(2013), 『말의 기술』, 사이다.
김상준(1997), 『방송언어연구』, 커뮤니케이션북스.
김영임(1998), 『스피치 커뮤니케이션』, 나남출판.
김우룡 · 장소원(2004), 『비언어적 커뮤니케이션』, 나남출판.
김완석(2003), 『광고심리학』, 학지사.
김정현(2006), 『설득 커뮤니케이션의 이해와 활용』, 커뮤니케이션북스.
김태욱(2014), 『1% 리더만 아는 스피치 트라이앵글 법칙』, 미래지식.
김현(1990), 『수사학』, 문학과 지성사.
박소웅(2001), 『방송실무 소프트』, 한울 아카데미.
박소웅(2005), 『신라디오 방송제작론』, 한울 아카데미.
박우수(1992), 『수사학과 말의 힘 : 크리스토포 말로우 연구』, 대흥.
반승원(2006), 『1인 라디오 방송 만들기』, 커뮤니케이션북스.
백미숙(2007), 『스피치 특강』, 커뮤니케이션북스.
손범수(2002), 『아나운서가 간다』, 살림.
윤석민(2007), 『커뮤니케이션의 이해』, 커뮤니케이션북스.
윤치영(2002), 『나를 잘 설명하는 화술, 나의 이미지를 높이는 화술』, 책이있는마을.
이경우 · 김경희(2006), 『커뮤니케이션과 대인관계』, 보고사.
이계진(1991), 『아나운서 되기』, 우석.
이순주(2003), 『설득 마음을 움직이는 전략』, 세종서적.
이시훈 · 정의철 역(2005), 『스피치의 기술』. 커뮤니케이션북스.
이한분(2008), 『파워 스피치의 이론과 실제』, 북갤러리.
이현복(1998), 『한국어의 표준발음』, 교육과학사 .

이현우(2002), 『설득의 심리학』, 21세기 북스.
임태섭(1994), 『체면의 구조와 체면 욕구의 결정요인에 대한 연구』, 한국언론학보 32, pp.207～257.
SBS아나운서팀, 『아나운서 길라잡이』, 글로세움.
중앙일보어문연구소 '우리말 바루기 팀', 『한국어가 있다 1,2,3』, 커뮤니케이션북스.
KBS아나운서실 한국어연구회, 『21세기 아나운서, 방송인 되기』, 한국방송출판.
KBS아나운서실 한국어연구회, 『바른말 고운말』, 대교출판.
KBS아나운서실 한국어연구회, 『아나운서 교본』, KBS문화사업단.
최병학(1994), 『방송화술』, 오늘예감.
최양호(2006), 『이미지 PR』, 커뮤니케이션북스.
최윤희(1999), 『비언어 커뮤니케이션』, 커뮤니케이션북스.
한상원(1994), 「정보 커뮤니케이션의 이론과 실제」, <국회도서관보> 31권 6호.
한정선(1999), 『프레젠테이션, 오! 프레젠테이션』, 김영사.

Condon, J. C. and Yousef, F. (1975), An Introduction to Intercultural Communication, The Bobbs-Merrill Company, Inc.
Copper, M. (1984), Change Your Voice, Change Your Life, New York : Macmillan.
Dodd, C. H. (1982), Dynamic of Intercultural Communication, Wm. C. Brown Company Publishers.
Goldhaber, G. M. (1983), Organization Communication, Wm. C. Brown Company Publishers.
Mandel, Steve (2000), Effective Presentation Skills, Crisp Publications.
Mary Munter & Lynn Russell (2008), Guide to Presentations Second Edition, Prentice Hall in Advanced Business Communication.
Rotondo, J. & Rotondo, M. (2000), 고광모 역(2004), 『프레젠테이션의 기술』, 지식공작소.
Samovar, L. A., Porter, R. E. and Jain, N. C. (1981), Understanding Intercultural Communication, Wadsworth Publishing Co.
Taylor, A. (1977), Communicationg, New Jersey. : Prentice Hall Inc.

정미영(Jung Mi-Young)

현) 동명대학교 신문방송학과 교수.
경희대학교 대학원 언론학 박사(커뮤니케이션 전공).
The power speech 연구소.
각종 행사 MC 및 CEO, 초등・중・고등학생 대상 다수 특강 진행.
한국방송학회원, 한국소통학회원, 의료커뮤니케이션학회원, 부산울산경남언론학회원.

전) 마산 MBC 전문 방송인(TV 및 라디오 진행), 케이블 TV 아나운서 및 프로듀서
쇼핑 호스트 및 각종 행사 사회 MC 프리랜서 방송인.
극동방송(FEBC) 부산 본부 라디오 진행(아나듀오 활동).
부산 MBC 주관 동의대학교 방송아카데미 전임강사.
동의대학교, 부경대학교, 대우중공업사관학교, 인적자원개발, 동부산대학교, 부산경상대학교, 기회의 학숙, 사단법인 색동회, 울산(아산, 전주, 서울팀) 현대자동차 사내 방송팀, 어린이 기자단 등에서 커뮤니케이션 기법 및 방송화술, 표준어 기법, 스피치, 프레젠테이션 등 다수 강의.
부산시 음악분과위원회 주최 각종 음악회 및 우수 청소년 음악회 MC 활동.

(개정판)
스피치와 프레젠테이션

초판인쇄 2015년 9월 11일
초판발행 2015년 9월 11일

지은이 정미영
펴낸이 채종준
펴낸곳 한국학술정보㈜
주소 경기도 파주시 회동길 230(문발동)
전화 031) 908-3181(대표)
팩스 031) 908-3189
홈페이지 http://ebook.kstudy.com
전자우편 출판사업부 publish@kstudy.com
등록 제일산-115호(2000. 6. 19)

ISBN 978-89-268-4590-5 93070